강단의 비타민

일인칭 강해 설교

켄트 에드워즈 |지음 김 창 훈 |옮김

기독교문서선교회

기독교문서선교회(Christian Literature Crusade: 약칭 CLC)는
1941년 영국 콜체스터에서 켄 아담스에 의해 시작되었으며
국제 본부는 영국의 쉐필드에 있습니다.
현재 약 650여명의 선교사들이 59개 나라에서 180개의 본부를 두고,
이동도서차량 40대를 이용하여 문서 보급에 힘쓰고 있으며
이메일 주문을 통해 130여국으로 책을 공급하고 있습니다.
CLC는 청교도적 복음주의 신학과 신앙을 선포하는
국제적, 초교파적, 비영리 문서선교기관으로서, 하나님의 뜻에 합당한 책을 만들고
이 책을 통해 단 한 영혼이라도 구원되길 소망하며
이를 위해 주님이 오시는 그날까지 최선을 다할 것입니다.

Effective First-Person Biblical Preaching

by
J. Kent Edwards

translated by
Chang-Hoon Kim

Copyright ⓒ 2005 by J. Kent Edwards

Originally published in the U. S. A. under the title as
Effective First-Person Biblical Preaching
Published by permission of Zondervan, Grand Rapids, Michigan 49530.

All rights reserved.

Korean Edition
Copyright ⓒ 2008 by Christian Literature Crusade
Seoul, Korea

Contents

추천의 글 _ 해돈 W. 로빈슨(Haddon W. Robinson) * 7
저자서문 _ 내러티브 설교를 통해 내가 배운 것 * 10

제1장 왜 일인칭 강해 설교를 해야 하는가? * 14

제1부 _ 주석 단계 * 33

제2장 내러티브 주석의 열쇠 사용하기 * 34
    1단계: 해석의 패러다임을 바꿔라
    2단계: 설교하고자 하는 이야기의 더 큰 문맥을 이해하라
제3장 이야기의 구조 결정하기 * 53
    3단계: 이야기의 구조를 결정하라
제4장 다음 단계는 무엇인가? * 76
    4단계: 등장인물을 분석하라
    5단계: 이야기의 배경을 발견하라
    6단계: 내러티브의 "핵심 아이디어"를 진술하라
    7단계: 핵심 아이디어를 재점검하라
    8단계: 적용하라

제2부 _ 설교학적인 단계들 * 101

제5장 설교학적인 작업에서 첫 번째 단계 * 102
    1단계: 적당한 본문을 선택하라
    2단계: 발견된 내러티브의 "핵심 아이디어"를 분명하게 하라
    3단계: 이야기의 주인공을 발전시켜라
    4단계: 적대자를 만들어라

제6장 설교 마무리하기 * 125
    5단계: 이야기를 설정하라
    6단계: 행동의 줄거리를 짜라
    7단계: 관점을 결정하라
    8단계: 덜 중요한 인물을 고안하라
    9단계: 원고를 작성하라
    10단계: 소도구를 결정하라
    11단계: 원고를 다듬어라
    12단계: 설교를 내용에 따라 나누어라(선택 사항)
    13단계: 설교를 예행연습하라
    14단계: 의상을 결정하라
    15단계: 설교를 전달하라

제3부 _ 질문과 대안들 * 155

제7장 일인칭 설교에 대한 실제적 질문들 * 156
제8장 일인칭 설교에 대한 내러티브 대안들 * 174

부록 1 _ 일인칭 설교의 실제적인 예들 * 207

    1. 삼손, 강하지만 약한 남자(사사기 13-16장) _ J. Kent Edwards * 208
    2. 절름발이 이야기(사무엘하 1-9장) _ Don Sunukjian * 225
    3. 베다니의 마리아(마가복음 14:1-11) _ Alice Mathews * 235

부록 2 _ 실습표 작성하기 * 241

    1. 내러티브 문학 이해하기: 주석 작업 단계 요약표 * 243
    2. 장면 분석표 * 252
    3. 등장인물 확인표 * 254
    4. 장면 개발표 * 256
    5. 일인칭 설교 발전시키기: 설교 작업 단계 요약표 * 258

        성경색인 * 264
        주제색인 * 266

| 추천의 글 |

해돈 W. 로빈슨
_고든 콘웰신학교 교수

　　30여 년 전에 어니스트 캠벨(Ernest T. Campbell)은 『열린 문 속에서 갇힌다는 것』(Locked in a Room with Open Doors)이라는 혼란스러운 제목의 설교집을 출간했다. 그 책의 제목이 주는 이미지는 당신의 손에 땀이 나게 하고 신경계통을 떨리게 할 수도 있다.

수많은 남자와 여자는 닫힌 문으로 된 방에 갇혀 있다. 그들은 교육도 부족하고 읽기 능력도 떨어지는 사람들이다. 변화하려고 하는 관심도 없고 동기부여도 없는 곳에서 그들은 더욱 편안함을 느낀다. 다른 사람들에게 열려 있는 기회가 그들에게는 열려 있지 않다. 그들은 자신의 능력으로 할 수 있는 것만 한다.

그러나 닫힌 문이 아니라 열린 문으로 된 방에 갇힌 것은 또 다른 차원의 것이다. 여기에서의 문제는 새로운 사고방식을 시도하려고 하지 않는 것이다. 우리는 신앙보다 지금까지 행해져 왔던 관습들이 옳다고 느껴질 때 그곳에서 꼼짝하지 않는다. 이 경우와 마찬가지로 많은 복음주의 목사들은 신학교에서 성경을 연구하도록 훈련받았다. 그들은 성경 본문에 대해 숭배하는 태도를 보인다. 성경에 대한 그들의 강한 충성은 단순한 설교 접근으로 이어진다. 대부분 신학교 학생들은 서신서를 통해 설교 준비를 배웠기 때문에, 졸업 후에도 여전히 서신서에 편안함을 느낀다. 그래서 그들은 성경에서 가장 많이 사용된 장르인 내러티브에 접근할 때, 그 장르를 무시하거나 혹은 서신서를 분석하는 방법으로 내러티브를 읽는다. 그러한 목사는 부러진 뼈를 맞추는 데는 전문가이지만 다른 병은 치료하지 못하는 외과의사와 비슷하다고 할 수 있다. 환자가 와서 배가 아프다거나 고열이라고 말할 때에도 그 의사는 환자의 뼈를 부러뜨려야 치료할 수 있다. 이 비유가 주는 교훈은 무엇인가? 모든 환자가 같지 않은 것처럼 모든 성경 구절이 같지 않기 때문에 각각 다른 방법으로 접근해야 한다는 것이다.

그러므로 우리가 잘못된 방법과 목적으로 성경의 내러티브를 읽는다면, 우리는 열린 문으로 된 방에 갇히게 될지도 모른다. 내러티브에 대한 이러한 부적절함은 신학교의 훈련뿐 아니라 우리의 어린 시절에서도 드러난다. 성경의 이야기를 단지 잠잘 때 아이들에게 읽어주는 이야기나 주일학교 때 훌륭한 행동에 대한 교훈을 끌어내기 위한 예화 정도로 생각한다면, 성경이 내러티브를 통해 가르쳐주는 심오한 신학이라는 것을 깨닫지 못하게 될 것이다. 혹은 구약에 접근할 때 단지 신약 진리의 예화로만 접근했다면, 최초의 영감 받은 저자가 전달하고자 했던 삶을 바꾸는 진리는 얻지 못할 것이다. 하나님의 말씀에서 더 큰 내러티브의 세계로 독자를 이끄는 스토리텔러의 예술에는 기본적인 기술이 있다. 그러한 기술들을 정확하게 사용하려는 것을 방해하는 장애물은 열린 문으로 들어가려고 하는 것에 대한 우리의 망설임일 것이다.

내러티브를 바르게 이해하는 방법에 덧붙여서, 청중이 내러티브를 처음의 의도대로 다시 들을 수 있도록 제시하는 방법도 있다. 그 방법의 하나는 주석할 때 상상력을 이용하는 것이다. 설교자가 등장인물로서 내러티브를 다시 말할 것이다. 이러한 방법으로 내러티브를 접근하면 왼쪽 뇌와 오른쪽 뇌를 함께 작동하게 한다. 이렇게 하면 결과적으로 청중들은 설교자가 단지 개구리를 해부하는 학교 소년처럼 이야기를 분해했을 경우 놓쳤을지도 모를 내용을 "볼 수" 있게 된다. 물론 개구리를 해부하는 방식으로 접근한다고 할지라도 청중들은 부분적으로 유익을 얻게 된다. 하지만 내러티브의 생명력은 놓치게 된다.

이 책의 저자 켄트 에드워즈(J. Kent Edwards)는 내러티브 문학과 일인칭 설교의 문을 열어주었다. 이 책을 통해 독자들이 설교에서 새로운 자유를 찾게 될 것을 믿어 의심치 않는다.

|저자서문|

내러티브 설교를 통해 내가 배운 것

한때 한 냉소적인 사람이 설교를 "잠자는 사람에게 말하는 훌륭한 예술"이라고 정의했다. 문제는 때때로 그러한 냉소적인 사람이 옳다는 것이다. 청중은 목사가 설교하는 동안 졸리고 지루하다고 계속 불평한다. 교회를 다니지 않는 사람들은 일요일 아침 집에 있다. 왜냐하면 교회 다니는 사람이 이미 아는 것, 즉 교회 의자보다 침대에서 자는 것이 더 편하다는 것을 그들도 어렴풋이 알고 있기 때문이다.

최근에 난 역사상 가장 긴 설교를 하기로 작정했던 영국의 어느 목사에 대한 이야기를 들은 적이 있다. 그의 목표는 세계 기네스북에 등재되고자 최소 36시간 동안 말하는 것이었다. 그 목사는 자신의 교인들이 매시간 자신의 노력을 후원할 것으로 믿었고, 이 여분의 수입으로 말미암아 교회가 재정적인 어려움 없이 계속 유지되고 자신의 직업도 안정될 것으로 생각했다. 나는 그 목사가 자신의 목적을 달성했는지 듣지 못했으나, 만약 그가 그 시간을 세계에서 가장 흥미로운 설교를 위해 투자했다면 더 낫지 않았을까 생각해 본다. 아마 사람들은 긴 메시지보다 흥미로운 메시지에 더 많은 돈을 주었을 것이다!

길고 지루한 설교를 듣는 것보다 더 마음을 상하게 하는 것은 여러분이 그런 설교를 하고 있다는 것을 발견하는 것이다. 아름다운 주일 아침에 설교단 위에 서서 흐릿해진 눈과 끄덕이기 시작한 머리를 보는 것은 참으로 끔찍한 경험이 아닐 수 없다. 여러분은 설교 시간에 사람들이 조는 것을 원치 않는다. 청중을 하나님의 말씀으로 지겹게 만드는 것은 분명 여러분의 의도가 아니다. 오히려 여러분은 청중의 마음을 사로잡아 여러분이 설교한 대로 그들의 삶을 변화시키고 싶을 것이다. 문제는 그것이 어떻게 가능하냐는 것이다. 본서는 그러한 질문에 대한 대답 중 일부분이다. 나는 지난 21년간 목사로, 교회 개척자로, 그러한 질문에 대답해야 하는 신학교 교수로 사역했다.

오래전에 나는 어느 교회에서 부목사지만 일주일에 세 번이나 설교해야 했던 적이 있다. 그때 나는 교회에서 살아남으려는 젊은 설교자의 몸부림으로 오로지 신약 서신서만 설교했다. 왜냐하면 이것은 내가 가장 잘 준비할 수 있는 문학 장르였기 때문이다. 그것은 내 신학교 시절의 교수가 주해하고 설교하도록 가르쳤던 장르였다. 여러 해 동안 훈련되었기 때문에 약간의 노력만으로도 난 표준적인 "3대지와 시"(three points and poem) 설교를 할 수 있었다.

그러나 시간이 가면서 나의 설교를 서신서로만 제한할 수 없는 두 가지 이유가 있다는 것을 깨닫게 되었다. 첫째, 서신서 설교가 바닥나는 일은 그리 오래 걸리지 않았다. 일주일에 세 번 설교하려면 많은 자료가 필요하다! 내가 3년마다 교회를 바꾸고 싶지 않다면 난 설교의 범위를 넓혀야만 했다. 둘째, 내가 만일 사도 바울처럼 "하나님의 뜻을 모두 다 전하였다"(행 20:27)라고 한다면, 난 서신서 외의 성경의 다른 장르를 효과적으로 전달하는 법을 배워야 함을 확신하게 되었다. 내가 내 청중에게 로마서, 갈라디아서, 고린도전서와 같이 계속해서 같은 식단만 먹인다면 난 그들을 잘 섬기지 않는 것이 된다. 내가 좋아하는 부분이 아니라, 성경의 모든 부분을 다 설교해야 할 신적 의무가 내게 있음을 깨달았다. 그래서 나는 내러티브 문학이 성경의 가장 지배적인 장르이기 때문에 시작하기에 무난하리라고 생각하였다.

나는 주일 저녁에 새로운 설교 시리즈로 사무엘상을 설교한다고 공표한 후에 열심히 연구하기 시작했다. 처음 몇 주는 어렸을 때부터 교회에서 자라면서 들었던 설교를 다시 반복함으로써 처음으로 시작하는 설교 시리즈에서 살아남을 수 있었다. 그런데 문제는 다른 사람의 자료를 다 써버려서 내가 직접 주해와 설교 작업을 해야 했을 때 터졌다. 그제야 내가 내러티브 문학을 어떻게 설교하는지 몰랐다는 것을 깨닫게 되었다. 왜 다곤이 매일 밤 넘어졌는가? 금쥐와 금독종이 무엇을 의미하는가? 누가 돌볼 것인가? 이러한 것을 내가 어떻게 설교해야 하며, 내가 준비한 것을 누가 들으려고 한단 말인가?

연구 중 위기에 봉착했고, 그러고 나서야 난 내러티브 문학을 설교하는 방법에 대해 아주 희미한 생각조차 없었다는 것을 알게 되었다. 더 이상 나는 내 시리즈 설교를 계속할 수 없었다. 내가 무엇을 할 수 있는가? 난 나랑 비슷한 처지에 있는 목사가 한 것을 따라하곤 했다. 나는 다른 선교사님들에게 다음번의 주일 설교를 부탁하였고, 안전한 서신서로 도망갔다. 그리고 새로운 설교 시리즈가 마무리된 것을 누구도 알아차리지 못하기를 바랐다.

왜 갑자기 설교 시리즈를 바꿨는지 누구도 내게 묻지 않았다. 아마도 그들은 눈치 채지 못했을 것이다. 그러나 그때 내러티브를 설교하기 위한 나의 처절한 몸부림을 결코 잊을 수 없다. 그 중단된 설교 시리즈가 내러티브 문학을 설교하려는 나의 열정의 출발점으로 작용했다. 성경의 내러티브가 의미한 것과 그것을 가장 잘 전달하는 방법을 발견해야 했다. 성경의 지배적인 문학형태에 관해서 설교하는 법을 배우지 못했다고 변명할 수 없었다. 나는 목사로서 성경 내러티브를 설교하는 법을 배워야 한다는 것을 알았고 그렇게 하는 것이 청중의 마음을 사로잡고 그들의 삶을 변화시킬 수 있다는 것을 알았다.

이 책에서 여러분도 이 방법을 따라 내가 배운 것을 발견하게 될 것이다. 성경 이야기들을 이해하는 방법과 온전하게 전달하는 방법을 발견하게 될 것이다. 이 책에서의 나의 목적은 저항하지 않고, 잊을 수 없고, 삶을 변화시키는 양식으로 성경 이야기들을 전하는 법을 여러분이 배우도록 돕는 것이다. 물론 신학적으로 하나님의 말씀으로서의 성경에 대한 어떤 타협이나 양보 없이 말이다.

예수님은 베드로에게 "내 양을 먹이라"고 말씀하셨는데, 잠자는 양은 먹일 수 없다. 우리 설교자가 사람들의 마음을 사로잡을 수 없다면, 그들의 영혼도 사로잡을 수 없을 것이다. 잘 알려진 중국말 가운데 "재미있는 시간을 보내기를…"이라는 말이 있다. 성경 내러티브 문학의 설교와 관련하여 이 말은 나의 기도제목이다. 부디 여러분이 성경 이야기를 설교할 때 청중이 재미있는 시간을 보내기를 간절히 바라는 바이다.

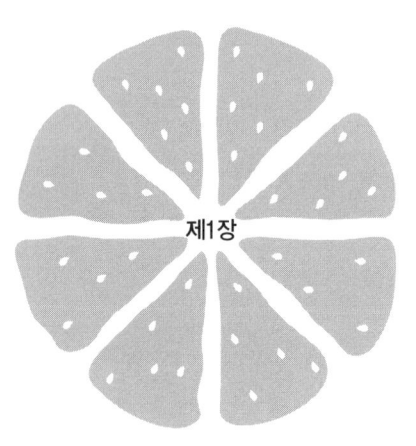

제1장

왜 **일인칭 강해 설교**를 해야 하는가?

설교를 듣는 성도들은 어떤 설교가 "좋은" 설교인지에 대해 많이 생각하거나 고민하지 않는다. 왜냐하면 그들은 과거에 들었던 설교를 지금도 듣기를 원하기 때문이다. 대부분 교회에서 성도들은 이제까지 이어져 온 교회의 전통 "밖에서" 설교하는 목사에 대해 거부반응을 나타낸다. 그래서 새롭게 부임하는 목사가 그의 새로운 청중이 기대하는 설교의 길이, 어조, 형식이 무엇인지 빨리 파악하는 것은 현명한 일이다.

이렇게 설교가 변하는 것을 좋아하지 않는 일반적 분위기에서, 왜 나는 일인칭 설교를 소개하려고 하는가? 만약 새로운 설교 형식이 목회에 불안을 가져다주는 것이 사실이라면, 왜 이런 글을 통해 당신을 괴롭히려 하는 것일까? 다시 질문하면, 왜 당신은 당신 아버지의 설교를 다시 설교하는 것으로 만족해하고 편안해하지 않는가? 왜 마틴 루터(Martin Luther)나 찰스 스펄전(Charles Spurgeon)의 설교를 그대로 재현하지 않는가? 왜 일인칭 설교를 위해서 이 책을 읽어야 하는가? 그것은 이 설교 형태가 여러분의 설교사역에

> **일인칭 설교**는 성경에 기록된 사건을 개인적으로 연구하여 잘 이해한 후에, 한 등장인물을 통해 그 본문의 중심 아이디어를 전달하는 것이다. 설교자는 성경 내러티브의 원저자가 첫 번째 수령자에게 전달한 것을 다시 오늘날 청중에게 전달하고자 본문의 한 등장인물이 되어 성경 본문의 사건을 재경험하는 것이다.

새로운 효과와 경험을 가져다주기 때문이다. 나는 문화적, 교육적, 신학적, 감정적 이유로 본서가 시간을 투자하여 읽을 만큼 가치 있는 주제를 다루고 있으며, 또한 여러분이 이 책을 통해 효과적인 일인칭 설교 방법을 발견하게 될 것을 확신한다.

1. 일인칭 설교에 대한 문화적 이유

오늘밤 좋은 책을 읽다가 자는 긴 어떤가? 그렇다면 당신은 귀한 사람이다. 그러나 점점 더 많은 사람은 스크린에서 나오는 빛으로 밤을 보낸다. 우리는 텔레비전, 영화관, DVD를 좋아한다.

1946년에 텔레비전이 소개되었을 때, 단지 몇 천 명만이 텔레비전을 시청했다. 그러나 1951-1952년에 새로운 쇼 프로 I Love Lucy와 Dragnet가 소개되었다. 이 쇼의 인기는 대단해서 그 탓에 TV 판매가 급증했다. 1954년쯤에는 국가의 절반 이상의 가구가 텔레비전을 시청했다.[1]

거의 50년이 지난 지금 텔레비전의 영향력은 이전보다 훨씬 더 강해졌다.[2] 18살 정도의 청소년들의 시점에서 볼 때 평균 7년 정도 텔레비전을 시청한다고 한다. NYAM(New York Academy of Medicine)에 따르면 "아이들은 학교보다 텔레비전 앞에서 더 많은 시간을 보내고 있으며, 잠자는 시간만큼의 많은 시간 동안 텔레비전을 시청한다"고 한다. 아이들만 텔레비전에 달라붙어 있는 게 아니다. 지금 미국에서 성인의 레저 활동 1위는 텔레비전 시청이다. 그뿐만 아니라 텔레비전이 흥미 있는 프로그램을 방영하지 않을 때 어떻게 하는가? 우리는 큰 스크린에서 영화를 보거나, 홈시어터로 DVD를 시청한다.

MPAA(Motion Picture Association of America)에 따르면, 이러한 사업은 호황을 누리고 있다. 미국에서 극장의 매상이 1998년 7조 원에서 2002년에

9.5조 원으로 증가했다. 2002년에만 영화 사업이 10퍼센트 증가했다. 사람들은 영화관에서 개봉 흥행 영화를 보고 싶어 하지만 재상영하는 영화도 싫어하지 않는 것 같다. 그래서 비디오 대여 사업도 갑자기 번창했다.

미국인의 64%가 자동차로 10분 내에 '블록버스터'(Blockbuster)라는 비디오 대여점에 갈 수 있는 곳에 살고 있다. 그 사람들 중 4800만 명이 블록버스터 회원카드를 가지고 있다. 하루에 300만 명 이상이 영화를 대여하려고 그 지역 블록버스터에 들른다. 이 회사가 2002년에 5.5조원이라는 경이적인 수입을 얻은 것은 놀라운 일이 아니다.

왜 우리는 스크린에 빨려 들어가는가? 왜 우리는 스크린에서 많은 시간을 보내고 있는가? 이것은 팝콘 때문이 아니다. 그것은 바로 '이야기' 때문이다. 텔레비전은 이야기를 판매한다. 시청률 높은 쇼를 보자. 사실상 모든 쇼는 이야기이다. 할리우드도 이야기를 통해 사람들을 유혹한다. 더 큰 스크린은 더 비용이 드는 이야기를 의미한다. 비디오 대여점은 이미 약간 사용되었던 이야기를 다시 팔아서 돈을 번다. 우리는 이야기로 가득 찬 사회에서 살고 있다.

내러티브는 승리했고 모든 드라마는 미국인의 마음에 그 흔적을 남겼다. "미국인이 내러티브의 영향 아래 상당한 시간을 보냄으로 인해 미국 사람들의 삶의 패턴이 바뀌어졌다."[3] 이것은 사람들이 의견을 교환하는 방법을 바꾸어 버렸음을 말해 준다. 오늘날 신사와 숙녀는 이야기를 좋아한다. 심지어 그들이 교회에 갈 때에도 말이다. 현명한 설교자는 성도들이 무엇을 선호하는지 깨닫고 그것을 설교에 이용한다. 그들은 바울의 편지에만 설교를 국한하지 않는다.

오늘날 설교자 대부분은 신학교에서 신약의 서신서를 통해서 설교하는 방법을 배운다. 오직 서신서를 통해서만 말이다. 오늘날 우리는 로마서 5장에서 기계적인 개요를 만들고 편안해 한다. 그러나 다른 장르로 무엇을 어떻게 설교해야 할지 알지 못한다. 이제는 한 걸음 더 도약할 때이다. 우리는 하나님의 전체 말씀을 어떻게 설교할지를 배워야 한다. 우리의 설교 경계를 넓혀서 성경의 내러티브를 포함해야 한다.

이야기를 좋아하는 사회와 대화할 수 있는 좋은 방법은 바로 이야기이다. 이러한 사회에 설교하는 가장 좋은 방법은 성경의 이야기를 이용하는 것이다. 하나님께서 우리를 위해 많은 이야기를 사용하셨다. 내러티브는 성경에서 많이 사용된 장르이다. 말씀에 충실하고 우리의 문화에 효과적으로 접근하려면 우리는 성경의 내러티브를 설교하는 방법을 배워야 한다. 일인칭 설교는 내러티브 문학으로 내러티브 사회와 대화할 수 있는 아주 훌륭한 방법이다.

사람들이 당신의 말을 듣고 이해하길 원한다면 당신은 사람들이 가장 잘 듣는 방법으로 말해야 한다. 세상이 FM에서 위성 라디오로 전환한다면 우리도 그렇게 해야 한다. 많은 사람이 더는 사용하지 않는 방법으로 방송하는 것은 비극일 것이다. 우리가 지나간 세대에게 사용했던 방법으로 설교하는 것은 기회를 허비하는 것이다. 우리는 사람들이 흥미롭게 듣는 방법으로 성경을 전해야 한다.

마틴 루터나 찰스 스펄전이 당시 세대에게 그랬듯이, 우리가 효과적으로 설교하기 원한다면 우리도 그들처럼 우리 시대의 사람이 되어야 한다. 우리는 가장 효과적인 전달을 위해 사회에서 사람들이 가장 잘 듣고 이해할 수 있는 방식으로 성경을 전달해야 한다.

2. 일인칭 설교에 대한 교육적 이유

성경적 설교의 주요 목적 중 하나는 교육이다. 신약성경은 자주 영적인 성숙과 함께 성경적 지식을 연관시킨다.

사도 바울이 골로새 교인들에게 다음과 같은 이유를 말했다. "우리가 그를 전파하여 각 사람을 권하고 모든 지혜로 각 사람을 가르침은 각 사람을 그리스도 안에서 완전한 자로 세우려 함이니"(골 1:28). 예수 그리스도의 인격에 대한 성경적 지식을 이해하는 것은 영적 성숙을 바라는 사람들에게 필수적이다.

이와 비슷하게, 히브리서 저자는 독자에게 다음과 같이 권면한다. "그러므로 우리가 그리스도 도의 초보를 버리고 죽은 행실을 회개함과 하나님께 대한 신앙과 세례들과 안수와 죽은 자의 부활과 영원한 심판에 관한 교훈의 터를 다시 닦지 말고 완전한 데 나아갈지니라"(히 6:1-2). 초보적인 성경 지식으로 만족하는 기독교인은 영원히 영적으로 어린 상태에 있는 것 같다.

바울은 젊고 능력 있는 설교가였던 디모데에게 다음을 잊지 말라고 촉구한다. "또 네가 어려서부터 성경을 알았나니 성경은 능히 너로 하여금 그리스도 예수 안에 있는 믿음으로 말미암아 구원에 이르는 지혜가 있게 하느니라 모든 성경은 하나님의 감동으로 된 것으로 교훈과 책망과 바르게 함과 의로 교육하기에 유익하니 이는 하나님의 사람으로 온전케 하며 모든 선한 일을 행하기에 온전케 하려 함이니라"(딤후 3:15-17). 1세기 신앙 선배와 같이, 우리도 성경적 지식의 성장이 우리와 다른 사람의 영적 성숙에 얼마나 중요한지 잊어서는 안 된다.

몇몇 설교가들은 당연히 일인칭 설교에 관해서 비평적이다. 그들은 다음과 같이 질문한다.

- 이러한 설교의 형식으로 청중을 가르칠 수 있는가?
- 이것은 일종의 오락이다! 이것은 죽도록 즐김으로 인해 지적인 죽음에 이르게 되는 닐 포스트만(Neil Postman)의 또 다른 예인가?[4]
- 사람들은 이러한 형식의 설교를 즐긴다는 것을 안다. 그러나 그들이 그러한 설교를 통해 영적 성장이 가능한가?

- 호세아는 "내 백성이 지식이 없으므로 망하는도다 네가 지식을 버렸으니 나도 너를 버려 내 제사장이 되지 못하게 할 것이요 네가 네 하나님의 율법을 잊었으니 나도 네 자녀들을 잊어버리리라"(호 4:6)고 했다. 일인칭 설교는 오히려 청중에게 해를 끼치는 것은 아닌가?

이러한 질문들과 교육적 관심사는 교육이론을 통해서 답변될 수 있다. 각각 서로 다른 개인은 각각 다른 스타일의 배움의 방법을 좋아한다는 사실에 거의 모든 교육학 이론가들이 동의한다. 이 분야에서 가장 대표적인 사람들 가운데 하나인 하워드 가드너(Howard Gardner)는 다양한 형태의 지적인 접근이 가능하다고 말한다.[5] 사람들은 여덟 가지의 독특한 방식으로 정보에 접근한다.

- 언어 능력 – 자신의 마음을 표현하고 다른 사람을 이해시키도록 언어를 사용하는 능력이다(시인, 연설가, 변호사 등).
- 논리, 수학 능력 – 과학자나 논리학자가 하는 것처럼 인과관계의 근본적인 원리를 통해 이해하는 능력, 또는 수학자가 하는 것처럼 수, 양, 계산을 다루는 능력이다.
- 공간 능력 – 항해자나 파일럿이 넓은 공간을 항해하는 것처럼, 혹은 체스 선수나 조각가가 정해진 공간 세계를 활용하는 것처럼 사람의 마음에 있는 공간 세계를 표현하는 능력이다. 공간 능력이 있는 사람은 화가, 조각가, 건축가 혹은 해부학이나 위상 수학과 같은 과학 분야에서 일한다.
- 신체 감각 능력 – 문제를 해결하고, 무언가를 만들고, 어떤 종류의 생산을 하도록 신체(혹은 신체의 일부)를 사용하는 능력이다. 운동선수와 춤이나 연기와 같은 공연 예술을 예로 들 수 있다.
- 음악 능력 – 어떤 것을 듣고, 인식하고, 기억하고, 다루도록 음악으로 생각하는 능력을 말한다.

- 대인관계 능력 – 교사, 의사, 판매 사원, 정치가처럼 다른 사람을 이해하는 능력이다. 다른 사람을 다루는 사람들은 대인관계의 능력을 갖추어야 한다.
- 성찰 능력 – 당신 자신을 이해하는 능력이다. 다시 말해, 당신 자신이 누구이며, 무엇을 할 수 있으며, 무엇을 원하며, 어떻게 반응하며, 어떤 것을 피해야 하며, 어떤 것에 끌리는지 아는 것이다.
- 자연주의자(Naturalist) 능력 – 자연 세계(예를 들어 구름, 바위 외형 등)의 특징에 대해 민감할 뿐만 아니라 생명체(식물, 동물)를 식별할 수 있는 인간의 능력이다. 이것은 식물학자와 요리사에게 필수적인 능력이다.[6]

모든 사람들의 외모가 독특한 것처럼, 모든 사람은 각각 다른 방법으로 깨닫는다. 우리는 독특한 방식으로 생각한다.

> 인생을 흥미롭게 만드는 것은…지적인 분야에서 우리는 같은 능력을 갖추고 있지 않다는 것이다. 또한 똑같이 혼합된 지적인 능력을 갖추고 있지 않다. 우리가 서로서로 다르고 다른 개성을 갖고 있듯이, 여러 종류의 지적인 능력 또한 갖추고 있다.[7]

이러한 인지적 능력의 차이로 말미암아 지금까지의 교육체계가 흔들리고 있다. 이것은 교실과 설교단에서 모든 사람에게 적용되는 "이상적이고" "최선의" 학습 방법이 없다는 것을 의미한다. 비효과적인 설교자와 교사는 과도하게 한 가지 형태의 지적 능력에 의지해서 한 가지 형태의 교수 방법만을 사용한다. 설교를 통해서 더 많은 사람을 가르치기 원하는 설교자들은 하워드 가드너가 언급한 "다양한 접근법"(multiple entry points)[8]을 이용해야 한다. 설교자들은 가능한 한 많은 지적 능력을 활용한 교수 방법을 활용해야 한다. 설교자가 더욱 다양한 접근 방법을 사용할수록 배우려고 하는 사람들은 더욱 많아질 것이고, 또한 더 효과적으로 배우게 될 것이다.

가장 효과적으로 접근할 수 있는 설교 형태 가운데 하나가 내러티브 형식이다. 예를 들어 일인칭 내러티브 설교를 통해 얼마나 많은 지력이 자극될 수 있는지 생각해 보라. 일인칭 내러티브 설교에서 설교자는 메시지를 극적으로(dramatically) 표현하는 데 자유롭다. 일인칭 내러티브 설교는 논리적인 방법으로, 또는 생각의 기본적인 구조들과 씨름하는 등장인물을 부각시키는 방법으로 설교를 구성할 수 있다. 일인칭 내러티브 설교의 가장 분명한 장점은 청중의 공간 능력과 신체 감각 능력에 생동감을 불어넣는 것이다. 일반적으로 음악 능력을 드러내기 쉽지 않지만, 일인칭 내러티브 설교에서는 쉽게 통합될 수 있다. 이와 비슷하게, 일인칭 내러티브 메시지는 대인관계 능력과 성찰 능력을 갖춘 사람들의 마음을 쉽게 자극할 수 있도록 설교를 구성할 수 있다. 일인칭 내러티브 메시지의 배경과 장면의 설명(혹은 자연주의자적 은유의 사용)은 자연주의자적인 성향이 있는 성도의 마음에도 특별한 흥미를 불러일으킨다.

일인칭 설교는 성도들을 즐겁게 해준다. 그러나 교육적으로도 단순히 솜사탕이나 음료수와 같은 종류는 아니다. 일인칭 설교는 영양가도 풍부하고, 종종 전통적인 설교 형식보다도 교육적으로 더 효과적이기도 하다. 내 경험으로는 거의 모든 사람이 일인칭 설교를 좋아하고 거의 모든 사람이 일인칭 설교를 통해 배운다.

일인칭 설교는 설교자로 하여금 다양한 부류의 사람들에게 다양한 학습 능력에 맞추어서 성경의 진리를 전할 수 있게 한다. 주일 아침에 일인칭 설교를 할 때, 반드시 내용보다는 화려함을 택해야 하는 것은 아니다. 하지만 다양한 접근법은 교육적 효과를 보장해 준다. 책임감 있는 설교자는 자신 있게 일인칭 설교를 할 수 있다.

3. 일인칭 설교에 대한 신학적 이유

몇몇 설교자는 신학적인 이유로 일인칭 설교를 반대한다. 그들은 설교는 가능하면 같은 문자(letter)로 시작하는 대지(3개가 적당하다)를 가져야 한다고 주장한다. 그들은 이 '급진적인' 설교 형태에 대해 문화적인 면과 교육적인 면에서 어느 정도 타당성이 있다고는 인정하면서도, 일인칭 설교를 하거나 설교 자체에 내러티브 구조를 사용해야 하는 성경적, 혹은 신학적인 필요성은 없다고 말한다. 그러나 나는 이에 동의하지 않는다. 나는 성경에 대한 보수적이고 복음적인 접근은 설교자가 일인칭 설교를 포함하여 내러티브 설교 형태를 활용할 것을 요구한다고 생각한다. 다음에 그 이유가 있다.

1) 성경의 영감

> 하나님은 인간 저자들이 정확한 언어 상징(단어들)을 선택하여 하나님 자신의 목적을 전하도록 영감을 주셨다.

성경은 단순히 영감을 불러일으키는 문학 이상의 것이라고 나는 믿는다. 또한 성경은 신적 영감을 받은 문학이다. 성경은 인간 저자의 의지와 성령의 의지가 함께 작용하여 각 개인에 의해 쓰였다. 그래서 그들이 쓴 말씀은 그들 자신의 것임과 동시에 하나님의 것이다. 성경은 축자적으로 영감을 받았다. 성령의 영향 아래서 인간 저자는 하나님의 목적을 전달할 수 있는 정확한 단어를 선택했다. 그 결과 성경은 하나님의 확실하고 오류가 없는 말씀을 담게 되었다.

> 먼저 알 것은 경의 모든 예언은 사사로이 풀 것이 아니니 예언은 언제든지 사람의 뜻으로 낸 것이 아니요 오직 성령의 감동하심을 입은 사람들이 하나님께 받아 말한 것임이니라(벧후 1:20-21).

하나님의 영감의 역사는 성경 저자들의 단순한 단어 선택 이상으로 영향을 주었다. 하나님의 영감의 역사는 심지어 단어 배열에까지 확장되었다고 나는 믿는다. 성경 본문의 단어와 장르 둘 다 성령에 의해 영감되었다.

왜 영감은 장르까지 확대되는가? 그것은 의사소통 과정에서, 장르의 선택은 의미에 큰 영향을 주기 때문이다. 예를 들어보자. 결혼 20주년 기념일에 내 아내 노오라(Nola)와 나는 떨어져 있었다. 나는 북 캐롤라이나의 카로테(Charlotte)에 있는 기드온 국제회의에서 설교하고 있었고, 반면 노오라는 오래전에 계획된 마이애미 해변의

> 하나님은 인간 저자를 영감시켜 정확한 문학 장르(단어의 배열)를 선택하게 하셨다. 이 장르를 통해 하나님은 자신의 목적을 전달하기를 원하셨다.

주말 별장에서 인내심을 가지고 나를 기다렸다. 비록 나는 감수성이 탁월한 남편은 아닐지라도, 우리의 기념일에 그녀에게 내 생각을 전달할 필요는 있다고 생각했다. 나는 그녀에게 다음과 같이 말하고 싶었다.

- 20년 동안 내 인생에서 그녀는 가장 위대한 하나님의 축복이었다.
- 그녀의 지혜와 도움으로 나는 내 인생에서 많은 성공을 경험할 수 있었고, 사역도 잘 감당할 수 있었다.
- 나는 그녀와 함께할 내 인생과 사역의 또 다른 20년이 기대된다.
- 나는 이전의 어느 때보다 오늘 더 그녀를 사랑한다.

이 말은 내가 하고 싶었던 말이었으나 어떻게 내가 전달해야 하는가? 무슨 장르를 내가 사용해야 하는가? 다양한 선택이 있을 수 있다.

수학적인 코드로 메시지를 전달했더라면 어떻게 되었을까? 물론 그 방법도 가능했을 것이다. 탐 클랜시(Tom Clancy)에 따르면, 스파이는 항상 그런 방법으로 전달한다. 그러나 이 장르의 사용이 내 목적에 도움이 되었으

리라 생각하는가? 절대 그렇지 않을 것이다. 내가 예전에 아일랜드에 유행했던 5행의 희시(戱詩) 형태로 이 말을 전달했더라면 어떻게 되었을까? 그 문학 장르가 내 사랑의 메시지를 전달하는 데 도움이 되었겠는가 아니면 방해가 되었겠는가? 아니면 내가 사망 기사를 쓰는 장르를 사용했더라면 어떻게 되었을까? 우리가 보통 죽은 사람을 애도하는 방식으로 내 감정을 표현했더라면 마이애미에서 내 아내가 사랑을 느꼈을까? 아마도 그렇지 않을 것이다. 수학적 코드, 5행의 희시, 사망 기사의 방법은 이 일을 위해서는 효과적인 의사소통의 수단이 아니다. 이 방법들은 합법적인 수단이 아니다. 그러나 훌륭한 전달자는 적절한 장르와 전하고자 하는 메시지와의 연결을 중요하게 생각한다.

정확한 장르는 메시지의 의미를 강화하고 향상시킨다. 잘못된 장르는 메시지를 왜곡시킬 수 있고 심지어 메시지를 파괴하기까지 한다. 의사소통 이론가인 마샬 맥루한(Marshall McLuhan)은 의사소통 과정에서 "환경은 단순히 수동적으로 포장하는 정도가 아니라 눈에 보이지는 않지만 활동적인 과정"[9]이라고 말했는데, 맞는 말이다. 장르는 중립적이지 않다. 장르는 단어 선택만큼 확실히 의미에 영향을 준다. 하나님과 성경의 인간 저자는 이것을 이해했다. 전할 메시지를 위한 가장 적절한 장르를 그들은 함께 선택했다. 로날드 알렌(Ronald Allen)은 다음과 같이 말했다.

> 본문의 형식-특히 단어, 이미지, 사고의 배열-은 본문의 의미와 분리될 수 없다. 왜냐하면 완전한 본문의 의미는 형식을 통해 정확하게 주어지기 때문이다…형식 그 자체가 의미의 구체적인 표현이 될 수 있다.[10]

2) 설교의 목적

설교자의 주요 목적은 성경의 원래 저자가 의도한 핵심 아이디어를 전달하고 적용하는 것이다. 훌륭한 설교는 단순히 원래의 아이디어를 전하는 것이 아니다. 대신에 훌륭한 설교는 성경의 원래 저자가 원래 청중에게 말한 것을 현대의 청중에게 말하려고 애쓰는 것이다. 그것이 바로 하나님이 말하는 것을 말하는 것이다.

> 하나님의 영감으로 이루어진 단어와 장르의 조합은 그분의 사상을 전달하는 데 적절하다.

성경적 설교는 휴대전화와 같다. 성경 본문에서 하나님은 전화를 하신다. 그분은 교회에 전하고자 하시는 메시지를 가지고 있다. 휴대전화로 의도된 사람에게 메시지를 전달하려면 일련의 중계소들을 성공적으로 통과해야 한다. 설교자는 휴대전화 중계소와 같다. 우리의 목적은 하나님의 메시지를 왜곡하지 않고 의도된 사람들에게 정확하게 통과시켜야 한다. 하나님의 목소리가 하나님의 사람들에게 왜곡 없이 전해질 때 우리는 성공적으로 사역하는 것이다.

"설교사역은 본문의 영향력을 새로운 전달 상황으로 확장시키는 것이다…본문이 특별한 문학 형식을 통해 수사학적 효과를 성취하기 때문에 설교자의 임무는 본문의 영향력을 다시 발생시키는 것이다."[11] 우리가 분명하게 하나님의 말씀을 전달할 수 있는 유일한 방법은 장르에 주목하는 것이다. 장르는 주해만큼 우리의 설교에 영향을 준다. 설교자가 원래 본문의 장르에 대해 설교학적인 고려를 하지 않고 본문의 의미를 재생산하는 것은 불가능하다.

> 장르에 대한 인식은 설교자가 하나님의 말씀을 적절하게 해석하고 전달하는 데 중요하다.

> 형식과 내용의 밀접한 관계 때문에 우리는, 우유를 다른 컵에 옮겨 붓는 것처럼, 한 형식 안에서 기록된 성경의 내용을 아무 생각도 없이 다른 형식에 담아서는 안 된다. 문학에서 형식과 내용은 아주 긴밀하게 연결되어 있기 때문에, 설교자는 설교를 위해 적절한 형식을 주의 깊게 선택해야 한다. 만약 설교자가 본문의 메시지를 왜곡하기를 원치 않는다면 말이다.[12]

원래 저자의 의도된 메시지는 원래 메시지의 형식이 인정되고 보존된다면 가장 신실하게 다시 전달될 수 있다.

나는 일인칭 설교가 최근 유행하기 때문에 일인칭 설교를 하는 것이 아니다. 또한 단순히 내러티브가 지배하는 문화에 적응하고자 일인칭 설교를 하는 것도 아니다. 내가 내러티브 형식으로 성경의 내러티브 구절을 설교하는 일차적인 이유는 성경 본문에 충실하기 위해서이다. 나는 하나님이 성경 본문에서 말씀한 것만을 말하고 싶다. 나는 성경의 장르에 유념하지 않고 본문의 원래 의미에 충실한 설교를 할 수 없다.

성경의 내러티브 문학을 설교하는 가장 좋은 방법은 내러티브 설교 형태를 이용하는 것이다. 일인칭 설교는 가장 이상적인 내러티브 설교 형태이다. 이러한 설교 방법을 배울 때 성경의 이야기를 아주 정확하게 설교하는 법을 배우게 될 것이다. 그뿐만 아니라 당신은 모든 사람들이 설교 듣는 것을 좋아하게 되며, 시간이 지나면 청중이 엄청난 양의 성경을 배우고 있음을 발견하게 될 것이다.

4. 일인칭 설교에 대한 감정적 이유

그러나 일인칭 설교는 더 많은 일을 한다. 찰스 템플톤(Charles Templeton)은 교회에 출석하지는 않지만, 오늘날의 설교에 대해 잘 평가한 것 같다.

> 오늘날 많은 설교가 지겹다는 것이 믿어지지 않는다. 기독교 메시지가 사람을 지루하게 한다는 것은 그 자체로 놀랍다. 구약은 드라마로 가득 찼고 경이롭고 다채로운 등장인물들이 넘친다…그러나 많은 설교자가 변화시킬 수 있는 능력의 메시지를 활기와 박력이 없는 메시지로 바꾸고 있다.[13]

내러티브 본문에서 나온 많은 설교가 왜 그렇게 지겨운가? 문제는 본문에 있지 않다. 성경의 위대한 이야기는 감동과 생명력으로 가득 차 있다. 고대 이스라엘에서 이야기를 했을 때 많은 사람은 깊게 감동하였다고 나는 확신한다.

다윗과 골리앗의 내러티브를 예로 들어보자. 다윗의 승리에 대한 이야기가 나왔을 때 이것은 구전으로 전해졌다. 공동체의 요구로 구전 전승에 능숙한 한 장로가 밤늦게 불 주위로 모든 사람들을 불러 모았을 것이다. 거기에서 오랜 과거의 일로 마을 사람들은 이교도 블레셋 사람 거인 골리앗에 대해 들었을 것이다. 골리앗은 40일 동안 이스라엘 군대 앞에서 활보한 거대한 사람이고 이스라엘과 싸우려고 도전해 왔다. 한 달 이상 이 할례 받지 않은 거인이 이스라엘 왕과 이스라엘 군대, 이스라엘 하나님을 모욕했다. 모든 사람은 그 앞에서 위축되었다. 누구도 골리앗과 맞서지 못했다. 전쟁이 시작하기도 전에 끝날 것 같았다. 조그마한 소년이 현장으로 나타나기 전까지는 그랬다.

다윗은 이새의 심부름으로 음식을 가지고 전쟁터에 도착했다. 그는 어렸고 인상적이지도 않았다. 이새는 다윗을 간과했다. 다윗은 군사훈련을 받은 적이 없었다. 그럼에도 끔찍한 그가 골리앗의 고함을 들었을 때, 즉시 반응했다. 하나님에 대한 믿음으로 확신에 찬 다윗은 자진해서 이스라엘의 어느 누구도 하지 못하는 일을 하겠다고 나섰다. 즉 골리앗과 싸우는 일이다. 싸움에서 승리할 가능성은 전혀 없었다. 막대기와 물맷돌 몇 개만을 들고 골리앗 앞으로 걸어가는 다윗의 모습은 참으로 우스꽝스러웠을 것이다. 심지어 골리앗도 어린 다윗의 도전에 불만을 표시하였다.

잠시 후 마을 사람들이, 그들의 상상력 속에서, 다윗의 부드러운 물맷돌 돌리는 소리를 들었을 때 그들은 어떻게 반응했으리라 생각하는가? 또한 골리앗이 놀라움으로 눈이 커지는 것을 그들이 목격했을 때는 어떠한가? 그런 후에 그들은 다윗이 골리앗의 칼로 그의 머리를 베는 것을 목격했다.

마을 사람들이 어떻게 반응하였으리라 생각하는가?

이야기를 듣던 엄마들은 피비린내 나는 전쟁의 장면이 묘사될 때 아이들의 귀를 막았을 것이다. 하지만 아이들은 그 이야기를 계속 들으려고 엄마의 손을 치우려고 했을 것이다. 어린 소년과 소녀들은 어둠 속으로 뛰어들어가서 자신들이 다윗인 양 대적에게 돌을 날려 보낼 것이다. 젊은 남자들은 조용히 어둠 속에 서서 자신들이 기꺼이 다윗과 같은 믿음과 용기를 증명할 수 있는지 생각해 볼 것이다. 또한 몇몇 나이 많으신 분들의 뺨에는 눈물이 흘러내릴 것이다. 그 이유는 당시 하나님의 진실한 사람이 하나님의 백성을 어떻게 이끌었는지를 기억하며 그 사랑에 감격했기 때문이다.

그러나 설교자가 "행복한 그리스도인의 삶의 5가지 비밀"이라는 제목으로 같은 본문을 설교할 때, 오늘날 사람들은 눈물을 흘리지 않고 잠만 잘 것이다. 왜 오늘날 많은 설교가 옛날과 같은 능력으로 성경의 이야기를 전달하지 못하는가? 그것은 설교자들이 본문의 장르와 맞는 설교 형식을 사용하지 않기 때문이다.

불행하게도 오늘날 설교자를 양성하는 신학교의 설교 교육은 설교자에게 설교 쿠키 커터(cutter)만을 제공해 줄 뿐이다. 이 설교 쿠키 커터를 이용해서 설교자는 빠른 속도로 본문 반죽을 혼합해서 이런저런 모양의 빵을 만들어 낸다. 본문이 이러한 형식으로 바뀌는 것을 원하지 않는데도 상관하지 않는다. 본문은 전혀 말하고 싶지 않은 것을 말하도록 짓이겨지고 고문당하는 것이다.[14]

벤톤 루츠(Benton Lutz)는 "목회자들은 우리의 삶을 조명하는 방식으로 이야기를 하기보다는 진부하고 무미건조한 말들을 우리 머리에 억지로 밀어넣는다. 그들은 본문을 활짝 열어서 본문의 이야기들이 우리의 일상 삶 속으로 넘쳐흐르도록 하지 않는다"[15]고 안타까워했다. 프레드 크레독(Fred Craddock)이 다음과 같이 지적했다.

설교자가 본문이 말하는 것을 설교하고자 한다면, 그들은 본문의 형식을 고수하기를 원할 것이다. 왜냐하면 형식은 본문 주해 과정뿐 아니라 설교 작성 중에도 중요한 역할을 하기 때문이다…하지만 설교에서 전제, 주제, 개요 등을 중요하게 생각하는 설교자들은 본문의 형식과 무관하게 설교한다. 그들은 물은 증발시켜 버리고 컵 바닥에 있는 얼룩을 설교하는 것이다.[16]

일인칭 강해 설교는 메시지의 효과를 증대시키도록 도와준다. 일인칭 설교는 내러티브 본문의 감정과 진리를 가장 효과적으로 전달할 방법이다. 이러한 설교는 마음을 사로잡고 상상력에 불을 붙인다. 이 설교는 성경이 살아 있고 오늘날 우리에게 실제로 적용된다는 것을 보여준다. 일인칭 설교로 내러티브 본문을 설교하기로 하는 것은 본문의 감정을 자연스럽게 표출시키기로 하는 것과 같다. 그것은 또한 역동적이고 흥분시키는 메시지를 설교하려고 하는 것과 같다.

잠깐 설교 엿보기

텔레비전 스크린에 가까이 접근한다고 해서 당신이 가장 좋아하는 쇼를 더 잘 이해할 수 있는 것은 아니다. 텔레비전 스크린에서 픽셀(pixel)이 홀로 깜빡거릴 때에는 아무 의미가 없다. 픽셀의 중요성은 당신이 스크린에서 멀리 떨어질 때 드러난다. 더 폭넓은 관점은 픽셀의 가치를 인정하는 데 필수적이다. 픽셀의 상세한 것을 활용하려면 거리의 확보가 필요하다. 이것은 설교 과정에서도 같다.

설교 준비의 자세한 부분에 들어가기 전에 "벌레 눈"(worm's-eye) 관점 혹은 설교사역에 대한 "새 눈"(bird's-eye) 관점이 필요하다. "새 눈"(bird's-eye) 관점은 상세한 부분들이 제자리를 잡는 데 도와준다. 관점을 얻기 위해서는 간격이 필요하다.

- 설교는 매우 복잡해질 수 있다. 또한 매우 간단해질 수 있다.
- 모든 설교는 시작이 있다. 당신이 설교 숙제를 받았을 때 설교는 시작된다. 그 순간 설교 과정은 시작된다.

모든 설교는 또한 끝이 있다. 모두 끝날 시간이 있다. 설교는 마지막 찬송이 끝나고 축도하고 당신이 교회 뒤쪽으로 걸어가고 있을 때 끝난다. 좋든 나쁘든 혹은 풍성하든 빈약하든, 설교는 끝났다.

(시작) (끝)

그러나 진정한 성경적 설교는 그 밖의 다른 것을 가진다. 그것은 중간점이다. 설교자의 목표가 원래의 성경 저자가 전달하고 그러나 진정한 성경적 설교는 그 밖의 다른 것을 가진다. 그것은 중간점이다. 설교자의 목표가 원래의 성경 저자가 전달하고자 했던 개념을 전달하는 것이라면, 설교자는 설교 준비 작업을 두 가지의 단계로 나누어야 한다. 즉 주석 작업과 설교 작업이다. 도표로 표현하면 아래와 같이 그려질 것이다.

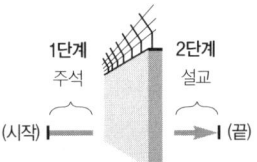

1단계: 설교자의 첫 번째 임무는 주석, 즉 본문의 의미를 결정하는 것이다. 여기에서 당신의 목표는 원래 저자가 최초 청중에게 전하려고 했던 개념을 발견하는 것이다. 이 단계에서 설교자는 본문이 담은 보물을 발견하려고 주석적 도구를 사용해서 성경 본문을 깊게 파는 광부와 같다. 이것은 설교자만이 가지는 강박관념이다.

2단계: 설교자의 두 번째 임무는 설교이다. 즉 본문의 의미를 전달하는 데 가장 좋은 방법을 결정하는 것이다. 성경의 아이디어가 당신의 생각에서만 분명해지는 것으로는 충분치 않다. 청중의 마음에 그 사상을 전달하기 위한 전략이 필요하다. 여기에서 중요한 것은 주석을 통해 새롭게 발견된 보석과 같은 내용의 독특한 특징을 가장 효과적으로 보여줄 배경을 만드는 일이다.

이 두 단계를 분명하게 구분하는 것이 중요하다. 두 단계를 함께 섞지 말라. 만약 주석하는 동안 설교를 생각하기 시작한다면(즉 '어떻게 내가 이것을 전할 것인가?'), 주해 과정이 오염되어 불충분해질 것이다. 조급하게 설교 개요, 서론, 가능한 적용을 생각하는 것은 성경 본문이 스스로 말하려고 하는 것을 방해하는 것이다. 두 단계를 함께 생각하기 시작하면 저자의 생각을 놓치기 쉽다. 그 설교가 신학적으로는 문제가 없을지 모르나, 그 본문의 원래 저자가 원래 청중에게 전달하고자 했던 것은 아닐 수 있다.

여러분의 목적이 하나님이 말씀하신 것만을 말하는 것이라면 크고 두껍고 꿰뚫을 수 없는 벽으로 나누어진 이 두 단계를 항상 마음에 새겨야 한다고 나는 감히 주장한다. 이 벽은 설교 준비 과정에서의 두 단계를 확실하게 분리시켜 준다. 이 벽에 사다리를 놓아서도 안 되고, 벽을 부숴도 안 된다.

설교 준비 과정에서 이 두 과정을 뚜렷하게 구분하도록 하는 한 가지 방법은 단순한 마인드 게임을 하는 것이다. 나는 여전히 신학교 학생이며 내 교수님은 내게 주석 숙제를 주셨다고 생각하는 것이다. 이 가상의 수업에서 교수님이 나에게 요구하신 것은 구절의 정확한 주해 분석이다. 난 이 본문을 절대 설교하지 않을 것이다. 주일은 절대 다시 오지 않을 것이다. 이 구절에 대한 내 관심은 순전히 지적이다.

이렇게 순수한 지적 탐구로 본문에 대한 내 관심을 잘 유지하는 것은 설교 준비 과정에서 참으로 중요하다. 이것은 내가 원래 저자의 계획에 굴복하고 원래 저자가 청중에게 말한 것을 들을 수 있게 해준다. 이것은 또한 내가 온전하게 주해하도록 도와준다.

주해가 완성된 후에야 비로소 설교의 두 번째 단계로 이동해야 한다. 이 꿰뚫을 수 없는 벽은 단 하나의 문을 가지고 있다. 문을 열고 1단계에서 2단계로 이동하는 유일한 방법은 열쇠를 사용하는 것이다. 그 열쇠는 "핵심 아이디어"를 분명히 밝힘으로 만들어진다. 2장은 이 열쇠를 만들도록 도와줄 것이다.

Notes

1) Joyce Nelson, *The Perfect Machine* (Toronto: Between the Lines, 1987), 46.
2) Shelley Thorpe, www. idahochild. org (accessed Sept. 23, 2003)에서 재인용.
3) Timothy A. Turner, *Preaching to a Programmed People* (Grand Rapids: Kregel, 1995), 20.
4) Neil Postman, *Amusing Ourselves to Death* (New York: Penguin, 1986).
5) Howard Gardner는 하버드대학교 교육대학원 교수이고, 보스턴의 Veterans Administration Medical Center의 연구원으로 있다. 대표적인 책으로 *Frames of Mind: The Theory of Multiple Intelligences* (New York: Basic Books, 1983)가 있다.
6) Adapted from Kathy Checkley, "The First Seven… and the Eighth," *Educational Leadership* (September 1997), 12.
7) Howard Gardner, in the interview by Kathy Checkley, "The First Seven… and the Eighth," Educational Leadership (September 1997), 9.
8) "내 조사는 풍성하고 영양가 있는 주제가 다양한 지적 능력을 활용하여 접근될 수 있음을 보여주었다. 우리는 주제를 다양한 문이나 접근 방식을 가진 방으로 간주한다. 학생들은 자신을 위한 가장 적절한 접근 방식을 활용한다. 이 접근 방식에 대한 인식은 교사들로 하여금 일련의 학생들이 쉽게 이해할 방법을 통해 새로운 자료를 소개하도록 도와줄 수 있다"(Howard Gardner, *Multiple Intelligences: The Theory in Practice* [New York: Basic Books, 1993], 203).
9) Marshall McLuhan and Quentin Fiore, *The Medium Is the Message* (SanFranciso: Hardwired, 1967), 68.

10) Ronald J. Allen, "The Language of the Text," in Don M. Wardlaw, *Preaching Biblically* (Philadelphia: Westminster, 1983), 32.
11) Thomas G. Long, *Preaching and the Literary Forms of the Bible* (Philadelphia: Fortress, 1989), 33.
12) Sidney Greidanus, *The Modern Preacher and the Ancient Text* (Grand Rapids: Eerdmans, 1988), 147.
13) Charles Templeton, *Farewell to God* (Toronto: McClelland and Stewart, 1996), 159.
14) Clyde Fant, *Preaching for Today* (New York: Harper & Row, 1975), 110.
15) H. Benton Lutz, "The Self-Absorbed Masquerade," in *The Other Side* 29/4 (July-August 1993): 46.
16) Fred B. Craddock, *Preaching* (Nashville: Abingdon, 1985), 123.

Effective First-Person Biblical Preaching

제1부

주석 단계

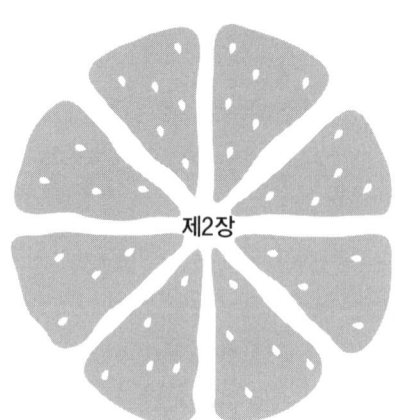

제2장

내러티브 주석의 열쇠 사용하기:
1단계와 2단계

성경의 이야기들은 우리를 놀라게 한다. 우리는 이해하기 쉽다는 생각으로 성경의 이야기에 접근한다. 그러나 성경 이야기가 참으로 이해하기 어렵다는 것을 우리는 깨닫는다. 할머니, 할아버지께서 우리에게 성경의 이야기들을 읽어주셨고, 우리도 우리 아이들에게 그 이야기들을 읽어준다. 그러나 사무엘상과 사무엘하 또는 누가복음을 설교하려고 할 때, 그것을 이해하려고 책상에서 여러 시간을 좌절하면서 보낸다. 긴 시간의 복도를 통과하여 고대 저자의 마음속을 들여다보기 절대 쉽지 않고, 특히 내러티브 장르가 이해하기 어렵다는 것을 깨닫게 된다.

아이들이 이야기를 좋아하나 분명 이야기는 아이들의 놀이 수단이 아니다. 이야기는 하나님이 전달 수단으로 사용한 아주 세련된 예술 형식 가운데 하나이다. 이야기는 때때로 하나님의 분명한 계시라기보다 솔로몬의 수수께끼처럼 보일 수 있다. 성경을 주석하면서 힘들어할 때, 때때로 나는 성경 본문 안으로 바로 들어갈 수 있는 마술 주문(呪文)을 가졌으면 좋겠다고 생각한 적이 있다. 그러나 그런 것은 어디에도 없다. 마술 주문은 성경의 이야기를 열어주지 않을 것이다. 성경 저자가 성경 이야기를 통해 주고자 하는 아이디어를 발견하려면 당신은 독특한 내러티브 주석 접근 방법을 채택해야 한다.

당신은 성경을 주석하는 방법론이 하나가 아니라는 것을 알았을 때 놀라게 될지도 모른다. 우리 중 많은 사람은 서신서를 해석하는 방법으로 성경의 다른 부분들을 해석할 수 있다는 생각을 가지고 신학교를 나왔다. 하지만 그렇지 않다. 내러티브 장르를 위해서 새로운 주석적 열쇠가 필요하다. 그 열쇠는 내러티브 장르에 합당하게 만들어졌다. 이 열쇠로 성경의 거대한 부분을 이해할 수 있는 문이 열리기 시작할 것이다. 내러티브가 의미 있게 다가오기 시작할 것이다. 내러티브는 당신의 삶에 적용되며, 내러티브를 설교할 수도 있을 것이다.

이 장에서 시작하여 다음 장에 이어지는 내러티브 주석을 위해 필요한 여덟 단계의 설명을 읽고 한 번 시도해 보기를 권한다. 당신은 더 이상 마술 주문이 소용없다는 것을 알게 될 것이다.

1단계 | 해석의 패러다임을 바꿔라

1) 단순한 역사가 아니다

성경이 역사적으로 정확하다고 믿는가? 성경이 실제로 일어난 역사적인 사건을 기록했다고 확신하는가? 거대한 물고기가 삼킨 요나는 진짜 사람인가? 예수님이 유대 땅을 밟았는가? 그리고 갈릴리 바다 위를 걸었는가? 나는 믿는다. 그렇다고 그것이 성경이 단지 하나의 역사책임을 의미하는가? 아니다. 성경은 역사를 포함하나 역사책은 아니다. 성경 저자의 목적은 단순히 세계 역사의 개관을 제공하는 것이 아니다.

이 개념이 나에게 매우 분명한 때가 있었다. 어느 월요일, 나는 두 아들을 자연사 박물관으로 데려가기로 했다. 건물 안으로 들어갔을 때, 아이들의 입이 벌어졌다. 그들은 압도되었다. 그들은 전시된 사자, 호랑이, 바다

표범을 보는 것을 좋아했다. 그들은 공룡 뼈를 보고 더 흥분했다. 그 거대한 해골이 그들에게 두 가지 이야기를 전했다. 그들은 두려움을 느끼면서도 감명받았다. 내 첫째 아들이 내게 물었다. "아빠, 어째서 성경은 공룡에 대해서 이야기하지 않아요?"

그 순간 나는 욥기서에 리워야단에 대한 간접적인 언급이 있다는 것을 말하고 싶었다. 그러나 그렇게 말하는 것은 아들의 질문 뒤에 있는 중요한 이슈를 회피하는 것임을 깨달았다. 아들이 진짜 알고 싶었던 것은 그렇게 인상적으로 보이는 피조물이 왜 성경의 중요한 목록에 나타나지 않았느냐는 것이었다. 왜 창세기 1장에 공룡이 언급되지 않았는가? 성경의 저자가 자신의 숙제를 잊어버렸는가? 그들이 이 생물을 알지 못했는가? 물론 아니다.

성경이 공룡에 대해 이야기하지 않은 이유는 (혹은 세속적 역사가가 역사책에 포함했던 많은 다른 주제들도 마찬가지다) 성경 저자가 자신의 목적을 완수하는 데 그것을 기록할 필요가 없었기 때문이다. 이것은 별로 쓸모없는 정보였다. 성경 저자의 목적은 우리에게 브리테니카 백과사전과 같이 세상의 사건들에 대해 개괄적인 설명을 하는 것이 아니었다. 성경의 내레이터들은 그들이 이용할 수 있는 거대한 역사 가운데서 자신의 특별한 목적에 도움되는 사건들만 선택했다. 그러면 그들의 목적이 무엇인가? 신학적 아이디어를 전달하는 것이었다.

2) 핵심 아이디어를 파악하라

역사적 내러티브 작가들은 독자에게 역사적 사건에 대한 개관을 설명하려고 하지 않았다. 역사 이야기는 우리에게 균형 잡힌 인문과학을 가르치고 의도하지도 않았다. 대신에 성령의 역사하심 아래서 작가들은 신학적 아이디어(theological idea)를 전달하고자 역사를 사용하였다. 그들의 목적은 단순히 일반적인 지식을 증가시키거나 청중의 문화적 인식을 넓히는 것이 아니었던 것이다. 성경의 저자들은 우리에게 하나님에 대해서 말하고, 하나님이 어떤 분이신지를 알려줌으로 우리 인간이 어떻게 살아야 하는지를 교훈하고자 했다. 그러한 이유 때문에 그들은 신학적 아이디어에 집중하였다.

사상은 세계에서 가장 강력한 힘이다. 사상은 국가의 운명을 바꾸고 개인의 운명을 바꾼다. 우리는 모두 우리가 가진 사상에 따라 산다. 당신은 다윈의 진화론을 믿는가? 만약 그렇다면 그 사상은 당신의 삶에서 심오한 영향을 줄 것이다. 예수가 하나님이시며 죄로 물든 인간을 위한 유일한 소망임을 믿는가? 그렇다면 그 사상은 당신의 삶을 변화시킬 것이다. 우리는 우리의 사상에 의해 통제된다.

엄마가 "너는 네가 먹는 것에 의해 결정된다"(You are what you eat)고 말하는 것은 옳지 않다. 엄마는 "너는 네가 생각하는 것에 의해 결정된다"(You are what you think)고 말해야 한다. 당신의 사상을 변화시켜라. 그러면 당신은 당신의 삶을 바꿀 것이다. 고귀한 사상은 고귀한 삶이 된다. 하나님의 사상은 너의 삶을 물가에 심은 나무와 같게 할 것이다. 이것이 바울 사도가 우리에게 "오직 마음을 새롭게 함으로 변화를 받아"(롬 12:2)라고 말했던 이유이다. 우리는 우리가 믿는 것에 의해 결정된다(We are what we believe). 이것이 성경 저자가 단지 역사적 내용을 알려주는 것으로 만족하지 않았던 이유이다. 성경 저자는 단지 그들의 사상을 전달하는 수단으로 역사를 사용했다.

성경의 "역사서"는 단순히 역사책이 아니다. 역사서는 우리에게 하나님을 보여주고 우리가 어떻게 살아야 할지를 보여주는 신학적 예술 작품이다. 성경이 신학적인 아이디어를 전달하도록 역사를 사용했다는 사실을 깨닫는 것은 효과적인 설교를 위해 중요하다. 이것은 본문에서 피상적으로 드러나는 것보다 더욱 깊은 교훈이 있음을 말한다. 이것은 저자가 본문을 통해 의도하는 바가 무엇인지를 고민하도록 한다. 이것은 설교자가 이야기의 사실을 넘어 이야기의 아이디어로 가게 한다. 또한 이것은 설교자가 더 높은 목표를 가지도록 한다.

대부분 설교자들은 역사를 좋아하기 때문에 성경의 이야기를 설교할 때 내러티브의 흥미로운 부분들을 상세하게 되풀이하려는 유혹을 받는다. 물론 이러한 방법을 장려하는 학자들도 있다. 만일 당신이 19세기, 20세기 주석서를 둘러본다면 많은 부분이 구문론, 문법, 어원, 지리, 연대기 그리고 문화적 배경과 같은 주제에 할애되어 있음을 발견할 것이다. 본문에서 나오는 이 거대한 양의 정보는 종종 "처음에는 대상을 불분명하게 제시하다가 나중에는 그 대상에 얼룩을 남기는" 안개처럼 본문의 주요 아이디어를 질식시키는 결과를 초래한다.[1] 설교자들은 내러티브 본문에 대해 우리가 아는 모든 것을 말하려고 하는 유혹을 피해야 하고 대신에, 본문 모든 부분들이 함께 드러내고자 하는 중심 아이디어를 분명하게 선포해야 한다.

당신의 주석 목표는 "원래 저자가 의도한 의미를 가능한 한 정확하게 회복하는 것"이어야 한다.[2] 이 부분은 아무리 강조해도 부족하다. 본문이 의미하는 것이 마음속으로 분명하게 정리될 때까지, 분명한 설교를 준비하는 것은 불가능하다. 이 장의 목적은 이러한 종류의 문장을 쓰도록 하는 것이다.[3] 비록 이 한 문장을 쓰기 쉽지 않은 작업이라 할지라도, 이것은 가장 중요한 주석 작업이다. 이 문장이 없이 당신은 일인칭 설교를 할 수 없다. 더욱 문제가 되는 것은 당신이 하나님이 의도한 것과는 다른 것을 설교한다는 것이다. 정확한 "핵심 아이디어"를 얻는 것은 당신의 메시지를 지루한 것에서 아주 멋있는 것으로 바꿀 것이고 청중의 삶을 변화시키는 하나님 말씀의 능력을 경험하게 할 것이다. 그 상을 기대하라. 당신의 목적은 단순히 본문의 내용이 아니라 저자의 의도가 되어야 한다. 혹시 지금까지 잘못되었다면 거기에 머물러 있지 말고 빨리 빠져나와라. 핵심 아이디어를 전달하라!

3) 문학적으로 접근하라

지난 세기 동안 자유주의 학자들의 많은 부작용 중 하나는 성경 내러티브의 문학적 특성을 손상하는 것이었다. 그들은 성경 이야기를 어설픈 수많은 편집자(구약연구에서 그들은 종종 JEDP로 언급된다)들의 작품으로 간주하였다. 그들은 이러한 편집자들이 자신의 목적을 달성하려고 이야기들을 고치려고 했다고 주장하였다. 그 결과 완벽하지 못했고, 혼란스럽고 자기 모순적인 문학 작품을 탄생시켰다는 것이다. 나는 그들의 주장에 동의할 수 없다.

성경의 이야기들은 잘못된 작품의 예가 아니다. 과거 몇 십 년 동안의 주의 깊은 문학적 분석은 성경의 이야기들이 위대한 문학 작품임을 보여주었다. 신학적 논제를 따로 제쳐 두었을 때, 우리는 원래 내러티브들이 보여주는 탁월한 문학으로서의 참모습을 감상할 수 있다. 1984년에 렐란드 라이켄(Leland Ryken)은 "성경연구에서 조용한 혁명이 계속되고 있다. 그 중심에 성경이 문학 작품이고, 문학적 분석 방법이 완전한 성경 연구에 필수적인 부분이라는 사실이 놓여 있다"[4]고 했다. 문학적 혁명은 멈추지 않았다.

루이스(C. S. Lewis)가 "성경은 문학이기 때문에 문학이라는 사실을 잊어버리고는 적절하게 읽혀질 수 없고, 여러 종류의 문학이 있는 것처럼 성경도 여러 종류의 문학으로 구성되어 있다…그것을 잊어버리면 우리는 그 안에 있는 것을 놓칠 것이고, 있지도 않은 것을 보고 있다고 착각하게 될 것이다"[5]고 말했는데, 그의 주장이 옳다고 점점 인정되고 있다. 헤르만 궁켈(Hermann Gunkel)도 "창세기의 가장 오래된 이야기조차도 목적이 없거나 조잡하며 생각 없이 나온 이야기가 아니다. 반대로 성숙하고 완벽하고 아주 강력한 예술이 그 안에서 드러난다"고 평가하였다.[6]

심지어 유명한 문학비평가인 노스롭 프레(Northrop Frye)도 성경의 진리는 거부하지만, 성경의 문학적 특성은 인정할 수밖에 없다고 했다. 수년 동안 그는 토론토대학에서 성경문학을 가르쳤다. 그 이유에 대해서 다음과 같이 말했다. "성경을 모르는 영문학 학생은 그가 읽은 많은 부분을 이해하지 못함을 나는 알게 되었다…나는 영문학 연구의 안내자로서의 역할 때문에 영어 성경 과목을 강의하지 않을 수 없다."[7] 성경은 문학일 뿐만 아니라, 지금까지 쓰인 가장 영향력 있는 문학 작품 중 하나이다. 노스롭 프레는 윌리엄 블레이크가 "예술의 위대한 법전"(Great Code of Art)으로 성경을 묘사한 것을 받아들인 것이다.

성경은 단순히 종교적인 책이 아니다. 성경은 지금까지 쓰인 가장 영향력 있는 문학 작품이다. 성경은 문학의 황금률이다. 다른 모든 문학은 성경의 그늘에 있다. 영(E. J. Young)이 그의 책 제목을 "당신의 말씀은 진리이다"로 정하였는데, 그의 표현은 옳다. 왜냐하면 성경은 진리이기 때문이다. 그러나 성경은 진리 이상이다. 성경은 좋은 문학이다. 성경을 주석하고자 하는 사람들은 성경의 문학적 특성을 기억하고 존중해야 한다.

영감에 관한 교리를 진지하게 받아들이지 않는다고 할지라도, 성경 내러티브의 비범한 문학적 특성에 놀라지 말아야 한다. 성경 자체에서 증거로 제시한 대로, 성경이 진정 "하나님의 영감 된" 것이라면, 성경이 가장 수준 높은 문학적 특성을 드러내는 것은 당연하다. 그리고 실제적으로도 그렇다. 처음부터 끝까지 성경은 창조주 하나님의 아름다움을 드러낸다.

성경의 하나님은 미(美)를 사랑하신다. 이것이 의심스럽다면 잠시 멈추고 그분이 만드신 주변을 둘러보아라. 결혼식에 입장하는 신부를 보아라. 태어난 아기의 완벽함을 보아라. 밤에 하늘을 올려다보아라. 당신의 차 창문을 내다보아라. 당신이 뉴잉글랜드나 뉴멕시코를 운전하든지 그 아름다움은 당신을 놀라게 할 것이다. 하나님이 모든 것을 창조하셨다. 그분은 아름다움과 창조성을 좋아하신다. 그리고 그분의 창조적인 능력이 그의 영감으로 쓰인 성경에도 보인다.

미를 사랑한 하나님은 아름다운 문학에 영감을 주셨다. 그래서 하나님의 문학을 이해하고자 하는 사람들은 미묘하고 복잡한 아름다움을 감상할 시간을 가져야 한다. 해석자는 성경의 타고난 문학적 특징을 인정해야 한다. 해석 과정에서 성경의 문학적 특징의 중요성이 약화되어서는 안 된다. 렐란드 라이켄이 다음과 같이 지적했다.

> 문학은 형식과 기술을 요구한다. 하나의 문학 작품을 이해하기 전에, 우리는 그 문학이 사용하는 형식을 자세히 조사할 필요가 있다…성경이 어떠한 형식으로 쓰였는가에 대한 문학비평가들의 견해를 절대 무시해서는 안 된다. 이것은 즐거움일 뿐만 아니라 본문의 이해를 위한 탐구이기도 하다. 하나의 문학 책에서 무엇을 말하였느냐는 것과 어떻게 표현하느냐의 것, 즉 내용과 형식을 분리하는 것은 불가능하다.[8]

성경의 이야기는 지금까지 쓰인 가장 세련된 문학으로 인정된다. 그것은 신화와는 근본적으로 구별되어야 한다. 성경의 모든 부분들은 의도적이며 또한 중요하다. 성경의 이야기는 특별한 영적인 의도를 성취하도록 주의 깊게 선택된 문학적 도구를 통해서 쓰인 실제적인 사건들이다. 성경은 문학적 역사이다. 그래서 그에 상응해서 해석되어야 한다. 이제 어떻게 성경의 문학적 특징을 파악하면서 성경 이야기의 핵심 아이디어를 찾을 수 있는지 알아보자.

2단계 | 설교하고자 하는 이야기의 더 큰 문맥을 이해하라

우리 중 많은 사람이 "빠르고 비정상적으로" 설교 준비를 한다. 그 이유는 간단하다. 우리의 삶이 너무 바쁘기 때문이다. 시간이 너무 빨리 지나

간다. PDA의 "해야 할" 목록에 있는 항목을 검사할 시간조차도 없다. 때문에 설교 준비에 있어서도 편하게 하는 데 쉽게 굴복해 버리고 마는 것이다. 설교해야 할 본문이 있는 책 전체를 연구하지도 않고, 설교해야 할 특별한 절에 곧장 집중해 버린다. 전체 지도를 보기도 전에 주석 전자 현미경을 먼저 꺼낸다.

하지만 이것은 거의 만회할 수 없는 주석적 실수를 범하는 것이다. 만약 어느 대륙에 있는 식물계와 동물계에 대해 세밀한 연구를 하기 원한다면, 우리는 그 대륙을 먼저 알아야 한다. 마찬가지로 문맥을 이해함 없이 본문을 이해할 수 없다. 구약학자요 전에 내 동료 교수였던 더글러스 스투워트(Douglas Stewart)는 종종 "문맥이 왕이다!"라고 말했다. 성경의 내러티브를 충실하게 전달하려면 당신은 그것이 속해 있는 책을 이해해야 한다. "설교하고자 하는 이야기의 더 큰 문맥이 무엇인가?" 하고 질문할 시간을 가져라.

1) 책이 언제 쓰였는가?

성경적 의사소통은 진공상태에서 발생하지 않았다. 그것은 어떤 상황에 대한 반응이다. 하나님께서는 선재(先在)한 상황에 반응하신다. 책이 왜 쓰였는지 이해하려면 먼저 책이 언제 쓰였는지를 알아야 한다. 내러티브 해석에서 때는 가장 중요하다. 때에 대한 언급에 너무 당황하지는 말라. 책이 쓰인 정확한 연도를 아는 것이 항상 필수적인 것은 아니다. 그러나 내러티브가 전체 성경 역사의 흐름 속에서 어느 정도에 있는지는 이해해야 한다.

내러티브 저자가 누구인지 알 때, 책이 쓰인 때의 문제는 뜻밖에 간단하다. 우리는 복음서에 이름이 언급된 사람들이 복음서를 기록했음을 알고 있고, 누가가 사도행전도 기록했음을 안다. 우리가 이것을 알기 때문에,

예수님이 돌아가신 후 몇 십 년 안에 그 책들이 기록되었음을 또한 안다. 신약성경에 있는 내러티브의 때 문제는 쉽게 해결된다. 그러나 구약성경의 때 문제는 훨씬 더 복잡하다.

오경에 대한 모세 저작권을 받아들인다면, 오경이 쓰인 가장 정확한 시기를 결정하는 것은 문제가 되지 않는다. 지금 고민해 보자. 모세가 이 다섯 권의 책을 언제 기록하였는가?

- 모세가 애굽의 왕자였을 때 기록했을까? 아니면 모세 오경을 자신의 박사학위 논문으로 기록했는가? 아닌가? 아니라면 왜 아닌가? 그때는 모세가 성경에 나타난 중요한 영적 자료들을 기록할 만큼 영적으로 성숙하지 않았음이 분명하다. 그뿐만 아니라, 모세 오경에 언급된 대부분 사건이 아직 일어나지 않았다. 따라서 모세 오경은 그렇게 빨리 기록되지 않았다.
- 모세가 불타는 떨기나무 사건을 경험한 후에 바로 저술했을까? 아니다. 그 이유는 위에서 언급한 것과 같다.
- 모세가 하나님의 백성을 애굽에서 이끌어내고 시내산에서 그들에게 율법을 전해 준 후는 어떤가? 모세가 율법을 전한 다음에 바로 앉아서 모세 오경을 기록했다고 생각하는가? 그럴 가능성도 희박하다. 앞에서 언급한 이유 외에도 시간의 문제가 있다. 모세 오경에 있는 내러티브는 성경의 첫 다섯 권의 길이와 탁월한 내용을 기록하는 데 필요한 시간적 여유가 필요함을 보여준다. 당신이 어떤 책을 쓰려고 할 때, 그것이 일주일 안에 쉽게 쓰이는가!
- 시내산을 떠난 후에 바로 모세는 이스라엘을 약속의 땅으로 이끌었고 땅을 탐지하도록 12명의 정탐꾼을 보냈다. 그들 중 두 명은 돌아와서 "우리가 정복할 수 있다"고 말했으나 나머지 10명은 "우리는 능히 올라가서 그 백성을 치지 못하리라 그들은 우리보다 강하니라…우리는 메뚜기 같으니"(민 13:31, 33)라고 하며 반대했다. 다시 말해, 만약 요단강을 건넌다면,

우리 모두 벌레처럼 짓이겨 처참하게 죽을 것이라고 했던 것이다! 그래서 그들은 강을 건너지 않았다. 이 모든 일이 계속되는 동안 모세는 성경을 쓸 시간이 없었다.

- 다음에 무슨 일이 일어났는가? 이스라엘 백성은 40년 동안 GPS가 절대적으로 필요할 정도로 사막을 헤매며 돌아다녔다. 이때 모세가 책을 쓸 시간이 있었는가? 그렇다. 이 시기는 그가 모세 오경을 기록했을 가능성이 가장 큰 시기이다. 이 기간에 모세는 모세 오경을 쓸 기회도 얻었고, 성숙하였고, 동기(우리가 후에 보게 되듯이)도 부여되었다. 모세가 언제 모세 오경을 기록했느냐를 아는 것은 모세 오경을 이해하는 데 중요한 해석적 열쇠를 제공한다.

그러나 모세 오경을 밖에서, 모세 오경을 제외한 나머지 구약성경의 내러티브 문학을 누가 기록했는지 알 수 없다는 것을 알면 당신은 놀랄지도 모른다. 그것이 기록된 날짜를 알려면 우리는 그 안에 기록된 내적 증거에 의존해야만 한다.

첫째, 책에 기록된 것 중에서 가장 늦게 발생한 사건을 찾아보라. 우리가 룻기를 읽으면서는 때에 대한 개념을 발견할 수 없지만, 내레이터가 룻의 아들인 오벳이 유명한 다윗의 조상인 것을 언급하면서 책을 마칠 때에 우리는 그 책이 쓰인 시기를 알 수 있다. 이 세부항목에서 중요성을 발견한 최초의 수령자에 따르면, 이 책은 다윗이 중요한 인물이 된 후에 기록되었던 것 같다.

둘째, 내러티브 안에서 시대착오적인 것을 찾아보라. 시대착오적인 것은 저작의 시기를 드러내는 사람, 장소, 사건을 독특하게 설명할 때 나타난다. 때를 결정하는 데 시대착오가 어떻게 도움되는지에 관한 한 예는 역대상 29:7에서 발견된다("하나님의 전 역사를 위하여 금 오천 달란트와 금 다릭 일만과 은 일만 달란트와 놋 일만 팔천 달란트와 철 십만 달란트를 드리고"). 주의 깊은 독자는 다릭

(darics)이 다윗의 시대에는 존재하지 않았음에 주목할 것이다. 이것은 저자 자신의 시대에 상용되던 화폐 단위를 가리킨다. 이처럼 본문에 사용된 단어에 대한 지식은 당신이 설교하고자 한 이야기의 대략 시기를 정하는 데 도움을 준다.

셋째, 내레이터가 알려주는 설명에 주의하라. 내레이터는 종종 내러티브 안에 그 사건에 대한 자신의 견해 또는 설명을 삽입하곤 한다. 내레이터는 당시의 청중들이 그 이야기를 완전히 이해하도록 그렇게 하는 것이다. 이러한 내레이터의 설명은 오늘날 해석자들이 내러티브의 시기를 결정하는 데 중요한 힌트를 제공한다.

내레이터의 설명에 기초하여 시기를 결정할 수 있는 한 예로 룻기 4:6-8을 보자.

> 그 기업 무를 자가 가로되 나는 내 기업에 손해가 있을까 하여 나를 위하여 무르지 못하노니 나의 무를 권리를 네가 취하라 나는 무르지 못하겠노라 옛적 이스라엘 중에 모든 것을 무르거나 교환하는 일을 확정하기 위하여 사람이 그 신을 벗어 그 이웃에게 주더니 이것이 이스라엘의 증명하는 전례가 된지라 이에 그 기업 무를 자가 보아스에게 이르되 네가 너를 위하여 사라 하고 그 신을 벗는지라.

7절에서 내레이터는 이 책에 언급된 사건이 실제로 발생한 시간보다 훨씬 나중에 쓰였음을 보여준다. 룻기가 기록되었을 때에는 어떤 것의 교환을 확정하도록 신을 전해 주는 관습이 더는 통용되지 않았다. 이것은 옛날의 관습이었다.

설교하고자 한 책이 언제 기록되었는지를 대략이라도 알게 되면, '이 책이 누구에게 쓰였는가?' 또는 '이 책의 내용을 들었던 사람이 누구였는가?'에 대한 질문이 떠오르는 것은 자연스러운 것이다.

2) 책의 의도된 청중은 누구였는가?

만약 청중들이 본문과 관련된 사람들에 대한 사전지식이 있다면, 당신이 전달해야 할 내용을 이해하기가 더 쉬울 것이다. 나는 이 사실을 우연히 발견했다.

오래전, 내 어머니께서는 나에게 침실에 가서 옷 서랍에 있는 몇 가지 옷을 가져오라고 시키셨다. 물론 이 일은 평상시에 시키던 일이 아니었다. 나는 부모님 침실에 거의 들어가지 않았고, 허락도 없이 어머니의 "속옷"으로 가득 찬 서랍을 뒤져본 적도 없다. 그러나 어머니께서는 지하실에서 빨래하고 있어서 계단을 올라오고 싶지 않으셨던 것 같다. 아주 순종적인 청소년이었던 나는 어머니의 말씀에 순종했다.

내가 어머니의 옷을 찾고 있을 때, 서랍 뒤쪽에서 단단한 무언가가 내 손에 살짝 닿았다. 그것은 오래된 일기였다. 그 상황에서 당신이라면 어떻게 했을까? …나는 유혹을 참지 못하고 일기장을 집어 들었다. 나는 그것을 보며 거기에 적힌 내용을 믿을 수 없었다. 첫 페이지에는, 어머니의 고등학교 시절로 거슬러 올라가서, 어머니가 좋아했던 몇몇 소년에 관해서 일인칭으로 설명한 내용이 있었다. 나는 그것을 내려놓을 수 없었다. 페이지가 넘어가듯이 엄마의 애정도 그랬다. 몇 장을 넘기자 어머니께서 특히 관심이 있는 잭(Jack)이라는 젊은 남자에 관해 쓰여 있었다. 그 사람은 바로 아빠였다! 죄책감 탓에 나는 일기장을 빨리 덮고 원래 있던 곳에 도로 갖다 놓고 싶었다. 그러나 그 사건에 관련된 사람들을 내가 알기 때문에, 그러기가 쉽지 않았다. 오히려 그것은 내 흥미를 억누를 수 없게 만들었다! 하지만 나는 내 모든 의지력을 동원해 일기장을 내려놓고, 약간은 지체되었지만 서둘러서 엄마가 기다리는 아래층으로 빨랫감을 가지고 내려갔다.

신약의 서신서에서 의도된 청중을 알기는 쉽다. 서신서에는 수신자가 직접적으로 언급되어 있기 때문이다. 바울은 로마에 있는 성도들에게 편지를 섰다. 이 편지가 읽혔을 때, 로마서 16장에서 언급한 사람들이 이 편지를 직접 들었다. "너희가 그리스도 예수 안에서 나의 동역자들인 브리스가와 아굴라에게 문안하라 저희는 내 목숨을 위하여 자기의 목이라도 내어 놓았나니 나뿐 아니라 이방인의 모든 교회도 저희에게 감사하느니라." 여기서 서신서의 수신자가 진짜인가, 신약의 내러티브의 청중이 진짜인가?

하지만 신약의 내러티브에서 의도된 청중은 그 책에 언급된 사람이 아니다. 이야기는 이야기에 등장하는 인물을 위해서 쓰이지 않는다. 이야기는 믿지 않는 다양한 사람들을 위한 복음의 도구로서 기록되었다. 예를 들어 마태복음은 믿지 않는 유대인을 위해 쓰였다. 누가복음은 이방인들을 위해 쓰인 것으로 보인다. 의도된 청중을 아는 것은 당신이 막연하게 복음을 전하지 않도록 하는 데 도움이 될 것이다. 그것은 특별한 청중을 고려하여 청중에게 가장 적절하고 신선하게 접근하여 복음을 전하도록 도전한다.

구약성경에 있는 내러티브의 청중을 결정하는 것은 훨씬 더 어렵다. 왜냐하면 신약성경의 내러티브와 같이 이야기 안에 등장하는 사람들을 위해서 쓰이지 않았기 때문이다. 출애굽기는 모세에게 쓰이지 않았다. 사무엘상과 사무엘하는 사무엘을 위해 쓰이지 않았다. 물론 사울과 다윗을 위해서도 쓰이지 않았다. 룻기는 룻을 위해 쓰이지 않았다. 모세 오경을 쓴 모세를 제외하고, 믿음의 영웅들 중 어떤 사람도 자신의 이름으로 된 책을 읽지 않았다. 모두 후대의 청중을 위해 훨씬 후에 저술되었다. 성경 내레이터는 후대의 하나님의 백성을 교훈하려고 영웅들의 역사를 활용했다. 주석 작업을 위해서 이것을 인식하는 것은 중요하다. 내러티브의 원래 의도된 청중을 알고자 시간을 투자한다면, 당신의 설교는 많은 발전을 가져올 수 있을 것이다.

3) 원래 저자는 왜 이 책을 기록했는가?

책이 언제 기록되었고 누구에게 쓰였는지를 알면, 기록 목적에 관해 질문을 할 수 있다. 책의 목적은 시기와 의도된 청중에 대한 질문과 자연스럽게 연결된다. 책의 목적은 내러티브를 쓰게 된 저자의 동기를 설명해 준다.

책의 내용이 그 책의 청중에 대한 질문에 답해 줄 때, 당신은 책의 목적도 자연스럽게 파악할 수 있을 것이다. 이것은 논리적인 흐름이다.

만약 책의 목적이 원래 청중의 필요와 연결되지 않는다면 무언가 문제가 있는 것이다. 그럴 때에는 다시 뒤로 가서 당신의 작업을 점검해야 한다. 아마도 당신은 책의 메시지를 잘못 파악했거나 의도된 청중의 상황을 잘못 파악했을 것이다. 물론 이것은 쉽지 않은 작업임에 틀림없다. 그래서 당신은 '꼭 이것을 해야만 하는가?' 라고 고민할 수도 있다. 그러나 책의 저작 시기, 의도된 청중 그리고 책의 목적을 이해할 때, 그 결과는 상상을 초월할 것이다. 당신이 상상할 수 없었던 능력과 분명함과 적용의 적실성이 당신의 설교에 나타날 것이다.

예를 들어 보겠다.

수년 전에 나는 창세기의 시리즈 설교를 하기로 했다. 내가 첫 장을 설교할 때까지, 그것을 잘한 결정이라고 생각했다. 하지만 곧 공포가 밀려왔다. 많은 사람처럼 나도 이것을 본문으로 한 많은 설교를 들었다. 거의 모든 설교가 다윈(Darwin)의 진화론에 맞서는 논쟁적인 설교였다. 전통에 대한 추종과 내 보수 신학적 경향으로 말미암아 나는 범위를 넓혀 논쟁적인 부분을 추가로 설교하고, 과학에 대해 풍부하게 언급해야 한다고 느꼈다. 그러나 내 문제 중 하나는 내가 고등학교 과학을 잘하지 못했고, 고등학교 졸업한 지도 오랜 시간이 지났다는 것이다.

또 다른 문제는 내가 대학 부근에서 사역하고 있었다는 것이다. 청중들은 이 분야에 대해서 나보다 훨씬 잘 아는 교수들과 함께 살았다. 창조와 관련한 몇 개의 저널을 읽고 "탄소 연대 측정법"과 "방사성 동위 원소" 등에 대해 언급하는 것이 참으로 두려운 일이 아닐 수 없었다. 과학적 소양이 부족한 내가 이 장을 설교할 수 있겠는가? 학문적으로 내가 이 장을 설교하기에 부적합하지는 않는가? 점점 공포가 증가하는 가운데, 나는 다음과 같은 질문을 하기 시작했다.

- 누가 이 책을 썼는가?
- 언제 이 책이 기록되었는가?
- 이 책의 의도된 청중은 누구인가?
- 이 책의 목적은 무엇인가?
- 이 이야기는 전체 책의 목적에 어떻게 이바지하는가?

먼저, 누가 이 책을 기록했는가? 언제 이 책이 기록되었는가?

앞에서 논의된 바와 같이, 나는 창세기는 모세의 마지막 40년 기간에 쓰였다고 믿는다. 요단강 건너는 것을 너무 두려워했던 이스라엘의 한 세대가 죽을 때까지 방황할 때 모세는 창세기를 기록했다.

다음으로, 이 책의 의도된 청중은 누구인가?

모세가 앞으로 오는 세대들을 위해 기록했다.

또한 이 책의 목적은 무엇인가?

모세는 하나님이 그들의 조상에게 약속했던 땅에서 그들이 살아남고 번영하는 데 신학적으로 필요하다고 판단된 것을 기록했다. 모세는 가장 성공적인 지도자 중 한 명이었다. 그가 지도자로서 이룩한 것은 놀랍다. 그러나 완벽한 삶은 아니었다. 그는 하나님의 백성이 요단강을 건너 약속의 땅으로 들어가도록 인도하지는 못했다. 이것은 모세의 삶에서 대표적인 실패 가운데 하나였다.

세월이 천천히 지나면서, 모세가 그의 믿음 없는 백성이 사막에서 죽는 것을 보았을 때, 그는 계속 이어지는 죄로 말미암아 그가 직접 할 수 없는 것을 글로서 교훈하고자 펜을 들기로 했다. 그는, 과학책을 저술한 것이 아니라, 이스라엘이 약속의 땅에서 하나님의 백성으로서 살아남고 번영하는 데 도움되는 하나의 신학을 기록했다.

그렇다면 이 이야기는 전체 책의 목적에 어떻게 이바지하는가?

만약 이스라엘에 전에 실패했던 곳에서 성공할 수 있다는 용기를 주지 못한다면, 모세는 자신이 글을 쓰는 일이 헛된 것임을 알았을 것이다. 모세는 그들에게 요단강을 건널 용기를 심어주어야 했다. 지도자로서 경험이 부족한 여호수아가 자신이 실패했던 곳에서 성공할 수 있으리라고 확신할 수 없었다. 또한 이전 세대가 자신들이 전에 보았던 약속의 땅에서 사는 거인들에 대한 이야기도 조심스럽게 전했을 것이다. 모세는 어떻게 하면 그들의 조상이 갖지 못했던 신앙을 이 새로운 세대가 가질 수 있도록 도와줄 수 있을까 고민하였을 것이다. 이것이 모세가 창세기 1장을 쓴 이유이다.

모세는 창세기 1장에서 그가 이스라엘에 쏟아 부었던 관심을 아름다운 언어로 표현하였다. 창세기 1장에서 모세는 일부러 하나님께서 이 세상과 그 안에 있는 모든 것을 크게 힘들이지 않고 창조하셨다는 것을 강조하고 있다. 그는 이스라엘이 하나님이 땀 흘리지 않고 모든 것을 창조하셨음을 이스라엘이 알기 원했다. 하나님이 하신 말씀의 능력은 무한하기 때문에, 이스라엘은 전혀 두려워할 필요가 없었다. 하나님은 앞으로 닥쳐올 어떤 위험도 쉽게 해결하실 수 있는 분이시다. 그들의 하나님이 해결할 수 없는 도전이 없었기 때문에, 이스라엘은 확신을 하고 요단강을 건널 수 있었다. 그들의 전능한 창조주 하나님은 그들과 함께 있었다.

확실히 내가 아는 것은 창세기 1장을 기록한 모세의 목적이 다윈을 논박하는 것은 아니라는 것이다. 다윈은 그 당시 태어나지도 않았다. 그리고 창세기 1장이 진화에 대한 계속된 중요한 논쟁과 관련되어 있다고 할지라도, 설교자로서 내 첫 번째 책임은 원래 저자가 청중에게 전하려고 했던 일차적 메시지를 전하는 것이다.

다음 주일 아침에 나는 모세가 원래 청중에게 전하려고 했던 것을 설교했다. 그날 저녁 나는 몇몇 창조 과학자들을 초청하여 그 본문이 담은 과학적 의미에 대해 이야기하게 했다. 당신은 내러티브의 더 큰 문맥을 이해함으로써 저자의 의도를 전달할 수 있다.

성경의 내러티브는 세속 세계의 이야기와 공통점이 있으면서도 분리되어 있다. 성경의 내러티브는 하나님의 백성이 그들의 삶에서 만나는 특별한 도전을 극복하도록 인간 저자에 의해 신적으로 기록된 신학적 문학이다. 이것을 이해할 때, 당신이 설교하고자 하는 이야기의 의미를 제대로 드러내 주는 바른 설교자의 길을 갈 수 있을 것이다.

Notes

1) A. Berkeley Mickelsen, *Interpreting the Bible* (Grand Rapids: Eerdmans, 1963), 37.
2) Donald R. Sunukjian, *The Homiletical Theory of Expository Preaching* (Ph.D. diss., Univ. of California, 1974), 167.
3) 이 개념은 Haddon Robinson에게서 빌려온 것이다. Haddon Robinson, *Biblical Preaching*, 2nd ed. (Grand Rapids: Baker, 2001), 41을 참고하라.
4) Ibid., 11.
5) C. S. Lewis, *Reflections on the Psalms* (Glasgow: Collins, 1981 reprint ed), 10.
6) Hermann Gunkel, *The Legends of Genesis* (New York: Schocken, 1964), 78.

7) Northrop Frye, *The Great Code: The Bible and Literature* (New York: Harcourt Brace, 1982), xii.
8) Leland Ryken, "Bible as Literature," in *Foundations for Biblical Interpretation*, ed. David S. Dockery, Kenneth A. Matthews, Robert B. Sloan (Nashville: Broadman & Holman, 1994), 65.

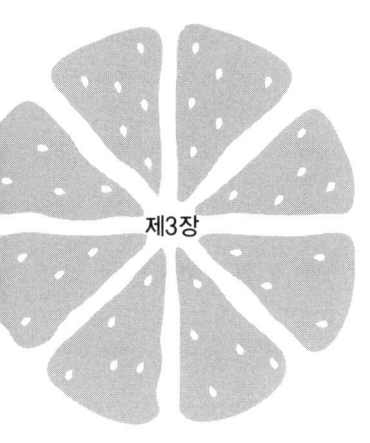

제3장

이야기의 구조 결정하기:
3단계

 우리가 외과의사에게 수술을 허락하기 전에 우리는 외과의사가 인간해부에 관해 철저하게 알고 있을 것이라고 확신한다. 이것에 대한 이유는 명백하다. 피부 밑에서 무슨 일이 일어나고 있는지 알지 못한다면 그것을 잘라 열어서는 안 되기 때문이다. 만약 그런 일이 발생했다면 그 결과는 치명적이다. 같은 방식으로, 설교자가 문학에 대한 기본적인 지식 없이 성경 구절을 분석하는 것은 바람직하지 못하다. 기본적인 지식 없이 내러티브를 설교하는 것은 영적으로 위험하다. 그것은 정말 지겨운 설교를 만들어 낼 가능성이 크다.

3단계 | 이야기의 구조를 결정하라

1) 장면과 줄거리

 각각의 장면(Scene)을 주목하라. 장면은 내러티브 문학의 기본적 요소이다. 장면들은 하나의 이야기를 만드는 활동의 집합체이다. 크기에 관계없이, 모든 이야기들은 개개의 장면들의 연속으로 구성된다. 즉 더 긴 이야기는 더 많은 장면을 가진다. 아델레 베를린(Adele Berlin)이 지적했듯이 성경 내러티브의 장면들은 영화가 만들어지는 프레임(frame)과 같다. 각각의 장면은 분리되어 존재하고, 더 큰 내러티브를 만들려고 순서를 따라 서로 결합한다. 그러나 개개의 프레임은 대체로 그 영화 이외의 다른 곳에서는 가치가 없다.[1]

장면은 개별적으로는 중요하지 않다. 장면이 다른 장면과 결합한 후에 각 장면의 역할이 인정될 때 이야기가 만들어진다. 장면은 독립적으로 있을 때 아무 의미가 없다. 차고(車庫) 바닥에 흩어져 있는 볼트처럼, 각 장면이 더 크고 더 온전한 창조를 위해 결합할 때에 그 가치가 인정된다. 내레이터가 효과적으로 각 장면을 결합한 후에야 작지만 중요한 각 장면의 가치가 인정되는 이야기를 형성한다.

그러면 누가 어떤 장면이 사용되고 어떤 순서로 각 장면이 활용될지 결정하는가? 이것은 내레이터의 일차적인 작업으로, 그는 이야기들이 결합할 수 있도록 조직된 구조를 만든다. 내레이터는 무질서에 질서를, 혼란스러운 것에 의미를 부과한다. 이 내러티브 구조를 줄거리(plot)라고 부른다.

줄거리의 발전을 통해 내레이터는 무작위(無作爲)의 사건들을 의미 있는 순서로 바꾼다. 좋은 내레이터의 문학적 기술은 장면이 아주 숙련되게 배열되어 줄거리가 독자의 의식이 분명해질 때 드러난다. 그러므로 좋은 내레이터는 줄거리를 발전시키는 장면만 포함한다. 왜냐하면 좋은 문학은 쓸데없는 장면이 없기 때문이다. 성경은 훌륭한 문학이기에 내러티브 주석의 목적은 각 장면이 더 큰 줄거리를 위해 어떻게 협력하는지 파악하는 것이다. 따라서 당신은 계속해서 다음과 같이 질문해야 한다.

- 내레이터는 왜 이 장면을 포함했는가?
- 이 장면이 어떻게 줄거리를 발전시키는가?
- 만약 이 장면이 없다면, 이야기는 어떤 해를 입게 될 것인가?

한 가지는 확실하다. 당신이 특별한 어떤 장면이 없는 것이 전체 이야기를 좀더 나은 것으로 보이게 한다고 여기게 되었다면, 아직 당신은 정확하게 줄거리를 이해하지 못한 것이다. 성경 내러티브는 일등급 문학이다. 성경이 담은 이야기는 영감 되었다. 하나님과 사람의 합작품인 성경의 이야기는 최고 중 최고이다. 성경의 이야기에는 쓸데없는 말이나 불필요한 장면이 없다. 해석자로서 당신의 임무는 개개의 장면을 확인하고 또한 각 장면이 전체적인 이야기 발전에 어떻게 조력하는지 이해하는 것이다. 각 장면이 줄거리를 위해 어떻게 협력하는지 이해할 때, 당신은 성경 이야기가 시작하고 끝나는 때를 결정할 수 있을 것이다.

이야기가 어디서 시작하고 끝나는가? 당신은 이야기가 어디서 시작하고 끝나는지 모른다면 성경 이야기를 이해하거나 설교할 수 없다. 이 시점을 결정하는 것은 요나서나 에스더같이 짧은 책이 더 쉽고 창세기 같은 대작(大作)은 훨씬 더 어렵다. 그러나 난이도에 상관없이, 이야기가 어디서 시작하고 끝나는지 당신은 확인해야 한다. 이것을 어떻게 하는가?

이야기가 어디서 시작하고 끝나는지 결정하려면 다음의 전략을 사용하라. 첫째, 당신이 설교하고자 하는 이야기의 갈등을 확인하라. 갈등은 이야기의 기초로, 가장 중요한 구성요소이다. 줄거리가 갈등의 기초 위에 만들어지듯이, 모든 내러티브 문학은 몇 가지의 갈등으로 만들어진다. 갈등은 내적일 수 있고 외적일 수도 있다(갈등은 참으로 다양한 형태를 보인다). 그러나 갈등은 분명히 존재한다. 저자가 누구이든지 간에 갈등이 없으면 이야기가 없다(No conflict—no story). 나는 이것을 내 엄마에게서 배웠다.

내가 어린아이였을 때였다. 어머니께서 소위 "크리스천 저자"라는 사람이 아이들을 위한 이야기를 쓰는데, 마녀에 대해 썼다는 것을 들으시고 얼마나 화를 냈는지 지금도 기억이 생생하다. '크리스천 저자가 어떻게 그런 일을 할 수 있는가?' 엄마가 말한 저자는 루이스(C. S. Lewis)였다. 루이스는 신앙심 깊은 기독교인이었다. 그는 또한 문학 교수였다. 문학 전문가로서 루이스는 아슬란(Aslan, 착하고 인정 많고 능력 있는)과 같은 인물을 주연으로 한 이야기에는 마녀(악하고 이기적이고 약간 능력이 부족한)와 같은 인물이 필요함을 알았다. 아슬란에게 악한 적이 없었다면 루이스는 그 이야기를 쓰지 못했을 것이다.

갈등은 이야기에서 필수적이다. 갈등이 없는 이야기는 있을 수 없다. 갈등이 해결될 때 이야기는 끝난다. 그래서 당신은 항상 질문해야 한다.

- 이 이야기에서 갈등이 무엇인가?
- 내러티브의 주인공이 직면한 문제 또는 갈등의 원천이 무엇인가?

둘째, 내레이터가 전략적으로 등장인물이 경험하는 갈등의 강도를 높이려고 어떻게 이야기의 장면을 배열하는지 주목하고, 동시에 독자가 경험하게 되는 감정적 긴장의 정도를 주목하라. 장면에서 장면으로 이어질 때 긴장이 어떻게 참을 수 없는 수준까지 향상하는지 추적하라. 갑자기(또는 깜짝 놀라게) 이야기의 긴장이 해결될 때가 긴장이 가장 고조되는 순간이고, 이것은 거의 행복한 결말로 끝난다. 이야기는 갈등과 갈등이 만들어내는 감정적 긴장으로 시작하고, 갈등과 긴장이 끝날 때 이야기도 끝난다. 어디에서 성경 이야기가 시작하고 어디에서 끝나는지 이해하는 열쇠는 내러티브 문학에서 갈등이 하는 역할을 식별하는 데 있다.

2) 모노 가상 사이클

모노 가상 사이클(The Mono-Mythic Cycle)을 이용함으로써, 갈등을 사용한 이야기를 훨씬 더 자세하게 이해할 수 있다.[2] 이 간단한 그림은 소설가가 하나의 멋진 이야기를 만들려고

(줄거리에 있어서 놀라운 반전)

어떻게 갈등을 이용하는지를 구체화하는 데 도움을 준다. 명칭이 암시하는 것처럼, 이것은 "하나의 이야기"가 전개되는 과정, 즉 이야기의 보편적 형태이다.

세속 작가인 로버트 맥키(Robert McKee)는 이에 동의한다. 영화 시나리오 작가를 위한 유명한 책에서[3] 그는 야심이 있는 작가가 되려면 이 사이클에 따라 대본을 만들어야 한다고 강하게 추천한다. 그는 작가가 이 줄거리 패턴에서 덜 벗어날수록, 더 많은 상업적 성공을 이룰 수 있다고 하였다. 이야기에 대한 이러한 고전적 이해는 인간 심리에도 잘 어울리는 것 같다. "이것은 인간 마음의 거울이다…이것은 고대도 현대도 서양도 아니고 동양적이지도 않다. 이것은 인간적이다."[4] 이것은 이야기가 효과적으로 진행되는 과정을 보여준다. 가장 유명한 TV 프로그램 중 몇몇은 이 패턴을 인정하고 이용했다. 오래된 TV 쇼인 'Murder, She Wrote'를 기억한다면, 이 줄거리 구조에 쉽게 익숙해질 것이다. 이 유명한 TV 시리즈에서 유명한 여배우 안젤라(Angela Lansbury)가 주연 제시카(Jessica Fletcher)역을 맡았다.

매주의 에피소드들은 대부분 기본적으로 같은 줄거리를 따랐다. 다음은 한 전형적인 에피소드에 대한 나 나름의 분석이다.

배후 이야기(Back-Story)

배후 이야기는 현재 진행되는 이야기의 상황과 배경이 되는 사건들을 말한다. 제시카는 과거 유명한 추리소설 작가가 되고자 교단을 떠난 영어 교사를 대신해서 일한 적이 있던 임시 영어 교사였다. 그녀는 메인(Maine) 주(州)의 카보트 코브(Cabot Cove)시(市)에 있는 자신이 사는 조그마한 마을에서 발생한 미스터리를 해결했던 추리소설 작가로서 자신의 재능을 발견한다.

여름 1

더없이 행복한 상태이다—여름 방학만큼 멋진 것은 없다. 하지만 그림이 마르기를 보는 것만큼 지겹다. 좋은 이야기들에서 여름은 오래가지 않는다.

장면 1: 전형적인 에피소드는 제시카가 다실(茶室-tearoom)에서 오래된 친구와 함께 점심을 먹는 장면으로 시작된다. 이때 그들은 앞으로 해야 할 도서관 기금 모으기 일을 주제로 토론한다.

가을

가을은 완벽한 여름으로부터 줄거리를 옮긴 장면들을 포함한다. 처음의 완벽한 여름에서부터 사건이 진행될수록 독자는 더 큰 긴장을 느낀다. 긴장은 인생이 예상치 못한 방향으로 진행될 때 느끼는 감정적 불연속성이다. 청중의 흥미는 긴장이 증가할 때 증가한다. 장면의 대부분(그리고 이야기가 진행되는 시기)은 가을에 발생한다. 각 장면은 우발적으로 나타나지 않는다. 각 장면은 앞뒤 장면과 주의 깊고 의도적으로 연결되어 있다.

장면 2: 제시카는 다실 뒷문으로 나오다가 걸려서 넘어진다. 한 시골 커피숍에서 일했던 20대의 젊은 여자인 메리(Mary)는 몇 시간 전 찔려 죽었다. 분명하게 완벽한 여름은 끝났다.

장면 3: 여름에 파트타임 일자리를 구하려고 카보트 코브시로 온 제시카의 먼 친척인 마크(Mark)가 이 살인 사건에 연루된다. 학기 중에 보스턴에서 암을 주제로 연구하던 이 의대생이 그날 아침 일찍 시골 커피숍에서 죽은 여인과 논쟁한 것이 드러났다. 긴장이 점점 더 고조된다. 독자로서 우리는 이 젊은 사람이 살인으로 고소당하는 것을 보기를 원치 않는다.

장면 4: 마을 보안관이 조사한 결과, 마크와 메리가 몇 해 전 연인 사이였던 것이 드러났다. 이 오래된 관계의 타다 남은 불이 다시 타올라서 살인으로 끝나게 된 것인가? 상황적 증거가 나타날수록 긴장은 고조된다. 우리는 살인의 동기를 찾았는가?

장면 5: 과학수사 보고서가 경찰에 도착했다. 메리를 찔렀던 칼에서 페인트의 흔적이 발견되었다. 손잡이에 있는 페인트는 마크가 페인트를 칠할 때 사용했던 페인트와 색깔과 상표가 같았다. 보안관이 와서 마크에게 수갑을 채웠다. "미안해요, 제시카. 그가 당신의 친척이라는 것을 알지만 모든 증거가 마크가 범인인 것을 입증합니다. 나는 그를 체포할 수밖에 없어요." 이야기는 계속 더 악화한다. 계속 겨울로 내려가고 있다.

장면 6: 제시카가 감옥 면회소에서 마크를 만났는데, 마크는 강하게 자신의 무죄를 주장한다. "그래, 우리는 연인 사이였어. 그래, 우리는 그날 아침 논쟁했지만 나는 그녀를 죽이지 않았어, 제시카. 나는 그녀가 여기에 살고 있는지조차도 몰랐어. 당신 나 알잖아, 제시카. 나는 그런 일을 절대로 할 수 없어. 내가 원하는 것은 보스턴으로 돌아가 암 치료를 위해 계속 연구하는 거야." 제시카(그리고 시청자)는 마크가 진실을 말하고 있다고 확신했다. 그러나 마크가 메리를 죽이지 않았다면 누가 메리를 죽였는가? 우리가 마크와 관련하여 감정적으로 생각할 때 긴장은 고조된다. 우리는 그가 암을 치료하기를 원하나, 그의 나머지 삶은 감옥에서 보내야 할 것 같다. 우리는 겨울에 도착했다.

겨울

이 시기는 불안한 상태이다. 이 단계에서 인생은 황량하고 견디기 어렵다. 모든 시나리오 중 가장 안 좋은 시기이다. 그래서 셰익스피어는 "불만스러운 겨울"이라고 불렀다. 겨울에 이야기의 등장인물(독자도)은 아무것도 개선되지 않은 상황을 절망스러워한다. 겨울에 가을의 사건이 최고조로 달한다. 나쁜 소식이 절정에 달한 것이다. 겨울로 가는 데 오랜 시간이 걸리나 우리는 겨울에 오래 머무르지 않는다.

줄거리에서 겨울은 깜짝 놀랄 만한 반전으로 끝난다. 이야기에서 전혀 예기치 못한 발전이다. 이 시점에서 이야기의 상황이 진전되기 시작한다. 놀랄 만한 반전은 이야기의 핵심으로, 안 좋은 상황이 회복되는 중요한 사건이다.

> 장면 7: 이 에피소드에서 제시카는 자신의 집으로 주요 등장인물 모두를 초대한다(그리고 놀랍게도 그들은 모두 나타난다). 여기에서 그녀는 자신의 조카에게 불리하게 나타난 모든 증거들을 재검토하기 시작한다. "주요 증거인 페인트가 묻은 칼과 관련하여 내가 놀란 것은 거기에 지문이 없다는 것이에요. 왜 없을까요? 나는 궁금해서 실험실에 있는 오래된 친구에게 몇 가지 나머지 조사를 해달라고 부탁했어요. 칼에서 그가 찾은 것은 특이한 고무 제품의 잔여물이었어요. 그런데 그 고무 제품은 뉴잉글랜드의 한 페인트 체인점에서만 판매하는 위생 장갑을 만드는 데 사용되었던 거였죠. 그 체인점 가운데 하나가 바로 여기 카보트 코브시에 있어요."
>
> 그러면서 제시카는 존이라는 페인트 가게 점원에게 얼굴을 돌리며 말했다. "당신이 그랬죠? 아니에요? 당신은 메리에게 반했고, 그녀가 당신의 구애에 반응을 보이지 않자 좌절했어요. 그날 아침 긴장이 흐르는 마크와 메리 사이를 목격했을 때 당신은 왜 싸우는지에 대해 관심이 있었던 것이 아니라 살인의 기회를 포착했었죠. 당신은 빨리 길 건너 페인트 가게로 가서 당신의 정체를 숨기고자 라텍스 장갑을 끼고 마크가 사용했던 페인트를 그 칼에 발랐어요. 그리고 마리아가 당신의 구애를 거부하자 커피숍 뒤에서 그녀를 찔러 죽였어요. 존, …어떻게 그럴 수 있죠?"

이 질문 앞에서 존은 눈물을 흘리며 자백하기 시작한다.

이 놀랄 만한 반전은 이야기의 모든 긴장을 없애버린다. 이것은 이야기의 모호함을 해결한다. TV 쇼가 저녁 8시에 시작했는데도, 약 8시 50분까지 반전이 일어나지 않았다. 이야기의 줄거리는 갈등에 의해 진행되어 간다. 이 갈등은 청중을 긴장으로 몰고 간다. 긴장은 우리를 계속 그 이야기에 주시하게 한다. 긴장이 해결될 때 이야기는 거의 끝이 난다. 오직 두 가지만 남아 있다. 봄과 여름이다.

봄

이때는 좋은 시기이다. 이 시기에서 아직 완벽하지는 않지만 행복한 순간으로 다시 돌아가는 중임을 당신은 안다. 예측하지 못한 급변이 모든 것을 바꾸었다. 겨울로 돌아갈 가능성은 없어졌고 여름이 가깝다.

장면 8: 존은 수갑이 채워져 기다리는 경찰차로 인도되었고 마을 사람들은 충격과 당황한 상태에서 멍하니 바라보았다. 마크는 마을 사람들의 환영을 받으며 다시 원래 위치로 돌아왔다. 새로운 집을 페인트칠해 달라고 부탁하는 단골손님 덕분에 그는 가을 학기에 복학하여 암을 연구하는 데 필요한 돈을 벌 수 있었다. 모든 사람이 행복하다. 봄이 되었고, 여름도 거의 다 왔다.

여름 2

우리가 시작했던 곳, 즉 너무나 행복한 상태로 돌아간다.

장면 9: 잠시 후 제시카가 웃으며 다실로 돌아가 오랜 친구와 곧 다가올 도서관 모금 행사에 대해 이야기하는 것을 본다. 모든 것이 다시 올바르게 돌아간다.

3) 모노 가상 사이클을 성경에 적용하기

모노 가상 사이클은 우리가 TV 쇼를 이해하는 데 도움이 되지만, 성경을 이해하는 데도 과연 도움이 될 것인가? 성경의 내러티브를 해석하는 데 문학적 틀을 제공하는가? 이제 모노 가상 사이클이 성경 내러티브에도 적용할 수 있는지 살펴보자.

어떻게 성경의 이야기가 시작하는가?

배후 이야기

사단은 하나님의 최고의 창조물(사 14장 참조)이다. 그러나 사단은 교만으로 하나님과 동등하게 그 자신이 높아지기를 원했던 것 같다. 하나님은 하늘에서 사단을 던짐으로 그의 반역에 대응하셨다. 하나님과 사단 사이에 적대적인 감정이 있었음이 분명하다. 이 이야기는 성경의 더 큰 문맥(배후 이야기)이다.

여름 1

성경의 이야기는 에덴동산에서 시작한다. 가장 행복한 시기로 출발한다. 에덴은 경이롭다. 에덴은 완벽하다. 하나님(주인공)과 인간(가장 귀하고 사랑스러운 하나님의 피조물)이 완벽한 조화를 이루어 살고 있었다. 인간과 하나님이 함께 시원한 저녁에 동산을 산책했다. 이 교제는 친밀하고 흠이 없었다. 당신과 내가 아담과 하와였다면 우리는 그 교제가 끝나기를 정말 원하지 않았을 것이다. 그러나 문학적 관점으로 보면 그 여름은 지겹다. 그리하여 성경에서 얼마나 오랫동안 여름이 지속하였는가? 오래지 않다. 인간의 타락이 창세기 3장에서 일어난다. 다음에 무엇이 왔는가? 가을이다.

가을

　대적자 사단이 하나님의 완벽한 세상에 나타난 것은 그리 오랜 시간이 걸리지 않는다. 사단은 하나님이 선하신 만큼 악하다. 그리고 사단은 하나님의 완벽한 세상과 그의 가장 귀중한 피조물인 인간을 파괴하려고 한다.

　장면 1:[5] 사단의 영향력은 모든 것을 뒤집어엎을 만큼 대단하다. 사단의 교묘한 유혹으로 아담과 하와는 금지된 과일을 먹고 에덴에서 추방된다. 이것은 좋지 않다. 가을이 되었다. 사단은 이 경쟁에서 이긴 것처럼 보인다. 냉기가 돈다. 그러나 이것은 성경의 이야기 가운데 시작에 불과하다.

　장면 2: 첫 번째 아이들이 갈등을 시작한다. 가인은 그의 남동생 아벨을 죽인다. 마치 사단이 하나님의 세상에서 높은 위치를 차지한 것처럼 독자들을 긴장시킨다.

　장면 3: 세상에서 발생한 사건들은 계속해서 분명한 통제로 벗어난 것처럼 보인다. 인간이 너무 타락해서 하나님은 그의 피조물들에 대해 "다시 초기 상태의 버튼"을 누르지 않을 수 없게 되어(창세기 6장) 대홍수를 보낸다. 그러나 이것은 바람직하지 않다. 사단은 계속 이기는 것 같다.

　장면 4: 하나님은 아브라함의 혈통을 통해 일하기로 하신다. 이방인 편에서 보면 이것은 마치 하나님이 인간을 사단에게 인간을 넘겨주고 기꺼이 한 가족만으로 만족한 것처럼 보일 수 있다. 그리고 당신은 어떻게 아브라함의 조상에게 설명할 것인가? 그들이 순기능의 역할을 하였는가 아니면 역기능의 역할을 하였는가? 누가 이 경쟁에서 이긴 것처럼 보이는가? 하나님인가 사단인가? 이상적인 일로부터 일이 더 멀어질수록 우리는 더 크게 긴장한다. 그리고 이야기가 더 흥미롭게 된다.

장면 5: 이스라엘 사람들은 400년 동안의 노예 생활을 끝내고, 전(全) 세대가 죽을 때까지 사막에서 방황한다. 하나님의 백성이 크게 인상적으로 느껴지지 않는다. 사단이 인간과의 전쟁에서 승리한 것처럼 보인다. 긴장이 고조된다.

장면 6: 그들이 마침내 약속된 땅으로 들어간 후 사사들의 통치를 받는다. 종합적으로 볼 때, 당신은 이 리더십 시험을 성공으로 보는가, 실패로 보는가? 다음에 왕이 등장한다. 다윗은 성공적이었으나, 대부분 다른 왕들은 형편없는 모습을 보인다. 하나님께서 그들의 죄로 말미암아 북왕국을 멸하신 후 하나님 백성의 삶이 나아졌다고 생각하는가? 그렇지 않다. 그들은 계속해서 죄를 저질러, 바벨론 포로 생활을 끝내고 본토에 돌아와 또다시 죄를 저지른다. 그런 후에 500년 동안 침묵의 시간이 온다. 하나님이 그의 백성에게 500년 동안 침묵하셨을 때, 일들이 잘 돌아가지 않았다. 하나님이 인간을 포기한 것처럼 보였다. 긴장이 계속해서 고조된다. 만약 상황이 좋아지지 않으면 우리는 절망하기 시작할 것이다. 하나님이 우리 인간을 구원하시기에 너무 멀리 가버렸는가?

장면 7: 구약의 끝에서 절망하여 포기하려고 한 독자는 신약의 출현으로 새 희망을 품는다. 하나님은 포기하지 않고 자신의 독생자인 예수 그리스도를 보내신다. 이 소년이 우리의 희망을 샘솟게 한다! 그는 기적을 행하시고 그전 사람들과 다르게 설교하신다. 예수님 전에 어떠한 선지자도 할 수 없었던 일을 예수님은 분명히 행하신다. 그는 사단을 결정적으로 무너뜨릴 수 있는 능력을 갖추고 계신다. 승리는 가능하다. 결국, 우리 독자는 영원히 사단에게 굴복되어 있지 않을 것이다.

겨울

장면 8: 그러나 일이 잘못되기 시작한다. 사단은 예수님을 두려워하지 않는다. 사단은 예수님의 가장 큰 지지자가 돼야 했던 이스라엘 종교 지도자들을 조종하여 어떻게든 예수님을 반역하게 했다. 사단은 종교 지도자들뿐 아니라 일반 시민과 세속 권위도 그렇게 하게 했다. 예수님의 제자들 중 한 명인 유다도 음모에 가담한다. 사실, 사단은 너무 성공하여 예수님께서 왕으로 경배받는 대신에, 두 범죄자 사이에서 예수님을 못박게 했다. 예수님은 십자가상에서 돌아가셨고 지옥으로 가셨다. 하나님의 아들이신 예수님은 사단에 의해 패배하셨다.

이야기는 모노 가상 사이클의 맨 밑바닥에서 끝난다. 이것은 상상할 수 없을 정도의 비극이다. 사단이 이겼다. 성(聖) 금요일에 인간의 희망은 모두 사라져 버렸다. 우리는 모두 졌다. 이로 말미암아 제자들은 낙심하고 우울하고 의기소침하게 되었다. 물론 제자들이 겪었던 삶의 좌절에서 회복되어 새로운 삶을 시작하는 데 그렇게 오랜 시간이 걸리지 않을 것을 독자들은 안다. 여기에서 긴장은 최고조이다. 더는 고조될 수 없다. 이것이 겨울이다. 눈은 10피트나 쌓이게 되었다. 견디기 어려운 시기이다.

좌절- 주인공이 분명한 패배로 고통받을 때 좌절은 발생한다. 모든 희망이 사라졌다. 이것이 겨울이다.

예상하지 못한 줄거리의 반전

어떤 문학 작품에서도 예수님의 부활보다 더 놀라운 반전을 발견할 수 없다. 사단이 늦게나마 무슨 일이 일어났었는지 깨달았을 때, 지옥 구덩이에서 터져 나올지도 모를 그들의 비명을 당신은 상상이라도 할 수 있었는가?

장면 9: 사단은 절대 하나님을 이길 수 없었다. 오히려 반대이다. 마치 유도에서 극적인 역전이 이루어진 것처럼, 하나님은 자신의 거룩한 목적을 성취하는 데 사단의 악행을 역이용하셨다. 사단이 작심하여 하나님의 아들을 죽이는 음모를 진행하였지만, 그것은 오히려 자신이 전혀 생각지 못하는 하나님의 영원한 구원계획을 수행하는 데 중요한 역할을 한 것이다. 사단이 무죄하신 예수님의 몸에 대못을 박았지만, 그것은 당신의 아들을 속죄의 대속물로 보내심으로 잃어버린 인간을 구원하고자 했던 하나님의 영원한 계획을 성취한 것이다. 부활의 관점에서 보면, 갈보리는 절대 악한 세력이 승리한 장소가 아니다. 갈보리는 하나님 아들의 피로 당신의 가장 귀한 피조물을 구원한 장소이다. 인간은 영원히 사단의 노예가 될 수 없다. 구원은 예수 그리스도만을 믿는 모든 사람들에게 임한다.

이와 같은 줄거리의 놀라운 반전은 긴장을 제거해 버린다. 하나님이 이기셨다. 승리가 확실하다. 하나님의 이야기는 거의 끝난다. 오직 봄과 여름만이 남아 있다.

봄

장면 10: 성령강림절이 왔다. 성령의 능력이 완전히 드러났다. 하나님은 그의 백성을 구원하는 일 그 이상을 하신다. 그는 자기 백성에게 능력을 주신다. 요엘의 예언이 성취된다. 우리는 새 시대를 살아가고 있다.

이때는 행복한 시간이다. 긴장이 대부분 거의 사라진다. 최종 성취가 거의 우리에게 다가왔다. 더는 기다릴 수 없다!

장면 11: 교회의 성장이 경이롭다. 하나님은 분명히 수동적으로 방어자의 자리에 있지 않으셨다. 예수 그리스도의 승리 결과로, 교회는 유대인과 이방인 중에서 놀라운 성장을 시작한다.

봄이 따뜻해지고 있다! 아직 여름은 아닐지도 모르나 우리는 여름이 멀리 않았음을 알고 있다.

여름 2

장면 12: 왕이 돌아오신다! 예수 그리스도께서 승리한 왕으로 육체를 입고 돌아오신다. 예수님의 모든 적들은 그 앞에 무릎 꿇게 된다. 그리고 그의 위대한 왕좌에 좌정하여 세상을 심판하실 뿐 아니라 지구 전체를 새롭게 변화시키신다. 새 하늘과 새 땅이 있다. 그것은 원래의 에덴동산보다 훨씬 좋다. 모세는 창세기에서 육적인 용어로 최초의 동산을 묘사할 수 있었다. 사도 요한은 같은 용어로 새 하늘과 새 땅을 온전히 묘사할 수 없다. 다가오는 것은 훨씬 더 좋아서 요한은 은유를 사용하여 우리가 그 장대함을 단지 희미하게나마 보도록 도와준다.

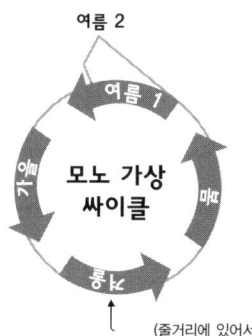

(줄거리에 있어서 놀라운 반전)

세속문학에서, 두 번째 여름은 첫 번째 여름만큼만 좋다. 그러나 성경의 문학에서는 이야기가 보통 시작했던 것보다 더 높게 끝난다. 일이 더욱 좋아진다! 길고 긴 가을과 끔찍한 겨울의 고통에도 우리는 돌아온 여름을 즐거워한다! 다음의 그림은 더 정확한 성경 내러티브의 표현이다.

4) 성경에 있는 좀더 작은 이야기들의 가상 사이클

장엄한 성경 이야기가 어디에서 시작하고 어디에서 끝나는지 파악하는 것은 그렇게 어렵지 않다. 즉 창세기에서 요한계시록까지이다. 그러나 장엄한 내러티브 시작과 끝 안에 포함된 더 작은 많은 이야기가 어디에서 시작하고 어디에서 끝나는지 아는 것은 그리 간단하지 않다. 저자가 긴장을 고조시키려고 각 장면에서 무엇을 하는지 조사함으로써 이야기의 흐름을 알 수 있다. 원저자가 이야기의 긴장을 고조시키거나 감소시키려고 각 장면을 어떻게 사용하는가? 드라마는 질서 있는 갈등이다. 그것은 하나의 핵심 아이디어를 전달하도록 사건을 연속적으로 배열하는 것이다.

장면은 훌륭한 목걸이에서의 낱개의 진주들과 같다. 장면은 모두 조직된 가닥(줄거리)으로 연결된다. 우리는 "이 특별한 진주가 어디에 어울리는지" 스스로 물어볼 필요가 있다. 장면은 각각 의미가 있지는 않다. 해석자가 꼭 해야 할 질문은 "어떻게?" 각각의 장면이 이야기 전체에 도움되는가이다. "여름 1"에서 "여름 2"까지의 진주들을 추적할 수 있을 때 이야기는 끝난다.

여름에서 끝나지 않는 이야기는 아주 드물다. 여름으로 끝나지 않는 이야기의 줄거리에는 대개 놀랄 만한 반전이 없다. 문학적으로 이러한 경우들을 비극이라고 부른다. 성경에는 비극이 많지 않지만 존재한다(삼손과 사울의 이야기는 대표적인 비극의 예이다). 그러나 성경의 대부분 이야기는 웃음이 가득하지는 않지만 문학적 의미에서는 희극이다. 청중에게 행복한 결말을 안겨주고 이야기가 끝이 난다. 이야기는 다시 "여름"에서 끝난다. "각 장면은 이야기의 전체적인 구조에 어떻게 도움이 되는가?"

각 장면에서 무슨 일이 일어나는지 파악하려면 '장면 분석표'(부록 2 참조)를 이용할 것을 추천한다. 당신이 타당하게 이야기의 구조를 이해하고 있음을 확실히 하려면 부록에 첨부된 표를 모방하여 작성해 보라.

- 각 칼럼의 위에 이야기의 각 단락에 대한 성경 구절들을 기록하라(NASB의 구분을 따르는 것이 바람직하다).
- 각 칼럼의 넓은 부분에 당신이 각 장면에서 발견한 중요한 주석적 관찰들을 기록하라.
  - 내레이터가 핵심을 드러내려 사용한 미묘한 단서(때때로 직접적으로 진술할 때도 있지만)들을 찾아라.
  - 내레이터가 언제 이야기의 속도를 빠르게 하고 언제 늦게 하는지를 주목하라. 내레이터는 이야기에서 중요한 부분을 강조하려고 속도를 늦춘다.
- 각 칼럼의 세 번째 부분에, 각 장면에서 일어난 일에 대해서 간단하게 요약하라. 행동을 요약하라.
- 마지막으로 칼럼 맨 밑에, 먼저, 원저자가 이 장면에서 의도한 드라마의 역할을 나타내라. 그것은 어느 계절인가? 또한 이 장면에서 이야기의 긴장을 고조시키거나 감소시키고자 저자가 사용한 방법을 요약해서 서술하라. 당신을 긴장시키려고 무슨 일이 일어나는가? 여기에서 생각해야 할 몇 가지 요소가 있다.
  - 문제의 해결은 기대하지 않은 이야기의 반전에서 발견된다. 여기에서 무슨 일이 일어나는가? 이야기의 긴장이 어떻게 해소되는가? 이야기의 요점은 무엇이라고 생각하는가?
  - 이야기의 끝이 어디라고 생각하는가? 이 이야기는 행복한 결말인가 비극인가? 그 이유는 무엇인가?
  - 이러한 특별한 이야기의 시작과 끝을 확증할 수 있는 분명한 문학적 표시가 있는가?
  - 풍자와 시적인 정의(正義, 이야기에서의 권선징악-역주)가 이야기의 이해를

확실하게 해준다. 이 둘 중의 하나가 이야기에 있다면, 그것은 줄거리의 "예측 못한 반전"에 분명히 드러난다.
- 반복도 이야기의 이해를 확실하게 해준다. 내레이터는 때때로 "핵심 아이디어"를 강조하려고 반복을 사용한다.
- 시간은 내레이터가 쉽게 조절할 수 있다. 그들은 덜 중요한 사건을 다룰 때는 속도를 내고, 중대한 요소를 우리에게 알릴 때는 속도를 줄인다. 어디에서 이야기가 천천히 진행되는가? 그리고 그 이유는 무엇인가? 내레이터는 사건을 연대적으로 어긋나게 배열하기도 한다. 사건이 역사적으로 일어났는데도 순서가 바뀌어서 기록되었다면 그것에 주의를 기울여라. 왜 이렇게 기록되었는가? 연대기의 변화가 이야기의 의미에 어떻게 영향을 주는가?
- 등장인물들이 무엇을 말하는가? 대화는 직접적이고 강력하게 등장인물의 성격을 드러내려고 내레이터가 사용하는 문학적 수법이다. 등장인물들은 무엇을 말하는가? 그 이유는 무엇인가?
- 내레이터는 때로는 하나의 큰 핵심 아이디어를 전달하려고 관련된 두 개의 이야기를 하나로 엮는다. 저자가 두 가지의 다른 방식으로 말하는 하나의 핵심적인 문제가 있는가?

우리가 해야 할 것은 성경의 내레이터가 문학적 방법으로 성경의 이야기에 드러내 보여준 "점들을 연결하는 것"이다. 우리 자신이 억지로 만들어 낸 것이 아니라, 원래 성경 이야기에서 자연스럽게 드러나는 문학 구조를 발견해야 한다. 우리가 원래 저자의 의도와는 상관없이 우리 방식대로 이야기의 점들을 연결한다면, 우리는 회중을 위해 하나님이 의도하지 않으셨던 그림을 그릴 것이다. 본문이 원래 의미하지 않았던 것을 오늘날 우리에게 의미가 있다고 해서는 안 된다. 본문의 원래 의미했던 것을 발견한 후에, 우리는 본문이 오늘날 의미하는 것을 다른 사람들에게 전해야 한다.

다음 단계로 이동하기 전에, 우리가 지금까지 논의하였던 것을 실습해 보자. 부록 2에 있는 장면 분석표(Scene Analysis Chart)를 사용하여 다니엘 1장의 구조를 분석해 보라. 당신의 목적은 이야기가 시작하고 끝나는 곳을 결정하도록 이야기의 극적 긴장을 이용하는 것이다. (성경에 있는 장 구분을 항상 믿어서는 안 된다. 왜냐하면 장 구분은 내러티브 구조를 파악하는 데 크게 도움이 되지 않을 수 있기 때문이다.) 이것을 실습한 후에, 내가 아래에 완성한 것과 당신의 표를 비교해 보라. 당신의 분석 작업이 끝날 때까지 완성된 분석표를 보지 말라. 이제 다니엘 1장을 실습해 보라.

장면 분석표

구절	다니엘 1:1-2	다니엘 1:3-5

주석적 관찰	- 유다는 바벨론의 포로가 된다.
	- 내레이터는 하나님으로부터 말미암았음을 지적한다.
	  ◦ 하나님께서 여호야김을 느부갓네살에게 주셨고,
	  ◦ 하나님께서 하나님의 전 기구 얼마를 느부갓네살에게 주셨다.
	- 내레이터는 이러한 기술을 통하여 일이 하나님의 목적과 반대로 진행되는 것처럼 보일 때에도 하나님의 통치권이 여전히 작용하고 있음을 독자에게 암시하는 것 같다.
		- 전례가 없는 기회가 이스라엘 젊은 엘리트들에게 주어진다. 그들은 황량한 자신의 고향에서 탈출하여 당시에 가능했던 가장 좋은 교육을 100%의 장학금(방과 음식 제공)을 받고 공부할 수 있다. 그뿐만 아니라 그 과정을 무사히 수료할 때에, 그들에게는 세계의 가장 강력한 힘을 가진 정부에서 경력을 쌓을 기회도 함께 보장되었다.
		- 느부갓네살의 명령으로 환관장 아스부나스가 이 프로그램의 책임자가 되었다.

요약: 무슨 일이 일어났는가? 한 문장으로 이 장면의 내용을 요약하라.	느부갓네살(바벨론 왕)이 유다를 정복한다.	느부갓네살은 패배하여 낙담한 이스라엘 젊은이에게 교육과 직업의 기회를 제공한다.
드라마에서의 목적: • 이 장면이 전체 이야기에서 어떤 역할을 하는가? • 긴장이 고조되고 있는가, 감소하고 있는가? • 저자가 긴장을 어떻게 다루고 있는가?	- 이것은 내러티브의 "배후이야기"이다. 여기서 내레이터는 역사적 상황에 내러티브를 놓는다. - 다니엘은 전쟁으로 파괴된 조그마한 나라의 시민이고 그의 개인적 미래도 암담하다.	- 이때는 여름이다! 한때 생존의 앞일만을 생각했던 젊은 사람들에게 갑자기 놀라운 미래의 가능성이 주어졌다.

다니엘 1:6-7	다니엘 1:8-10	다니엘 1:11-14
- 다니엘과 그의 네 명의 친구들은 엄격한 입학 요구사항을 통과한 이스라엘 사람 중에 있다. - 아스부나스가 이 뛰어난 사람들에게 새로운 이름(바벨론 신의 이름)을 준다.	- 다니엘은 음식과 포도주로 자신을 "더럽히지" 않기로 한다. 왠가? 두 가지 해석이 가능하다. 이것은 유대법에 맞지 않는 음식을 먹거나 우상에게 바쳐진 음식을 먹는 문제였을 지도 모른다. 또 하나는 고기를 먹는 것이 죄일 수 있기 때문이다. - 하나님은 아스부나스가 다니엘에게 호의와 동정을 보이도록 하셨다. - 다니엘은 아스부나스에게 더럽히는 음식을 먹지 않도록 허락해 달라고 요구한다.	- 아스부나스는 이 요구를 생명을 위협하는 것으로 생각한다(다니엘뿐만 아니라 자기 자신을 위해서도). - 다니엘은 10일간의 시험 기간을 요구하였다. 또한, 그것은 극적인 육체의 변화를 가져올 것을 약속했다(이것은 위험한 약속이었다. 10일은 새로운 식이요법이 효과를 보기에는 너무 짧은 시간이다!). - 감독하는 자가 동의한다 (이제 아스부나스와 느부갓네살 둘 다를 화나게 할 수 있는 개인적으로 아주 위태한 순간에 처하게 되었다).
다니엘과 그의 세 명의 친구는 바벨론 왕실의 장학금과 새로운 바벨론시 이름을 받았다.	왕실의 음식으로 자신을 더럽히지 않겠다는 다니엘의 요구를 아스부나스는 강하게 거절한다.	다니엘은 감독하는 자와 별로 희망이 보이지 않는 10일간의 음식 시험에 동의하게 함으씨 스스로 더럽혀지는 것을 피한다.
- 가을은 시작되었다. 장학금을 받는 더없는 기쁨은 환관장이 다니엘과 친구들의 이름을 개명하려 함에 의해서 반감되었다. - 바벨론은 다니엘과 친구들에게 그들이 원하는 놀라운 미래를 보장해 줄 것이다. 그에 대한 보답으로 그들이 할 수 있는 최선의 것은 바벨론 신들에게 수동적이나마 충성하는 것이다.	가을은 여기서 점점 더 추워진다! 긴장이 고조된다. 비록 아스부나스가 다니엘을 좋아할지라도, 그는 다니엘의 계획에 동의하지 않을 것이다. 아스부나스는 다니엘의 계획이 너무 위험하여 둘 다 죽일 수도 있다고 생각한다.	이것은 겨울이다. 긴장이 최고조이다. 다니엘은 그의 교육과 미래뿐만 아니라, 자신의 생명도 위험하게 한다. 환관장 아스부나스나 느부갓네살은 반항하는 다니엘을 처리할 수 있었다. 그의 생명이 이들에게 달렸다. 그러나 희생의 대가가 아무리 크다고 할지라도, 다니엘은 죄짓기를 거부한다. 그는 죄짓는 것보다 차라리 죽는 게 낫다고 결심했다.

다니엘 1:15-16	다니엘 1:17-20	다니엘 1:21
- 효력이 있다! - 열흘 후에, 더럽히는 음식을 먹었던 사람들보다 다니엘이 더 건강하고 혈색도 더 좋았다! - 감독하는 자가 그의 음식을 영원히 채식으로 바꾼다.	- 하나님은 다니엘과 그 친구들에게 학문과 재주에 지식과 명철을 주신다. 다니엘은 이상과 몽조를 이해할 수 있다. - 기한이 찬 다니엘과 친구들을 아스부나스가 느부갓네살 앞으로 데리고 갔더니, 그들이 다른 사람들보다 열 배나 더 나은 것을 느부갓네살은 알았다.	
다니엘과 친구들은 시험에 통과하고 그들의 식단은 영원히 바뀐다.	하나님은 스스로 더럽혀지지 않은 자신의 종들에게 그들이 상상할 수 있는 것보다 훨씬 더한 상을 주신다.	다니엘은 고레스 왕 원년까지 바벨론에 남아 있었다.
식단이 그렇게 효력이 있었던 사실은 이야기에서 놀랄 만한 반전이다. 긴장은 사라진다. 여기가 봄이다. 일은 점점 더 좋아진다!	우리는 다시 여름으로 돌아왔다. 이 날들은 행복한 날이다! 사실, 이야기는 시작한 때보다 더 높은 데서 끝난다. 여름 1도 좋았다. 그러나 여름 2는 훨씬 더 좋다!	이 진술은 이야기에 극적인 영향을 주지 않는다. 이 절은 이야기가 끝나는 것을 확증하는 두 번째 문학적 장치이다. 이 경우에 1장은 완전한 이야기이다.

Notes

1) Adele Berlin, *Poetics and Interpretation of Biblical Narrative* (Sheffield: Sheffield Academic Press, 1983), 125.
2) 이 개념에 관해서 달라스신학교의 Dr. Reg Grant에게서 처음 소개받았다.
3) Robert Mckee, Story (New York: Regan, 1997).
4) Ibid., 62.
5) 추가적인 장면들은 포괄적이기보다는 상징적 성격을 갖는다.

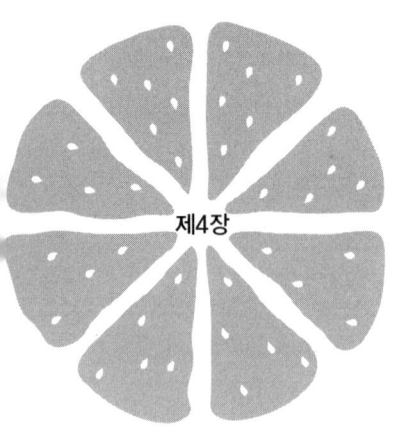

제4장

다음 단계는 무엇인가?
4단계에서 8단계

로스앤젤레스 주변을 운전하는 것은 악몽이다. 도시가 너무 크고 복잡해서, 최근 도시로 이동하는 동안, 나는 계속 길을 잃어버렸다. 앞좌석에 펼쳐 놓았던 상세한 지도가 별로 도움이 되지 않았다. 나는 상세한 지도를 치워버리고 전체 도시의 개요를 보여주는 한 페이지 지도를 사들였는데, 그 지도는 내가 필요한 정보들을 알려주었다. 너무 상세한 것은 혼란스럽게 한다.

주석에서도 마찬가지다. 앞선 장들을 통해 어떻게 설교하고자 한 내러티브의 개요를 파악할 수 있는지 살펴보았다. 이를 위해 문학적 특징들과 넓은 역사적 문맥을 이해하고 핵심 아이디어가 무엇인지 분명히 밝혀야 한다. 이제 어떻게 본문에 집중해서 상세하게 살펴볼 수 있는지 알아보자.

4단계 | 등장인물을 분석하라

이야기의 등장인물들은 이야기의 생명이기에 줄거리와 등장인물들을 분리하는 것은 불가능하다. 등장인물들은 줄거리와 독립적으로 존재할 수 없다. 등장인물들의 행동들은 장면에서 장면으로 바뀌면서 줄거리를 이끌어가고, 줄거리의 구조는 등장인물들의 행동들을 이끌어간다. 등장인물들은 이야기를 묶는 밧줄이다. 장면에 등장하는 등장인물들을 이해하지 못한다면 내러티브 문학의 본문을 이해할 수 없다. 이야기의 등장인물들을 이해하는 첫 번째 단계는 등장인물들을 파악하는 것이다.

1) 당신은 등장인물들에 대해 무엇을 아는가?

우리는 학문하는 동안 대부분을 글을 읽되 더 빠르게 읽는 데 관심을 둬 왔다. 그러나 성경이야기의 등장인물을 알려고 노력할 때 속독은 도움이 되지 않는다. 천천히 읽어라! 내레이터가 본문 안에서 알려주는 등장인물에 관한 정보에 주목해야 한다. 이야기의 등장인물을 주의 깊게 연구할 때 관심을 둬야 할 것들이 몇 가지 있다.

(1) 등장인물들 사이의 대조

한 명의 등장인물이 다른 한 명의 특징을 부각시키는 데 이용되는가? 이것은 공통적인 문학적 기술이다. 그것은 가인과 아벨, 아브라함과 롯, 야곱과 에서, 다윗과 사울의 예에서 볼 수 있다. 이것을 확인할 때 스스로 물어라. "이 등장인물들은 어떻게 다른가? 이 대조로 내레이터가 강조하려는 것이 무엇인가?"

(2) 등장인물들의 비교

때때로 내레이터는 유사성에 기초하여 등장인물들을 배열하기도 한다. 예를 들어 열왕기 상, 하를 보면, 솔로몬 시대에서 유랑하는 시대까지의 왕조를 추적할 때 북이스라엘 왕들과 남유다 왕들을 신앙 윤리적인 면에서 자주 비교하곤 한다. 역대하에서는 계속해서 다윗 왕을 따라 순종하는 삶을 사는 왕들과 그렇지 않은 왕들을 비교한다.

(3) 신체적 외모

우리 문화는 외모에 너무 집착하는 경향이 있다. 그러나 성경의 내레이터들은 그렇지 않다. 그들은 등장인물이 어떻게 생겼는지를 거의 언급하지 않는다. 그러나 그들이 인물의 외모를 언급할 때는 특별히 주목하라. 신체적인 특징에 대한 자세한 묘사가 등장인물을 더 명확하게 그림으로 그릴 수 있도록 하는 것은 아니지만, 그러한 신체에 대한 묘사는 다양한 문학적 목적이 있다.

- 신체적 특징은 줄거리를 진전시키거나 그 과정을 설명한다. 창세기 27:11에서 야곱은 자신의 모친 리브가에게 이렇게 말했다. "야곱이 그 모친 리브가에게 이르되 내 형 에서는 털이 많은 사람이요 나는 매끈매끈한 사람인즉." 이 본문은 야곱이 어떻게 자신의 형을 흉내 낼 수 있었는지를 설명한다. 또 다른 예는 창세기 29:17이다. "레아는 안력이 부족하고 라헬은 곱고 아리따우니." 이와 같은 상세한 신체적 특징은 야곱이 왜 라헬을 사랑했는지를 설명한다.
- 또한 사무엘하 14:25에서는 압살롬의 뛰어난 외모가 상세하게 묘사된다. "온 이스라엘 가운데 압살롬같이 아름다움으로 크게 칭찬받는 자가 없었으니 저는 발바닥부터 정수리까지 흠이 없음이라." 다음에 이어지는 절은 그의 긴 머리카락과 관련한 그의 허영심을 나타낸다. 이후에 일어난 사건에서 압살롬의 허영심과 머리카락이 그의 몰락에 중요한 역할을 했음이 드러난다.
- 신체적 특징은 등장인물의 감정을 강조할 수 있다. 느헤미야 2:2을 보면, 고향에 대한 느헤미야의 사랑을 신체적인 면으로 표현되었다. "왕이 내게 이르시되 네가 병이 없거늘 어찌하여 얼굴에 수색이 있느냐 이는 필연 네 마음에 근심이 있음이로다."
- 의복은 줄거리를 진전시킨다. 창세기 38:14에서, 유다의 며느리인 다말은

"그가 그 과부의 의복을 벗고 면박으로 얼굴을 가리고 몸을 휩싸고 딤나 길 곁 에나임 문에 앉으니 이는 셀라가 장성함을 보았어도 자기를 그의 아내로 주지 않음을 인함이라." 이것은 유다가 왜 길 곁에 있는 그녀를 알아차리지 못했는지를 설명한다.

- 또한 여호수아 9:4–5에서 기브온 거민들은 이스라엘인을 속였던 책략을 수행하려고 옷을 사용했다. "꾀를 내어 사신의 모양을 꾸미되 해어진 전대와 해어지고 찢어져서 기운 가죽 포도주 부대를 나귀에 싣고 그 발에는 낡아 기운 신을 신고 낡은 옷을 입고 다 마르고 곰팡이 난 떡을 예비하고."

(4) 내적 성격

개개인의 내적 성격을 알기 쉬울 때가 있다. 종종 우리는 신뢰할 만한 어떤 등장인물을 통해 한 개인의 내적 성격을 직접 들을 수 있는데, 그때는 어떠한 해석도 필요 없다. 때때로 하나님은 욥기 1:8처럼 우리에게 바로 등장인물의 마음에 대해 말씀하신다. "여호와께서 사단에게 이르시되 네가 내 종 욥을 유의하여 보았느냐 그와 같이 순전하고 정직하여 하나님을 경외하며 악에서 떠난 자가 세상에 없느니라." 또 다른 경우에, 우리에게 명백하게 어떤 사람의 인물에 대해 말해 주는 이는 내레이터이다. 예를 들어 창세기 6:9에서 내레이터는 "노아는 의인이요 당세에 완전한 자라 그가 하나님과 동행하였으며"라고 우리에게 말해 준다. 그리고 사무엘상 2:12에서 내레이터는 "엘리의 아들들은 불량자라 여호와를 알지 아니하더라"고 하여 우리에게 인물에 대한 정보를 알려준다.

그러나 이야기에서 한 등장인물이 다른 인물의 내적 성격에 대해 언급할 때 해석적 주의가 필요하다. 때때로 그 성격 묘사는 옳을 수 있으나 항상 그렇지는 않다. 피상적인 평가를 받아들이지 않도록 주의해라. 등장인물들이 자신에 대해 언급할 때도 같은 주의가 요구된다.

내레이터가 내적 성격을 드러내는 가장 일반적인 방법은 간단하게 개인이 어떻게 행동하는지를 언급하는 것이다. 이것은 성경의 내러티브에서 핵심적인 부분이고 줄거리를 구분하는 데서 중요하다. 성격은 행동을 통해 드러난다. 사람의 내적 성격에 대한 통찰력을 얻는 가장 좋은 방법은 그들을 관찰하는 것이다.

(5) 일상적인 것에 대한 기록의 중요성

사람들의 일상적 삶은 거의 언급되지 않는다. 그래서 성경 내러티브를 연구할 때 일상적인 것에 대한 언급이 있을 때 특별한 관심을 주라. 저자는 자신이 의도한 것의 목적을 달성하려고 일견 일상적인 것으로 보이는 것을 상세하게 기록한다. 예를 들어 창세기 25:34을 보라. "야곱이 떡과 팥죽을 에서에게 주매 에서가 먹으며 마시고 일어나서 갔으니 에서가 장자의 명분을 경홀히 여김이었더라." 내레이터는 자신의 상속권보다 먹는 것에 더 가치를 두는 에서를 보여주려고 먹는 것과 같은 일상적인 사건을 사용한다. 이 상세한 기술은 우리로 하여금 내레이터가 의도하고 목표하는 요점을 "보도록" 해준다. 우리는 같은 종류의 생생한 통찰력을 냉정한 요셉의 형들에게서 얻을 수 있다. 그 형들은 요셉을 잡아 옷을 벗기고 텅 빈 구덩이에 던지고 난 후 바로 그 옆에 앉아서 음식을 먹었다(창 37:23-25).

(6) 반복된 행동

사람이 같은 행동을 더 많이 보여줄수록 그것은 등장인물의 특징을 더욱더 확실하게 한다. 삼손이 특별히 성적인 유혹에 두 번 넘어간 것으로 보아서 우리는 삼손이 성적인 것과 관련하여 심각한 문제를 가지고 있음을 안다. 반복은 또한 욥이 특별히 의로운 사람임을 보여준다. 욥기 1:5은 "그 잔치 날이 지나면 욥이 그들을 불러다가 성결케 하되 아침에 일어나서 그들의 명수대로 번제를 드렸으니 이는 욥이 말하기를 혹시 내 아들들이 죄를 범하여 마음으로 하나님을 배반하였을까 함이라 욥의 행사가 항상 이러하였더라"라고 말씀한다.

이 인물의 분석에서 무엇을 알 수 있는가? 당신은 "당신 스스로 이야기에 등장하는 인물들을 가까이에서 지켜보는 여행의 동행자로 생각하고(특별히 주인공에 관심을 집중하라), 당신이 할 수 있는 한 최대한 상세히 등장인물에 대한 정보를 알아야 한다."[1]

당신이 이 과정을 제대로 실행하려면 '부록 2'에 있는 등장인물 확인표(Character Identification Sheet)를 사용할 것을 권한다.

- 가장 왼쪽 칼럼에 간단히 등장인물의 이름을 기록하라.
- 다음 칼럼에 내레이터가 등장인물에 대해 말한 것을 상세히 기록하라. 그들이 얼마나 뚱뚱하고, 부유하고, 고상하고, 평범한지를 기록하라. 성경 내레이터가 사람에 대해 알려주고 싶어 하는 모든 것을 기록하라.
- 다음 칼럼에 그들이 한 행동을 적어라. 행동은 말보다 더 효력 있다. 행동이 성격을 드러낸다.
- 다음 칼럼에는 어떤 동기가 등장인물들이 하는 방식대로 행동하도록 하는지 기록하라. 누구도 이유 없이 행동하지 않는다. 오직 동물만이 순수한 본능으로 반응한다. 우리는 모두 자신이 한 것에 대해 다양한 이유가 있다. 왜 이 등장인물들은 그들이 하는 대로 행동하려 하는가? 그 동기는 무엇인가?
- 마지막 칼럼에서 등장인물들이 어떻게 느끼는지를 생각하라. 그들이 다양한 장면들을 통해서 경험할 수 있는 감정을 상상하라. 그들과 동화되어라.

일단 당신이 각각의 등장인물을 파악하면, 내레이터가 등장인물에 대해 의도한 역할이 무엇인지 생각할 필요가 있다. 그들의 문학적 목적은 무엇인가? 나는 당신이 세 범주, 즉 주인공, 적대자, 남을 돋보이게 하는 사람

중 하나로 등장인물을 분류할 것을 추천한다.

2) 주요 등장인물들의 확인

주인공

주인공은 이야기의 지배적인 인물이다(긍정적이든, 부정적이든). 그들은 현실에 대해 소망을 품고 열심히 일하는 고집 센 인물이다. 우리가 반드시 주인공에게 호감이 가지 않을 수 있으나, 그들은 항상 우리가 동일시할 수 있는 인물이다. 주인공 안에서 우리는 깊이 공유된 인간성을 느낀다. 우리는 그들의 목적에 동의하지 않을지도 모르나, 왜 그들이 그 목적을 이루려고 하는지는 안다. 그들은 우리와 같다. 결과적으로 우리는 본능적으로 그들이 성공하기를 원한다. 우리는 그들과 공감대가 형성된다.

이 일체감은 주인공과 우리가 감정적으로 동일화될 수 있는 기초이다. 이것은 그들이 실패하면 우리가 울고 그들이 성공하면 우리가 기뻐하는 이유이다. 주인공은 이야기가 해결되어 갈 때 대체로 중요한 발전적 변화를 경험한다. 그들은 자신들의 선택을 통하든지 아니면 내러티브에서 발생한 사건을 통하든지 하나님을 닮아가거나 하나님을 떠난다. 성경 내레이터는 전형적으로 자신의 "핵심 사상"을 구체화하는 데 주인공을 사용한다. 그들은 우리가 어떻게 살아야 하는지 또는 어떻게 살면 안 되는지를 보여준다.

> 모든 이야기에는 중심인물이 있다. 이것은 이야기를 만드는 사람들이 소재들을 가지고 선택과 강조의 원칙에 따라 정하는 것이다. 이 중심인물을 주인공이라고 불린다…이야기는 이 주인공을 중심으로 만들어진다.[2]

적대자

　적대자는 갈등의 주요 원인이기 때문에 이야기를 흥미 있게 한다. 적대자는 주인공의 핵심적인 대적 인물이다. 적대자가 만들어내는 반대가 크면 클수록, 청중은 더 흥미 있어 한다. 적대자는 주인공이 목적을 달성하지 못하게 하려고 한다. 그들은 주인공보다 더 능력이 많다. 좋은 적대자는 주인공을 재앙의 끝으로 몰고 갈 수 있는 자원들을 효과적으로 사용한다.
　주인공은 적대자가 자신에게 대적하는 강도만큼만 대응한다. 주인공과는 다르게 적대자는 대체로 성장이나 발전적 변화를 경험하지 못한다. 적대자가 승리한다면 이야기는 비극(겨울에서 끝남)이 되고, 적대자가 패배한다면 이야기는 희극(여름으로 다시 돌아감)이 된다.

남을 돋보이게 하는 사람

　남을 돋보이게 하는 사람들은 줄거리의 발전을 위해서 필요하기는 하지만 이야기에서의 역할은 덜 중요하다. 주요 할리우드 영화사에서 단역배우들이 이 역할을 한다. 최초의 TV 시리즈 '스타 트렉'(Star Trek)에서, 빨간 셔츠를 입은 승무원들이 바로 남을 돋보이게 하는 사람들이었다. 초반부에 이 익명의 사람들은 행성으로 보내져서 바위 괴물에 의해 먹힌다. 그들이 하는 유일한 문학적 목적은 바위 괴물이 위험한 피조물임을 나타내는 것이다. 그들은 소모용 승무원이었다. 그들이 바로 남을 돋보이게 하는 사람들이다.
　문학적으로 이들은 전문적인 인물 사진기사에 의해 사용되는 은빛 우산들과 유사하다. 은빛 우산의 목적은 관심을 끄는 게 아니다. 사실, 중요한 사진에 그 우산은 함께 나타나지 않는다. 그들의 유일한 목적은 사진의 주요인물에 빛을 반사하는 것이다. 남을 돋보이게 하는 사람이 내러티브에 하는 역할은 은빛 우산이 인물 사진에 하는 역할과 같다. 그들은 사건을 시작하게 하거나 다른 인물을 강조한다.

3) 깊이 있는 분석

이야기의 주인공과 적대자가 누구인지 알고 나면, 당신은 그들을 상세히 알 필요가 있다. 당신이 할 수 있는 만큼 그들의 특징을 깊이 들여다봐야 한다. 본문이 허용한 만큼 상세하게 연구하라.

동기부여

사람들은 자신들이 말한 것이 아니라 하는 행동으로 알 수 있다. 우리가 어떤 사람이냐는 우리가 절박한 상황에 부닥칠 때 드러난다. 삶의 고통은 우리의 가치관을 형성하고 또한 우리의 가치관을 드러낸다. 가치관은 우리의 결정을 형성하는 신념이고 사상이다.

사람들은 힘들지 않은 길을 선택하는 경향이 있다. 누구도 의도적으로 필요한 것보다 더 어렵게 삶을 살지 않는다. 왜 등장인물은 갈등을 피하지 않고 참고 인내하는가? 그것은 그들이 가진 어떤 가치관 때문이다. 만약 주인공은 정직을 삶의 가치로 여기고, 적대자는 권력을 갈망하고 있다면, 그들이 경험하는 사건에 반응하는 방법은 그들이 지닌 가치관에 의해 결정된다.

가치관들이 모여서 그 사람의 인격을 형성한다. 삶의 압박은 우리의 진정한 가치관과 인격을 드러낸다. 당신은 사람들이 진실을 말해야 한다고 생각하는가? 진실이 직업을 잃게 할지라도 진실을 말할 것인가? 진실이 전 경력을 희생시킨다면 어떤가? 가족을 잃게 한다면 또 어떤가? 인생을 희생시킨다면 어떤가? 진정한 가치는 오직 고난을 통해서 드러난다. 어떤 배는 조용한 일요일 아침에 항구 곁에서만 떠다닐 것이다. 가장 튼튼한 배만 4등급 허리케인이 몰아치는 곳에서도 항해할 수 있다. 어떤 사람의 진정한 인격을 알 수 있는 유일한 방법은 엄청난 고난 중에서 그들이 어떻게 수행하는지 보는 것이다. 욥에게 물어보라.

> 진정한 인격은 그 사람이 고난 중에 한 선택에서 드러난다. 고난이 크면 클수록, 인격의 본질적인 모습이 더욱 분명하고 깊이 드러난다.[3]

이야기가 진행되어 갈 때, 등장인물들을 이끌어가는 가치관을 이해할 때 우리는 비로소 주인공과 적대자를 바로 이해할 수 있다. 그 가치는 고난이 심해질 때 더 분명해지고, 예측하지 못한 반전 바로 전인 황량한 겨울에 가장 명백해진다.

동기부여를 간과하지 말라. 등장인물이 왜 그와 같이 선택하는지 반드시 이유가 있다. 그 이유를 모른다면 당신은 이야기를 제대로 이해했다고 할 수 없다. 뿐만 아니라 제대로 이해하지 못한 이야기를 설교할 수 없는 것은 당연하다.

4) 동일시

당신 자신의 삶의 렌즈를 통해 등장인물들을 바라보아라. 감정적이고 심리적인 차원에서 연결해 보아라.

- 당신의 성격이 이기적인가? 당신이 이기적이게 행동하도록 동기부여를 받은 때를 기억하는가? 그때 무엇을 느꼈는가? 그것이 당신의 선택에 어떤 영향을 주었는가?

🞳 당신은 물질주의자인가? 당신의 인생에서 당신이 다른 어느 것보다 더욱 원했던 것(차, 집, 책 등등)들이 있었을 때를 회상할 수 있는가? 그때 당신의 마음은 무엇을 경험했는가? 그때 당신이 고려하였던 선택들은 무엇인가? 그것들을 얻으려고 당신이 양보하려고 했던 것들은 무엇인가?

우리는 성경 본문을 통해 우리 자신의 삶을 투영하여 읽기를 원하지 않는다. 그러나 당신이 원하는 것은 진정한 마음으로 등장인물에 감정이입을 하는 것이다. 당신은 등장인물에 동의하지 않을지 모르나 그들을 이해해야만 한다.

사무엘상 2장에서 엘리를 생각해봐라. 내레이터는 그의 두 아들이 "사악한 사람"이라고 말한다. 그들은 회막문 입구에서 수종드는 여인들을 더럽혔다. 더 심한 것은 여호와의 제사를 멸시하였던 것이다. 사무엘상 2:22에서 엘리는 "그 아들들이 온 이스라엘에 행한 모든 일을 들었다"고 말씀한다. 엘리가 대제사장일 뿐 아니라 사사의 직분도 감당하고 있었기 때문에 그의 아들들을 다루어야 할 책임이 분명히 있었다. 율법은 그 아들들이 사형집행을 받아야 함을 분명히 말씀한다. 그러나 23-25절에서 우리는 엘리가 단지 그들에게 좋은 충고만으로 마무리하는 것을 알 수 있다! 한심한 엘리를 비난하기는 쉽다. 그러나 만약 당신이 엘리를 불순종한 늙은이로 단순하게 생각한다면 그 구절의 핵심을 놓쳐버릴 것이다. 물론 엘리는 나쁘다. 2장의 나머지 부분이 그것을 매우 분명하게 보여준다. 그러나 그는 아버지다! 그들은 그의 아들들이다!

하나님께서 자신의 아들을 사형집행하기 원한다는 사실을 알게 될 때 부모의 반응은 어떻겠는가? 난 두 아들이 있다. 난 내 아들 나단과 요나단을 사랑한다. 난 그들이 세상에 태어날 때를 기억한다. 내 장남 나단은 내 30번째 생일 때 태어났다. 의사가 나보고 탯줄을 자르라고 했던 것을 기억한다. 난 생애 처음으로 빨갛고 쭈글쭈글하고 못생겼던 나단을 안았다.

내 팔에 그를 안았을 때 난 돌아서 울기 시작했다. 왜냐하면 인생은 얼마든지 바뀔 수 있으며, 하나님께서 그 아이에 대해 나에게 위탁하신 두려움을 일으키는 책임감을 느꼈기 때문이었다.

나는 내 아들들을 사랑한다. 엘리도 그랬다고 확신한다. 난 엘리의 아내도 생각한다. 우리는 그녀에 대해 아무것도 모르지만 그도 아내가 있었음에 틀림없다. 혹시 그녀가 자녀의 출생으로 죽었던 건 아닐까? 이 소년들이 그가 사랑한 여인과의 마지막 삶의 연결고리이지는 않았을까? 그렇다면 그가 자신들의 아들들을 어떻게 죽일 수 있을까?

난 엘리를 용서하려고 하는 게 아니다. 그가 가치판단의 능력을 상실한 것은 분명하다. 그가 하나님을 영광스럽게 하는 것보다 가족을 더욱 중요하게 여긴 것은 분명히 잘못이다. 그 순간의 엄청난 압박감은 그의 진정한 모습을 드러냈고, 하나님께서 그의 직무와 직책에서 그를 박탈하는 것이 옳았다. 그러나 진정한 주해는 등장인물의 마음을 이해하려고 하는 것이다. 본문에 언급된 자료를 가지고 냉정하게 평가하는 것으로 만족해서는 안 된다. 바람직한 주해는 본문에 등장하는 인물들이 혈과 육을 가진 사람들임을 기억하고, "과연 이 에피소드가 진행되는 동안 그들은 어떻게 느꼈을까?"에 대해 질문하는 것이다.

5단계 | 이야기의 배경을 발견하라

1) 지리학

역사적 내러티브는 진공 속에서 일어나지 않는다. 그것은 특별한 장소에서 일어나고, 그 장소는 이야기의 사건에 영향을 준다. 그것은 우리의 삶이 어느 정도 지리의 영향을 받기 때문이다.

나는 최근에 매사추세츠 보스턴에서 캘리포니아주의 로스앤젤레스로 이사했다. 나는 지리적인 위치가 삶에 영향을 줌을 경험하였다. 작년 가을 나는 월동준비로 바빴고, 낙엽들을 긁어모으느라 바빴다. 하지만 올해 가을 나는 헌팅턴 해변에서 서핑을 즐길 수 있다.

우리의 삶은 지리에 영향받는다. 지형 지도를 가지고 성경의 이야기가 일어난 곳을 연구하라. 등장인물이 얼마나 멀리 이동했는가? 올라가는 길인가 내려가는 길인가? 한 해 중 어느 때인가? 그들이 경험하였던 날씨와 기후는 어떠했는가? 그들은 어떤 종류의 동물이나 사람들을 만난 것 같은가? 이야기의 지리적 배경, 특히 내레이터가 언급한 것을 무시하지 말라.

2) 문화

모든 사람들은 인종적 유산과 사회적 배경을 갖고 있다. 또한 종교적 배경과 교육적 배경을 가지고 있다. 모든 등장인물도 교육적 배경을 가지고 있다. 당신의 성격은 어떻게 독특한가? 이 요소들이 당신의 이야기에 어떻게 영향을 주는가? 당신의 이야기에 영향을 주는 어떤 사회적 관습이 있는가? 그러한 가치 있는 연구를 해라.

예를 들어 나 자신이 양치는 직업에 익숙해지려면 양치기에 관한 수많은 책을 사는 것이 도움이 됨을 알았다. 진짜 양을 보았던 것은 몇 년 전 내 가족과 함께 운전하던 중 길옆에 풀을 뜯는 양 무리를 지나면서였다. 나는 멈춰 서 뒷좌석의 아이들에게 진짜 살아 있는 양을 보라고 했다. 양들은 길가 울타리와 너무 가까이 있었기 때문에 우리는 손을 뻗어서 만져볼 수도 있었다. 내 아들은 어려움 없이 양을 포옹했다. 그러나 내가 손을 뻗자마자 양은 재채기를 했다. 나는 양 콧물로 뒤범벅되었다. 나는 더 가까이 가고 싶지 않았다. 그러나 나는 양 치는 것을 알아야 목자를 이해할 수 있다고 생각했다. 나는 배울 필요가 있다. 당신처럼, 나도 문화적 연구를 해야 한다.

6단계 | 내러티브의 "핵심 아이디어"를 진술하라

1) 주석적 아이디어

주석을 하는 과정의 이 시점에서 당신은 상당한 양의 본문 연구를 했다. 거대한 양의 자료를 모았다. 당신은 이미 당신이 했던 모든 작업으로 압도되기 쉽다. 당신은 정보의 홍수 아래서 생매장당한 첫 번째 설교자는 아닐 것이다.

너무 과도한 정보로 말미암는 설교의 위험은 두 가지이다. 첫째, 당신은 그 구절의 요점을 잊어버리기 시작한다. 이것은 분명한 하나의 요점이 있는 설교를 만들지 못하게 한다. 그러나 너무도 빨리 다가오는 일요일에 당신은 무언가를 설교해야 한다. 이러한 절망감으로 우리는 과도한 정보의 둘째 위험인 정보에 치중한 설교에 쉽게 굴복하게 된다. 즉 명료함이 부족한 것을 양으로 보상하려고 노력하는 것이다. 우리는 종종 이렇게 해왔고, 그것이 아무 효력이 없음을 확인했다.

해돈 로빈슨(Haddon Robinson)의 "설교단에서 안개는 교회좌석에서도 안개이다"라는 말은 옳다. 당신이 말하는 것이 당신에게 분명하지 않으면 성도들이 당신 설교의 핵심을 이해하지 못할 것이다. 효과적인 설교는 명료한 설교이다. 이것은 성경의 한 문단에서 레이저와 같이 정확하게 단 하나의 아이디어를 발견한 다음에 그것을 청중의 삶에 집중하여 적용할 때 가능하다. 그러한 문장을 만드는 것은 쉽지 않은 일이지만 참으로 중요한 일이다. 이것이 우리 주석의 목표이다. 이전 세대의 훌륭한 설교자인 존 헨리 조웨트(John Henry Jowett)는 아주 훌륭한 말을 했다.

수정과 같이 맑을 정도로 짧고도 함축적인 하나의 문장으로 설교의 주제를 표현할 수 있기 전까지는, 우리는 아직 설교를 하거나 글을 쓸 준비가 되지 못했다고 할 수 있다. 바로 그 문장을 얻어내는 작업이야말로 설교를 위한 연구에서 가장 어렵고도 흥분되며, 가장 생산적인 작업이라는 것을 알게 되었다. 그 문장을 구상하고자 자신을 몰아치는 작업, 불투명하고 부적절하고 모호한 표현들을 모두 제거하는 작업, 고도의 정확도를 가지고 주제를 정의할 수 있는 단어들을 머릿속에서 끄집어내는 작업, 이것이야말로 설교를 작성하는 일의 정수에 해당하는 부분 중의 하나이다. 바로 이 문장이 구름 한 점 없는 밤하늘의 달과 같이 깨끗하고 선명하게 떠오르기 전까지는 어떠한 설교도 선포되어서도, 글로 기록되어서도 안 된다고 생각한다.[4]

배운 것을 명확하게 할 필요가 있다. 즉 당신이 모은 자세하고 많은 정보의 덩어리에서 저자의 중심 사상을 파악하라. 원래 저자가 그 이야기의 최초의 수령인에게 전하려고 한 하나의 사상을 분명하게 진술할 필요가 있다. 당신은 단지 내용을 이해하는 정도를 넘어 저자가 의도한 것을 추적해야 한다. 어떻게 우리는 이 작업을 수행할 수 있는가? 어떻게 우리는 우리 자신의 과도한 주석으로 매장당하지 않을 수 있는가? 그것은 주석의 주제와 보충 요소의 형식으로 본문의 핵심 사상을 진술함에 의해서 가능하다.

주제는 "이 본문이 무엇을 이야기하고 있는가?"라는 질문에 대답해야 한다. 그리고 항상 질문의 형태로 쓰여야 한다. 보충하는 말은 이 질문에 답을 제공해 주며, 핵심 사상을 완성해 준다. 본문의 주제가 "왜 기독교인은 기도해야 하는가?"라면 보충하는 말은 "기도가 하나님과의 관계를 풍성하게 하기 때문에 기독교인은 기도해야 한다"가 될 수 있다. 모든 성경 단위(unit)에는 오직 하나의 주제만이 있다. 다른 문학의 장르(서신서와 같은)에는 보충 요소가 여러 개 있을 수 있지만, 내러티브는 그렇지 않다. 성경의 이야기는 오직 하나의 주제와 보충 요소가 있다. 당신이 해야 할 첫 번째 일은 본문의 주석적 아이디어를 진술하는 것이다.

주석적 아이디어는 가능한 한 성경 본문과 가까워야 한다. 이것은 내러티브에서 발생한 것을 정확하게 서술적으로 요약한 것이다. 주석적 아이디어에는 죽은 사람들의 이름들이 있을 수도 있다. 또한 고대 세계의 냄새가 날 것이다. 괜찮다. 당신이 여기서 최고의 관심을 두어야 할 것은 정확함이다. 주석적 아이디어에 대해 어떻게 생각되는가? 여기에 우리가 이전 장에서 했던 것에 기초한 주석적 아이디어의 몇 가지 예가 있다.

다니엘 1 — 주석적 아이디어
- 주제: 다니엘과 그의 친구들이 왕의 음식과 포도주를 먹음으로써 자신을 더럽히지 않으려고 했을 때 무슨 일이 있었는가?
- 보충 요소: 하나님께서는 더럽히는 음식을 먹은 소년들보다 그들을 더 건강하고 학문적으로도 뛰어나게 하셨다.

성경의 전체 이야기 — 주석적 아이디어
- 주제: 하나님은 죄지은 인간을 어떻게 회복하셨는가?
- 보충 요소: 예수 그리스도의 죽음과 부활을 통해서이다.

나는 이러한 주석적 아이디어를 쓰면서 그럴듯하거나 똑똑해 보이려고 하지 않는다. 내 유일한 목적은 정확함이다. 우리가 정확한 주석적 아이디어를 발견했다고 어떻게 확신할 수 있는가? 아래의 전차 바퀴 그림을 사용할 것을 추천한다.

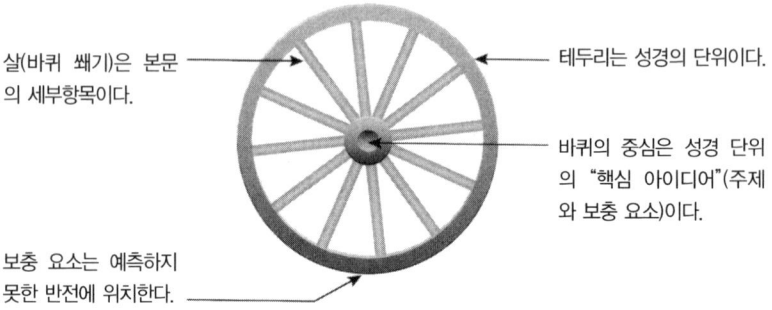

"핵심 아이디어" 만들기

살(바퀴 쐐기)은 본문의 세부항목이다.

테두리는 성경의 단위이다.

바퀴의 중심은 성경 단위의 "핵심 아이디어"(주제와 보충 요소)이다.

보충 요소는 예측하지 못한 반전에 위치한다.

　마차 바퀴의 가장자리는 성경의 단위(unit)를 나타낸다. 이야기의 처음과 끝을 적절하게 구분하지 않는다면 핵심 아이디어를 찾을 수 없다. 내러티브가 어디서 시작하고 멈추는지를 알아야 한다. 바퀴살은 상세한 이야기를 나타내는데, 이것은 주석하는 동안 발견한 것이다. 바퀴 중심은 그 단락의 핵심 아이디어를 나타낸다. 모든 살이 중심을 향한다면, 다시 말해, 주제와 보충 요소가 단락의 모든 세부사항을 포함했다면 핵심 아이디어를 바로 파악했다고 확신해도 좋다. 본문의 어떠한 살도 매달려 흔들리지 않아야 한다. 핵심 아이디어가 훌륭하지만 본문 세부사항의 2-3개라도 포함하지 못한다면, 그 핵심 아이디어는 옳다고 할 수 없다. 비슷하지만 옳은 것은 아니다. 나는 모든 살이 전차 바퀴 중간에 하나로 연결되는 것을 만들려고, 다시 말해, 단락의 주제와 보충 요소를 쓰려고 6번이나 시도했다는 것을 알았다. 또한 나는 일단 종이에 내가 파악한 것을 아무렇게나 써보는 것이 완전치 못한 아이디어로 다시 돌아가서 부족한 부분을 발견하고 정확한 아이디어를 만들기에 더욱 효과적이라는 것도 알게 되었다.
　주석적 아이디어를 발견하기가 절대 쉽지 않은 작업인 것이 분명한데, 내러티브 문학에서 모노 가상 사이클(mono-mythic cycle)은 이 일을 훨씬 쉽게 만든다. 왜냐하면 그것은 항상 "예측하지 못한 반전"에서 보충하는 말을 찾을 수 있기 때문이다. 이야기에서 다시 여름으로 바꾸는 요소는 단락의 열쇠이다. 이것은 주제로 말미암아 야기된 질문에 답을 준다. 예수 그리스도의 놀라운 죽음과 부활은 다음의 질문에 답이다: 하나님께서 어떻게 죄 있는 인간을 회복하셨는가? 보충하는 말은 예측하지 못한 반전에 있다.

2) 설교학적 아이디어

설교학적 아이디어(Homiletical Idea)는 주석적 아이디어와 거의 같다. 유일한 차이점은 설교학적 아이디어는 영원한 용어로 다시 쓰였다는 것이다. 이것은 어느 한 시대와 문화의 특수성을 초월하는 아이디어이다. 이 아이디어는 죽은 사람이나 고대 장소의 이름은 포함하지 않는다. 설교학적 아이디어는 본질적으로 주석적 아이디어와 같을지라도 21세기 청중에게도 적용되고 이해도 된다. 우리는 다음과 같이 다니엘 1장의 주석적 아이디어를 고쳐 만들 수 있다.

다니엘 1 — 설교학적 아이디어
- **주제**: 하나님의 사람들이 죄를 짓게 하는 문화를 거절할 때 무슨 일이 일어났는가?
- **보충 요소**: 하나님께서는 그들의 신실함을 보고 영화롭게 하실 것이다.

성경 전체 이야기 — 설교학적 아이디어
- **주제**: 우리는 회복된 하나님과의 관계를 어떻게 누릴 수 있는가?
- **보충 요소**: 예수 그리스도의 죽음과 부활을 통해서이다.

3) 설교 아이디어

설교 아이디어(Preaching Idea)는 청중의 마음속에 깊이 새겨주기 원하는 간결하고도 기억될 만한 구절을 말한다. 설교와 설교 아이디어와의 관계는 범퍼 스티커(자동차 범퍼에 붙이는 선전과 광고 스티커-역주)와 운전의 관계와 같고, 기억될 만하고 간결한 진리의 표현은 하얀 강아지 털이 검은 정장 바지에 붙은 것과 같다. 설교 아이디어는 주석적 아이디어나 설교학적 아이디어만큼 포괄적이지 않다. 심지어 설교 아이디어는 설교를 듣지 않는 사람들에게 상식적으로 통하지 않을 수도 있다. 그러나 메시지를 들었던 사람들에게 설교 아이디어는 오랫동안 기억하게 하는 도구가 될 수 있다. 이것은 청중의 마음과 삶에 깊게 성경적 사상을 심어줄 수 있다.

다니엘 1 — 설교 아이디어
- 하나님께서는 반드시 해내신다!

성경 전체 이야기 — 설교 아이디어
- 매표소

7단계 | 핵심 아이디어를 재점검하라

아이디어들은 특별하게 강력하다. 아이디어들은 우리의 삶을 만든다. 우리는 우리의 핵심적인 신념들의 종합이다. 이것이 좋은 설교가 하나님 백성의 건강을 위해서 절대적으로 중요한 이유이다. 하나님의 아이디어를 설교할 때 하나님의 사람들에게 생명과 건강을 가져다줄 수 있다. 그러나 하나님이 말씀하시지 않는 것을 하나님의 이름으로 설교단에서 말한다면, 우리는 예레미야 시대에 "여호와의 입에서 나온 것이 아니라 자기 마음으로 말미암은 묵시를 말한"(렘 23:16) 거짓 선지자와 같아진다. 이것이 바로 야고보가 "내 형제들아 너희는 선생 된 우리가 더 큰 심판받을 줄을 알고 많이 선생이 되지 말라"(약 3:1)고 말한 이유이다.

하나님의 대변인은 오직 하나님의 아이디어만을 말하는 것이 중요하다. 왜냐하면 선생의 말은 말(馬)의 입에 있는 재갈, 배의 작은 키, 큰 숲에 작은 불과 같기 때문이다. 그것들은 다른 사람들의 삶과 운명에 큰 영향을 준다. 잘못된 아이디어는 거대하고 끝없는 파괴를 가져온다. 우리는 오직 하나님께서 그의 말씀 안에서 말한 것을 설교해야 한다. 이러한 이유 때문에 나는 전력을 기울여 발견한 핵심 아이디어를 재점검하라고 말하는 것이다. 그것이 하나님의 말씀인지를 확인해라. 당신이 발견한 아이디어를 다음의 질문으로 재점검하라.

- 핵심 아이디어가 이야기의 모든 부분과 의미가 통하는가? 본문의 모든 "살"이 핵심 아이디어와 연결되는가? 요나를 이해했지만 4장과 어떤 관계가 있는지 확실하지 않다면 아직 핵심 아이디어를 발견하지 못한 것이다.
- 핵심 아이디어가 문맥과 쉽게 어울리는가? 서사문학(사도행전, 사무엘, 역대기와 같은 부피가 큰 내러티브 책들)은 수많은 작은 이야기들로 구성된 하나의 큰 이야기이다. 이러한 더 작은 이야기는 모두 하나의 큰 이야기에 조력한다. 당신이 발견한 아이디어는 전체 성경의 웅대한 이야기에 어떻게 어울리는가? 서사문학의 작은 이야기들은 각각 퍼즐 조각이다. 발견한 아이디어가 나머지 조각들과 딱 맞는가? 한 책을 연속적으로 설교한다면 좀 더 쉽게 이러한 이야기를 이해할 수 있다.
- 핵심 아이디어가 조직신학과 조화를 이루는가? 다양한 인간 저자가 성경을 기록했지만 성경은 서로 연결되는 문학적 결합력을 갖는다. 성경은 모두 하나님의 영감을 받았다. 이 통일된 저작권에 관한 문학적 의미는

성경의 결합력이다. 하나님은 하나의 책으로 한 가지만 말씀하시지 않았지만 다른 책의 내용과 모순되지 않으신다. 성경은 놀라운 통일을 이룬다. 조직신학자는 이 통일성을 이해했고 성경의 각각의 진리들을 하나의 통일된 진리로 엮어냈다. 그들의 작업은 설교자인 당신에게 커다란 이익이 된다. 만약 당신이 전체적인 성경 가르침과의 조화를 이루지 않은 "핵심 아이디어"를 발견했다면, 주석을 재점검해야 한다. 하나님은 스스로 모순되지 않으신다.

- 핵심 아이디어는 폭발적인 힘을 가졌는가? 이것은 위의 조직신학적 질문을 하는 주관적 방식이다. 회중에게 핵심 아이디어를 전하려고 설교단에 서 있는 자신의 모습을 상상해 보라. 본문의 진리를 설교할 수 있다는 사실에 흥분되어 있는가? 아니면 경험이 많은 목회자로서 어느 정도 목회적 염려를 느끼는가? 이러한 망설임은 성령과 관련되어 있다. 만약 망설임이 느껴진다면 위의 질문들을 한 번 더 질문해 보라. 하나님의 무리를 책임지는 목사로서 우리는 회중에게 해가 되는 말은 해서는 안 된다.

8단계 | 적용하라

설교가 설교 되게 하는 중요한 특징 가운데 하나는 설교의 목표가 청중의 삶에서 구체적인 행동의 변화를 만든다는 점이다. 성경에 기록된 어떠한 설교도 단지 청중에게 기본적인 정보를 제공할 목적으로 기록되지 않았다. 설교는 강의가 아니다. 설교는 전달하는 내용에 일차적인 관심이 있지 않다. 설교의 목적은 청중의 삶에서 변화를 만드는 것이다. 정보는 행동에 영향을 주는 데 사용된 도구일 뿐이다. 그렇기에 청중의 마음은 감동시키나, 그들의 삶을 간과하는 설교는 좋지 않은 설교이다.

내러티브 적용을 위한 가장 일반적인 복음적 접근 중 하나는 알레고리었다. 내러티브의 문학적 구조를 모르는 많은 설교자가(물론 그들의 의도는 선했다) 아주 이상하고 공상적으로 내러티브 본문을 적용하는 것을 볼 수 있다. "설교에서 알레고리의 문제점"(The Problem with Allegory in Preaching)이라는 탁월한 논문에서, 데이빗 라이드(David E. Reid)는 자신이 창세기 24:63-64에서 들었던 복음적 설교를 이야기한다. 그는 이 구절로 다음과 같이 적용했다.[5]

1. 낙타의 코는 멀리서부터 물을 감지하기 때문에, 기수가 물을 마실 수 있는 사막의 한 장소로 그를 인도한다. 하나님의 은혜도 목마른 자들을 영적인 물로 인도한다.
2. 낙타의 말굽은 모래에 가라앉지 않는다. 하나님의 은혜는 하나님의 사람들이 세상의 죄에 빠지지 않도록 지켜준다.
3. 낙타의 종지뼈는 무릎을 꿇을 수 있게 되어 기수가 내려서 모래 폭풍 가운데서도 낙타 뒤에 숨을 수 있도록 해준다. 하나님의 은혜는 인생의 폭풍 가운데서 우리를 보호해 준다.
4. 낙타는 이빨로 선인장을 으깨어서 가시(가시는 저주를 상징한다)에 찔리지 않고 그 살을 먹을 수 있다. 하나님의 은혜는 배고픈 사람이 죄로 가득 찬 세상에서 영적인 음식을 받을 수 있게 한다.
5. 낙타의 굽은 등은 못 생겨서 우스꽝스럽다. 그러나 사람들의 필요를 충족시키는 물품을 운반한다. 세상이 하나님의 은혜를 우스꽝스럽게 여기지만 은혜는 우리의 필요를 충족시킨다.
6. 낙타의 안장에 다는 주머니는 치료하는 향유, 보물, 과일을 운반한다. 하나님의 은혜는 우리를 치료하시고 우리에게 필요한 것을 제공하시며 우리를 지탱케 해주신다.
7. 낙타는 외모만 보면 매력이 없지만 사막에 사는 사람들에게는 아주 중요하다. 십자가의 그리스도에게 나타난 하나님의 은혜는 눈에 보이는

것이 아니기에 그를 신뢰하는 자에게만 귀중히 여김을 받는다.

매우 은혜롭기는 하지만 이 설교는 본받을 만한 샘플은 아니다. 이야기에는 여러 개의 요점이 있는 것이 아니라 단 하나의 요점만 있다. 내러티브는 청중의 삶에서 하나의 목적을 성취하려고 단 하나의 지배적인 아이디어를 중심으로 구성된다. 하나의 이야기에서 여러 가지 다양한 적용을 하지 말라. 핵심을 파악하고 그것에 집중하라. 그러면 이제 내러티브 본문을 바람직하게 적용하는 데 유익한 질문 몇 가지를 생각해 보자.

1. 본문에 드러난 중심 원리는 무엇인가? 다니엘 1장의 중심 원리는 하나님이 없는 문화의 거대한 압박에도 죄를 끝까지 거부했다는 것이다.
2. 만약 이 이야기를 21세기 상황에서 비유를 찾는다면 어떤가? 21세기의 상황에서 비유를 찾는다면, 이 이야기는 한 수단 여성이 하버드대학의 박사 과정에 전액 장학금으로 초청받아 기독교 역사를 공부하러 온 것에 비유될 수 있을 것이다. 학생 비자로 미국에 온 이 젊은 여성은, 낯선 나라와 냉담한 문화 속에 살면서 상처입기 쉬울 것이라고 이미 예상하였을 것이다. 하지만 실제 상황은 그녀의 예상보다 더 절망적이었다. 그녀의 지도교수가 여러 해 동안 기독교회가 아프리카에 준 영향을 거짓으로 비난하는 논문을 쓰라고 압박했기 때문이었다. 만약 거절한다면 그녀는 논문 지도교수에게 버림받게 되고 비자도 박탈당하게 된다. (현시대를 배경으로 이 사건을 다시 쓰면, 본문의 중심 사상에 대한 이해를 향상시킬 수 있다. 본문의 일시적인 요소와 영원한 요소를 구별해야 한다.)
3. 이야기의 교훈을 배우고 적용한다면, 당신(그리고 이 메시지를 들을 사람들)의 삶은 어떻게 변할 것인가? 개인적 차원에서 보면, 우리의 신앙은 더 깊고 더 담대해질 것이다. 다른 사람들과의 관계에서 보면, 우리의 행동이 불신자들에게는 분명한 증거가 되고, 동료 신자들에게는 힘과 격려

가 될 것이다.

4. 본문의 교훈을 무시한다면 당신의 삶(그리고 이 메시지를 들을 사람들)은 어떻게 될 것인가? 본문의 교훈을 무시하면, 단기간 동안에는 효과가 있을 수도 있다. 하지만 그것은 하나님을 배반하게 하고, 악한 사회에서 빛과 소금으로 살아갈 능력도 현저히 감소시키며, 동료 신자들에게도 부정적인 예로 보이게 된다.

이러한 질문을 함으로써 본문의 요점에 근거한 바른 적용을 할 수 있고, 청중의 삶에 적합한 적용을 할 수 있다.

축하합니다!

당신은 성경적 설교자의 첫 번째 필수적인 의무를 성공적으로 완성했다. 당신이 설교하려고 한 내러티브 본문을 주해했다. 아직도 주해가 끔찍한 일이라고 생각하는가? 당신이 옳다. 그러나 용기를 가져라. 당신이 발견한 중심 사상은 금보다 더 가치 있다. 이것이 효과적인 설교의 열쇠이다. 훌륭하게 내러티브를 주해하려고 더 많은 시간과 에너지를 투자할 때, 설교의 임무를 훨씬 더 쉽게 감당할 수 있음을 알게 될 것이다. 당신은 효과적인 일인칭 성경적 설교 작성을 위한 중요한 걸음을 내디뎠다. 이제 주해 과정을 넘어 설교학적인 부분으로 넘어 가보자. 효과적인 일인칭 설교를 실제로 작성해 보자!

Notes

1) Leland Ryken, *Words of Delight: A Literary Introduction to the Bible*

(Grand Rapids: Baker, 1987), 75.
2) Leland Ryken, *How to Read the Bible as Literature* (Grand Rapids: Zondervan, 1984), 43.
3) Robert Mckee, *Story* (New York: Regan, 1997), 101.
4) John Henry Jowett, *The Preacher, His Life and Work* (New York: Doran, 1912), 133.
5) David E. Reid, "The Problem with Allegory in Preaching," *Preaching Magazine* (November-December, 1995), 68ff.

Effective First-Person Biblical Preaching

제2부
설교학적인 단계들

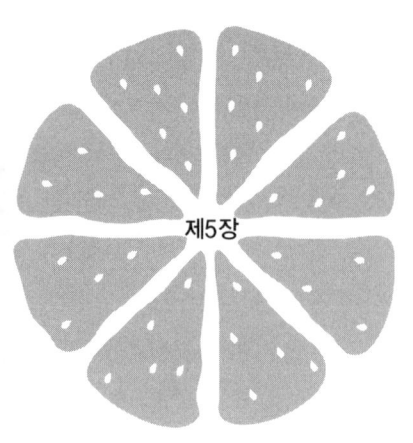

제5장

설교학적인 작업에서
첫 번째 단계

 코미디언 로드네이 댕거필드(Rodney Dangerfield)는 "난 존경받지 못하고 있어"라고 불평함으로써 성공하게 된 케이스이다. 내러티브 설교자들도 같은 말을 한다. 좋은 이야기들은 너무 자연스럽게 잘 어울리고, 탁월한 스토리텔러는 아주 쉽게 그 이야기들을 연결하는 것처럼 보인다. 그러나 사실은 그렇지 않다. 노력해야 한다. 나는 여러 해 동안 이 수업을 듣는 신학교 젊은 학생들을 보면서 심술궂은 즐거움을 누려왔다.

 나는 북미의 가장 좋은 신학교 몇 곳에서 뛰어난 남녀 학생들을 가르칠 수 있는 특권을 누려왔다. 그들은 높은 수준의 평점으로 학교에 입학했지만, 내러티브 문학에 대한 지적인 관심은 그렇게 크지 않았다. 내가 예수님의 비유 중 하나를 오늘날 상황에 맞춰 다시 이야기(retelling)하라는 숙제를 주었을 때, 젊은 지성인들 중 몇몇은 그것을 별로 탐탁지 않게 생각했다. 그들은 "주일학교" 수준의 숙제를 받았다고 생각하면서 교실을 나갔다. 이런 이들을 가르친다는 것이 얼마나 어렵겠는가?

 이러한 태도로 그들은 마감 기한 직전까지 숙제를 하지 않았다. 많은 학생들이 마감 기한 전날 밤이 돼서야 비로소 숙제를 시작하였다. 그러나 다음날 아침 그들의 눈은 충혈되어 있었고 신경질적이 되어 있었다. 그들은 그들이 생각했던 것보다 예수님이 더 현명하셨음을 깨닫게 되었다. 예수님과 같이 역동적으로 이야기하기 쉽지 않았다. 다시 말해, 예수님의 원래 이야기와 같은 요점과 같은 감정적 효과가 있을 수 있는 이야기를 만들어 낸다는 것이 의문시된 것이다. 누구도 효과적인 일인칭 강해 설교를 만들어 내지 못했다.

성경의 이야기와 같은 요점과 감정적 효과가 있을 수 있는 내러티브 설교를 만든다는 것은 우리가 생각하기보다 훨씬 어렵다. 그러나 그것은 가능하다. 여기에 그 방법이 있다.

1단계 | 적당한 본문을 선택하라

자연스럽게 나누어지는 단위의 본문을 선택하라. 내러티브 문학에서 이것은 하나의 전체 이야기를 선택하는 것을 의미한다. 이야기의 한 부분만을 설교하는 것은 불가능하다. 개개의 장면은 의미가 없다. 나머지 이야기와 연결될 때 그 장면은 의미가 있다. 효과적인 내러티브 설교의 발전은 성경에 있는 하나의 이야기 전체를 선택함으로 시작한다.

이 원칙은 당신의 설교 방식에 변화를 요구할 수 있다. 설교자가 하나의 장면만을 설교하거나, 혹은 하나의 이야기를 일곱 개의 설교시리즈로 나누어서 설교하는 것은 흔하다. 그러나 그렇게 하지 말라. 설교자인 당신의 목적은 절정을 향하여 가는 내러티브의 자연스러운 극적 긴장을 설교학적으로 이용하는 것이다. 완성된 이야기를 사용하지 않으면 긴장도 불충분하고, 핵심 아이디어도 없고, 해결책도 없게 된다. 지겹고 평범한 설교가 될 것이다. 하나의 자연스러운 성경 단위, 즉 전체 이야기로 시작하지 않는다면 효과적인 강해 설교는 불가능하다.

이 작업은 신약을 연구할 때 더 어렵다. 복음서에는 성경 가운데 설교학적으로 가장 도전해 볼 만한 내러티브 문학 몇 개가 있다. 구약 내러티브는 장르에서 복음서보다 훨씬 더 일관성이 있다. 복음서는 끊임없이 장르가 이동한다. 즉 복음서는 문학적 스타일의 경이로운 모자이크이다. 이러한 이유로 나는 복음서가 설교하기에 가장 기분을 북돋우면서도 많이 달라고 요구하는 문학임을 알게 되었다. 복음서는 순수한 내러티브가 아니다. 당신이 일인칭 설교를 위해 본문을 택할 때 이 점을 기억하라. 만약 자연스러운 성경 단위를 선택하는 데 실패한다면 능력 있는 일인칭 설교를 만들 수 없다.

그러나 이것은 성경에서 발견한 이야기를 모두 일인칭으로 설교해야 한다는 것을 의미하지는 않는다. 일인칭 설교는 설교자가 활용할 수 있는 많은 설교 형식 중 하나일 뿐이다. 일인칭 설교는 내러티브 문학을 설교하는 데 좋은 방법이다. 그러나 유일한 방법은 아니다. 일인칭 설교의 장점은 감정을 전달하는 능력에서 다른 설교 방식보다 탁월한 데 있다. 주해하고 있는 성경의 내러티브에 극적인 행동들이 많지 않을 때, 다른 설교 방식을 선택해도 좋다.

정신적 쇼크의 사건과 연루된 한 개인의 이야기를 듣는 것보다 더 가슴 뛰게 하는 것은 없다. 인간은 진실한 이야기에 기초한 드라마에 싫증을 느끼지 않는 면이 있다. 그러나 우리는 매일의 삶 속에서 "한 주의 영화"가 될 만한 사건을 경험하지 않는다. 대부분 삶에서 일상적이고 극히 사소한 것들을 경험하며 산다. 또한 쉽게 잊혀진다. 그렇다고 그러한 날이 의미가 없고, 특별히 극적이지 않다는 것을 의미하지는 않는다.

같은 방식으로 성경의 이야기들도, 동일하게 영감으로 쓰인 것이지만, 똑같이 마음을 빼앗는 것은 아니다. 현명한 설교자는 가장 감정이 풍부하면서 행동이 가득 찬 이야기를 선택해 일인칭으로 설교할 것이다. 감정으로 고동치는 성경 이야기와 일인칭 설교의 장점이 함께 조화를 이룰 때 일인칭 설교는 가장 빛을 발한다. 감동적이고 행동으로 가득 찬 이야기는 일인칭 설교에 가장 잘 어울린다.[1] 단지 귀엽거나 날카롭게 그 이야기를 설교하지 말라. 일인칭 설교를 해야 할 가장 중요한 이유는 그것이 진리를 전달하는 데 가장 좋은 방법이기 때문이다.

2단계 | 발견된 내러티브의 "핵심 아이디어"를 분명하게 하라

일반적인 다른 설교와 마찬가지로, 일인칭 설교도 그 단락의 주제와 보충 요소를 분명히 밝힘으로 시작해야 한다. 설교는 단지 '좋은 신학'이 아니라, '좋게 이야기하기(storytelling)'이다. 로버트 맥키는 할리우드 극작가들에게 "더 많은 아이디어를 하나의 이야기 안에서 하나로 묶으려고 노력하면 할수록, 그 이야기는 아이디어들로 인해 더욱더 스스로 붕괴하게 될 것이다. 영화가 아무것도 의미하지 않은 탈선(脫線)된 개념들의 조각들로 붕괴될 때까지 말이다"[2]라고 경고한다.

본문을 아주 명료하게 연구하는 것은 절대적으로 중요하다. 그 단락에서 성경 저자가 원래 청중에게 무엇을 말했는지 정확하게 모른다면 효과적인 일인칭 설교를 작성할 수 없다. 메모지에 주석적 아이디어, 설교학적 아이디어 그리고 설교 아이디어를 기록해서 컴퓨터 스크린 위쪽에 그것을 붙여라. 전달하려는 그 아이디어를 혼란스럽게 하는 어떠한 것도 적지 말라. 내용뿐 아니라 의도도 전달해야 한다는 것을 기억하라!

3단계 | 이야기의 주인공을 발전시켜라

주인공은 이야기의 중심인물이다. 주인공은 이야기의 행동 주체이며 핵심 아이디어의 구체적 표현이다. 주인공을 확인하고 나서야 일인칭 설교의 세부항목을 발전시킬 수 있다. 이것은 놀라운 것 같다. 결국 성경 내러티브의 주인공은 자동으로 설교의 주인공이 되어야 하지 않는가? 반드시 그런 것은 아니다. 설교자로서 당신은 이야기에서 완전히 다른 인물을 선택할 수 있다. 또한 이야기를 이끌어 갈 새로운 등장인물을 창조할 수도 있다.

이 말은 당신을 놀라게 할지도 모른다. 당신은 "나는 성경 본문이 영감되고 모든 면에서 무오 하다고 믿는다"고 하면서 반대할지도 모른다. "이 이야기의 공동저자, 즉 인간 저자와 하나님이 원래 성경에 기록할 때 선택한 방법이 이 이야기를 전하는 가장 좋은 방법이라고 믿는다면, 우리가 누구 관대 그 이야기를 함부로 고칠 수 있겠는가? 이것이 옳은가? 이것이 성경적인가? 성경의 절대성에 관한 우리의 견해는 어떤 방식으로도 성경의 이야기를 바꾸어서는 안 된다는 것을 지지한다. 또한 우리가 원래 이야기를 단순히 '재방송' 하는 것이 하나님과 본문에 가장 신실한 것임을 확신한다. 그렇지 않은가?" 하지만 나는 그렇게 생각하지 않는다. 이유를 설명하겠다.

나는 아브라함이 매우 지적인 사람이었다고 생각한다. 그러나 내가 TV, DVD 플레이어 그리고 혼다(Honda) 발전기를 통해 당신과 나를 아브라함의 시대로 보낼 방법을 찾았다고 가정해 보자. 우리가 아브라함과 만날 때, 우리가 함께 가지고 온 좋은 영화를 보라고 그에게 제안한다. 내가 DVD를 밀어 넣었을 때 영화가 시작된다. 서부영화이다.

시작 장면에 주요 거리가 보인다. 나무로 된 보도와 하얀색 페인트가 벗겨진 판자 건물 양옆에 먼지 쌓인 거리가 있다. 여러 개의 출입문 위에는 "보안관", "호텔", "잡화점", "술집" 등의 표지판이 있다. 술집의 문은 사람들이 들어올 때마다 흔들려서 초목의 먼지가 들어오지 못하게 하는 제 구실을 못한다. 술집 안에서부터 피아노 소리와 위스키 잔이 맞부딪치는 소리가 들린다. 몇몇 사람들이 역마차를 기다리면서 말을 매어 놓은 기둥에 기대어 서서 담배를 피우고 있었다.

수염을 엉망으로 기른 못생긴 남자 바트(Bart)가 술집에서 걸어 나온다. 그는 검은 모자와 조끼를 입고 있다. 입에는 크게 둘둘 만 담배를 씹고 있고, 허리에는 한 쌍의 권총을 차고 있다. 시계탑이 있는 거리로 천천히 걸어 내려가서 돈다. 보안관 사무실에서 댄(Dan)이라는 사람이 나온다. 댄은 깨끗하게 면도를 하고 하얀 모자를 쓰고 가슴에 은색별을 자랑스럽게 달고 있었다. 바트를 향해 거리로 바로 내려가는 그의 허리에 있는 두 개의 권총을 볼 수 있다. 댄은 약 25피트 멀리 바트와 떨어져서 멈춘다. 그들은 자신들의 총을 빼내려고 하는 상대방의 손을 응시하고 있다. 시계는 정오를 가리킨다.

위에서 설명했던 영화를 당신은 이해했을 것이다. 하지만 아브라함은 어떻게 이해할 것인가? 아마 많은 부분 이해하지 못할 것이다. 당신은 무엇을 설명할 것인가? 당신은 DVD를 켜는 전자 기술 외에도 검은색과 하얀색의 차이, 별이 나타내는 것, 총이 무엇인지, 시계가 무엇인지 등등을 아브라함에게 설명해야 한다. 아브라함이 아주 똑똑한데, 왜 그는 그러한 알기 쉬운 영화를 이해하지 못할까? 우리는 그 이야기가 현대문화에서 나왔기 때문에 이해하기 쉽다. 우리의 문화적 전통의 중심 부분이고, 우리와 함께 성장한 가공의 인물들을 기초로 이야기는 만들어졌다. 서부영화를 포함한 모든 내러티브는 청중과 문화적 인식을 공유한다. 최초 청중의 기본적인 지식을 공유하지 못한다면, 당신이 아무리 탁월하다고 할지라도 그 문학을 완전히 이해할 수 없을 것이다.

원래 창작자가 의도했던 방식대로 아브라함이 서부영화를 이해하고 감상하려면 그 영화의 많은 부분이 수정되어야 한다. 우리가 하는 것만큼 아브라함이 이 영화를 이해하고 감상하려면 당신과 나는 어떻게 영화를 수정할 수 있는가? 아브라함이 요구한 추가적인 정보를 전달하려면 우리는 원래의 장면들을 재배열하고 다른 장면들을 추가할 뿐만 아니라 새로운 인물들을 등장시켜야 할 것이다. 아마도 우리는 거리로 걸어가면서 총이 무엇이며 얼마나 위험한지를 이야기 나누는 두 명의 아이들을 볼 수 있을 것이다. 그리고 잡화점에서 식료품을 사는 2-3명의 주부가 별을 단 남자(즉 보안관)가 바트와 같은 나쁜 사람들로부터 마을 사람들을 안전하게 지키는 사람인 것을 이야기하는 것을 보게 될 것이다. 또한 정오가 점점 가까워지는 것을 보고 불안해하는 바텐더를 보게 될 것이다. 왜냐하면 정오는 일이 끝나고 한 사람만이 돌아갈 수 있는 때이기 때문이다.

내가 제안한 변화를 위해서는 원래 감독이 만들었던 영화를 상당히 바꾸어야 한다. 그러나 내가 제안한 대안은 감독의 원래 의도에 손상을 입히지는 않을 것이다. 반대로 영화의 핵심 사상을 바꾸지 않는다면, 그 문화적 배경 밖에 있는 관람자들이 원래 감독의 작품을 더욱 현실감 있게 감상하도록 도와줄 것이다.

아브라함과 같은 고대 청중이 현대 이야기를 완전히 이해하도록 상당한 분량을 수정할 필요가 있다면, 현대 청중을 완전히 이해시키기 위해 아브라함 시대의 고대 이야기는 얼마나 많이 수정되어야 하겠는가? 때때로 변화는 반드시 필요하다. 그것은 우리가 하나님의 말씀을 왜곡시키기 때문이 아니다. 오히려 성경 저자의 원래 의도가 우리의 시대에 새롭게 깨달아지려면 성경 이야기에 역사적이고 문화적인 정보를 적절하게 보강해야 한다. 우리의 목적은 이 내러티브에 대한 과거의 영향력이 오늘날 우리 시대의 청중에게도 그대로 전달되는 것이다.

성경의 이야기들은 성령의 영감 아래서 원래의 청중에게 최대한의 영향을 끼치도록 기록되었다. 성경의 이야기들은 완벽하게 임무를 수행하였지만, 더는 발전하지 않는다. 그러나 이러한 이야기들의 원래 수령인이 오래전에 죽었고, 죽은 사람들에게 설교하지 않는다면, 단순히 이 고대 내러티브를 "재방송"하는 것은 현명하지 않다. 원래 저자의 의도에 충실하도록 우리가 사역하고 있는 특별한 시간과 문화에 맞추어서 전달하려면 우리는 자료를 첨가하고 수정할 필요가 있다. 설교는 이 일을 하는 것이다.

갈라디아서를 가지고 "전통적인" 설교를 할 때, 당신은 단순히 본문, 즉 코이네 헬라어를 읽지 않는다. 본문을 청중이 이해할 수 있는 언어로 번역하는 것 외에도, 아마도 서론과 결론을 더해야 할 것이다. 또한 본문에서 문자적으로 발견되지 않는 "요점들"을 약술해야 할 것이다. 바울이 원래 청중에게 말하지 않았던 몇 가지의 적용도 더해야 한다. 심지어 개인적인 경험에서 나온 한두 개의 예화도 첨가해야 한다.

이처럼 본문에 언급되지 않은 내용을 설교에 첨가하는 것이 본문을 마음대로 요리하는 것인가? 그것이 본문에 충실하지 않은 것인가? 물론 아니다. 성경 본문에 어떤 것을 첨가하는 목적은 단순히 바울이 원래 갈라디아인에게 말하려고 했던 것을 오늘날의 청중에게 말하고자 하기 때문이다. 바울이 전하고자 했던 원래의 목적을 충실하게 전하려고 본문에 언급되지 않은 자료를 더하는 것은 잘못이 아니다. 이것이 바로 설교를 하는 것이다. 이것이 설교를 성경 읽기와 구별하는 것이다.

그런데 이것은 내러티브 설교를 효과적으로 전달하도록 해야 한다. 이것이 바로 일인칭 설교의 주인공이 성경 이야기의 주인공일 수도 있고 아닐 수도 있는 이유이다. 당신은 어떤 종류의 주인공을 가졌는가?

설교에서 주인공을 선택하는 첫 번째 기준은 이야기 속의 행동, 특히 예측하지 못한 반전에 가장 근접하느냐(신체적으로 그리고 감정적으로)이다. 이러한 설교 형태의 주요 특징 중 하나는 극적인 사건을 열정적으로 증언하는 데서의 탁월함이다. 주인공이 이야기의 사건에서 더 멀어질수록, 청중은 이야기에서 감정적으로 더 멀어질 것이다. 전 세계무역센터 사무실 직원이 9·11 테러공격에서 어떻게 살아남았는지를 당신에게 직접 말하는 것은 오스트레일리아의 호주에 멀리 떨어져 살았던 사촌을 통해 듣는 것보다 훨씬 더 흥미롭다. 주인공을 선택함에 첫 번째 원칙은 그 사건과 가까울수록 더 좋다는 것이다. 가능하다면, 스스로 이야기의 주요 인물이 되어라.

예를 들어 나는 사사기 6-7장에서 미디안을 무찌른 기드온의 승리를 설교할 때 직접 기드온이 되었다. 내가 기드온이 됨으로 인해, 나는 청중들에게 이 이야기의 육체적이며 감정적인 모든 요소들을 탁월하게 전해줄 수 있었다. 하나님의 사자가 내게 미디안의 손에서 이스라엘을 구하라고 말씀하셨을 때 내가 얼마나 자격이 없는지를 이야기할 수 있었다. 하나님이 내게 300명을 제외하고 모든 사람을 돌려보내라고 말씀하셨을 때 내가 얼마나 두려웠는지, 그리고 놀랍게도 탁월한 미디안 군대에 승리해서 내가 얼마나 기뻤는지를 이야기할 수 있었다. 기드온은 모든 중요한 사건에 개입하였고, 모든 정보에 비밀스럽게 관여하였고, 이야기의 결과에 대해서도 감정적인 역할을 하였다. 이 이유 때문에 기드온은 아마도 내러티브 주인공으로서 가장 잘 행동한 사람이다.

그러나 당신이 이야기의 주인공이 될 수 없는 때도 있다. 때때로 이야기를 하고자 주인공을 고안해야 한다. 왜 그런가? 예를 들어 보겠다.

우리는 열왕기하 5장에서 감정적이고, 행동으로 가득 찬 이야기를 볼 수 있다. 이것은 일인칭 설교를 위한 경이로운 자료인데, 이 자료에서는 나아만이 주인공이다. 그는 매혹적인 인물로 아람 왕의 군대에서 성공적으로 출세했던 지휘관이다. 그러나 그는 문둥병에 걸렸고 그로 말미암아 고통을 받았다. 치명적인 이 질병에서 자신을 구하려는 필사적인 노력 중 나아만은 이스라엘 노예 소녀의 조언을 듣고 그를 치료할 수 있는 선지자를 찾으러 이스라엘 왕에게 갔다. 그 왕은 나아만을 엘리사의 집으로 인도해 준다.

하지만 놀랍게도 엘리사는 그를 만나러 나오지 않았다! 단지 "요단강에 가서 몸을 일곱 번 씻어라, 그러면 너는 회복되고 깨끗해질 것이다"(왕하 5:10)라고 지시했을 뿐이었다. 이러한 지시는 자존심 강한 지휘관으로서는 순종하기 어려운 것이었다. 그럼에도 그는 하나님의 명령에 순종했다. 강에서 몸을 일곱 번 물에 담그고 났을 때, 그는 완치되었다! 이후 엘리사에게 고마움의 선물을 주려고 했지만 거절당하고 나서 나아만은 이스라엘의 하나님을 영원히 예배하고자 하는 준비된 마음으로 집으로 향했다. 이 얼마나 놀라운 이야기인가?

그렇다면 나는 왜 나아만이라는 인물을 중심으로 이 내러티브를 설교하지 않는가? 그는 완벽해 보인다. 그는 처음에 자신이 얼마나 자만했는지를 그리고 자신이 문둥병임을 알았을 때 얼마나 무서웠는지를 이야기할 수 있다. 그런 후 요단강에서 담그라는 것이 얼마나 굴욕스러운지도, 또한 자신이 치료되었을 때 얼마나 기뻤는지도 계속해서 설명할 수 있다. 그런데 왜 나는 나아만이 되려고 하지 않는가?

그것은 나아만은 이야기의 중심 사건, 즉 예측하지 못한 반전이 일어날 때 그 장소에 있지 않았기 때문이다. 이 이야기는 나아만이 집으로 향할 때 끝나지 않는다. 이어지는 장면에서 게하시는 개인적 탐욕으로 나아만에게 갔다. 게하시는 거짓말로 선물을 가득 얻고 집으로 돌아왔다. 초자연적인 계시로 이미 모든 것을 아는 엘리사는 게하시의 불순종을 꾸짖었다. 이야기는 극적인 아이러니와 함께 끝난다. 게하시는 나아만이 걸렸던 문둥병으로 고통을 받는다. 문둥병은 이방인 군대장관에서 이스라엘 선지자의 종에게로 옮겨갔다. 원인은 불순종이다. 하나님은 혈통적인 문제에 대해서 색맹인 것 같다. 하나님은 단지 자기 명령에 겸손히 순종하느냐의 여부를 보시고 반응하실 뿐이시다. 나아만은 순종했고 치료받았다. 게하시는 불순종했고 고통받았다. 하나님께서 찾으시는 것은 겸손한 순종이다.

내가 나아만을 통해 이 이야기를 할 수 없는 이유는 나아만이 게하시에게 무슨 일이 일어났는지 목격하지 못했기 때문이다. 그는 이야기의 놀라운 반전을 놓치게 된다! 그래서 나는 이야기를 할 주인공으로 게하시를 선택하는 것도 가능하다. 왜냐하면 최소한 그는 놀라운 반전 때 그 자리에 있었기 때문이다. 그러나 그는 나아만의 삶의 초기 사건은 설명할 수 없다. 일인칭으로 이 이야기를 설교하려면 나는 내러티브의 끝과 시작에 모두 다 관련된 인물을 인격화할 필요가 있었다. 그러나 누구를 주인공으로 할 것인가? 성경 이야기에서 이 기준을 충족시키는 내러티브 속의 인물은 없다. 그래서 나는 새로운 등장인물을 창조해야 한다.

내가 이 내러티브를 설교할 때 고안한 등장인물은 나아만의 갑옷을 들고 다니는 사람이었다. 그 인물은 많은 이유로 가능하다고 여겨진다. 나아만 정도의 지위를 가진 지휘관에게 그러한 사람이 있었던 것은 분명하다. 갑옷을 들고 다니는 사람은 아주 믿음직하고 신뢰할 만한 사람으로 모든 전쟁 동안 나아만을 수행하고, 또한 나아만의 개인적 생활도 잘 알고 있던 인물이다. 갑옷을 들고 수행하는 사람의 명성은 자신의 상관의 명성과 일치되기에, 이 가상의 인물은 전체 이야기에서 나아만과 같은 심정으로 여행했을 것이다.

그러나 갑옷 나르는 사람이 앞에서 언급했던 예측하지 못한 반전에 어떻게 연관되는가? 성경 본문을 보면 나아만이 게하시에게 선물을 주었는데, 이 선물은 너무 중요했기 때문에 선지자의 종이 혼자서 옮기지 않고 누군가의 도움을 받아서 집으로 운반했을 가능성이 있다. 일인칭 설교에서 나는 나아만이 자신의 충성스러운 갑옷 나르는 사람에게 게하시에게 준 선물을 집까지 잘 운반하도록 돕게 했다. 그리고 엘리사와 게하시가 충돌하는 것과 게하시가 문둥병 걸리는 장면도 목격하게 했다. 이야기 끝에서 갑옷 나르는 사람은 나아만을 따라가려고 서두르면서 자신이 배웠던 교훈을 생각한다. "이스라엘의 하나님은 내가 들었던 다른 신들과는 다르구나. 그는 전능하시며 다른 모든 것보다 겸손히 순종하는 것을 귀하게 여기시는구나!"

당신은 현명하게 내러티브의 핵심 아이디어를 명백하게 전달할 잠재력을 가진 주인공을 선택하거나 고안해야 한다. 그것으로 당신은 성경 진리를 명료하게 제시할 수 있게 된다.

1) 주의할 사항들

※ 만약 당신 자신이 항상 등장인물을 고안하고자 하면, 매번 비슷한 인물을 고안하지 않도록 주의하라. 나는 내가 만든 등장인물의 모습을 항상 새롭게 창조하려고 한다. 그리고 가능하다면 성경 내러티브의 등장인물 중 한 명을 사용하라. 이것은 신뢰감을 줄 수 있을 뿐 아니라 당신이 다양한 인물들을 이야기의 주인공으로 사용할 수 있도록 도와줄 것이다. 그렇게 할 수 없다면 새로운 인물을 고안하라. 그러나 어떤 반복적인 틀에 빠지지 않도록 주의하라.

※ 때때로 적대자의 삶을 통해 진술하는 신선한 방법으로 본문의 메시지를 전할 수 있다. 예를 들어 그리스도의 부활이야기를 요한복음 18장에서 예수님을 체포하려고 병사들을 데리고 간 로마 사령관의 관점으로 말할 수 있다. "나는 이 상황을 통제하고자 질서를 존중한다…그러나 누가 이와 같은 사람을 다스릴 수 있는가? 나는 이 사건에 잘 어울리는 유능한 군사 전문가이다. 하지만 이번 주에 일어난 사건을 해결할 사람이 아무도 없다. 어떠한 사람도 예수를 다스릴 수 없기 때문이다. 그는 분명히 인간 이상이셨다. 그는 하나님이시다. 그리고 그는 우리의 재판권을 넘어서 계신다."[3]

※ 크리스마스와 부활절에 일인칭 설교를 해라. 매년 다른 인물의 눈을 통해 잘 알려진 이야기를 전달함으로써, 청중은 오래되고 진부한 이야기를 신선하고 새로운 방식으로 들을 수 있게 된다.

※ 교훈을 주는 데 있어 부적절한 인물을 선택하지 말라. 반대 성(性)을 가진 등장인물을 묘사하지 말라. 동물이 되려고 하지 말라(어떤 사람도 마리아를 베들레헴으로 운반한 나귀로부터 이야기 듣기를 원치 않는다!). 뿐만 아니라 생명이 없는 사물이 되려고도 하지 말라(아브라함이 이삭을 바칠 때 제단을 만들고자 사용했던 돌들 가운데 하나가 되지 말라.). 이와 같은 선택은 우리의 사역

뿐만 아니라 강단을 가치 없게 만들 수 있다.

일단 가장 가능성 있는 등장인물을 주인공으로 선택하면, 주인공에게 확실하고 결정적으로 구분되는 특징을 주어야 한다. 중요한 자랑거리 혹은 비극적인 결점 등이 주인공의 특징이 될 수 있는데, 그것은 항상 성경 본문의 주해에 근거가 되어야 한다. 예를 들어 이기적인 야망(유다), 하나님을 향한 사랑보다 가족을 더 사랑함(엘리), 딸에 대한 아버지의 지고지순한 사랑(야이로) 등이 결정적인 특징이 될 수 있다. 이러한 주인공의 중심적인 특징이 반드시 원래 내러티브를 드러내고 반영해야 한다.

확실히 구분되는 결정적인 특징은 주인공의 등뼈와도 같다. 그것은 이야기가 진행되는 과정에서 주인공이 왜 그러한 선택을 했는지를 설명할 수 있게 한다. 그것은 또한 이야기에 일관성을 주며 이야기의 의도를 전달하게 한다. 그래서 주인공을 결정하고 그의 결정적인 특징을 인식한 후에, 당신은 등장인물의 개성을 개발하고 풍부하게 해야 한다.

주인공을 개발하는 데 시간과 에너지를 투자하는 것은 중요하다. 이것은 일인칭 설교를 할 마음의 준비가 되었을 때 중요한 것이다. 주인공을 개발하는 과정에서, 당신은 주인공을 단지 구체화하지 않는 존재 또는 걸어 다니는 신학적 교훈 이상으로 보기 시작하게 될 것이다. 당신은 주인공의 엄마, 배우자, 가장 친한 친구가 주인공을 알았던 수준으로 당신 자신이 주인공을 아는 것을 목표로 해야 한다. 당신은 등장인물을 우리 주변에서 쉽게 볼 수 있는 진짜 살과 피를 가진 사람으로 드러내야 한다. 이와 같은 과정을 절대 소홀히 하지 말라. 이것은 효과적인 일인칭 설교에 중요하다. 왜냐하면 메시지에서 주인공이 구체화되고 실제가 되는 것이 바로 이것에 달렸기 때문이다. 등장인물이 당신에게서 구체화하지 않고 실제적이 되지 않으면 당신의 메시지를 듣는 사람들에게도 구체화하지 않고 또한 실제적인 인물이 될 수 없다. 그렇다면 당신은 가짜 설교를 할 것이다.

여기에 등장인물을 개발하기 위해 명심해야 할 요소들이 있다.

배경
- 이야기에서 등장인물이 성장한 곳과 현재 사는 곳을 발견하라. 그들의 탄생한 장소는 이야기와 어떤 관련이 있는가? 그들은 도시나 시골 중에서 어느 곳이 더 편한가? 그들의 어린 시절을 형성하는 데 영향을 준 것은 있는가?
- 그들의 특별한 기술이 무엇인가? 어떻게 그러한 능력을 얻었는가? 어떻게 그것을 사용하는가?
- 그들의 사회적 지위는 어떠한가? 상류층인가, 하류층인가? 부유한가, 가난한가? 그들의 사회경제 지위가 삶에 어떻게 영향을 주는가? 또는 그들이 이웃과 어떻게 구별되는가? 그들은 공식적이고 비공식적인 교육을 얼마나 받았는가?
- 그들의 가족 구성원은 어떠한가? 부모 중 한 분이 돌아가셨는가? 그들이 가족, 부모님과 친밀한가? 그들은 집에서 양육되었는가? 아니라면, 왠가?
- 그들이 삶에서 극심한 좌절을 경험한 적이 있는가? 이것은 그들의 삶에 어떠한 영향을 주었는가?

신체적 특징
- 그들의 인종, 나이, 신체적 강점, 차, 전반적인 건강, 옷 그리고 언어를 당신은 어떻게 설명할 것인가? 그들의 신체에서 특이한 부분이 있는가? 혹은 어떤 신체적 병이나 결점으로 고통받는가? 그들은 특히 잘생겼는가?

정신적 특징
- 그들에게 타고난 지적인 능력이 있는가? 그들에게 학습 능력이 있는가? 특히 창의적이거나 혁신적인가?

☒ 감정적 특징

- ☞ 주인공의 성격을 묘사하는 데 어떤 형용사가 가장 적합한가? 성급한가? 신중한가? 단호한가? 급한가? 불같은가? 온건한가? 열정적인가?
- ☞ 깊게 느끼는 능력을 갖추고 있는가?
- ☞ 변화에 잘 대응 하는가 아니면 쉽게 압도당하는가?

☒ 영적/ 도덕적 특징

- ☞ 그들이 영적 여정 가운데 어느 정도에 있는가? 하나님과의 그들의 관계를 어떻게 특징지을 것인가? 그들은 하나님과 연인인가, 낯선 사람인가, 의미 있는 관계인가?
- ☞ 이야기가 시작될 때 그들은 자신의 공동체에서 영적 지도자로서 역할을 감당하고 있는가? 그들의 동료가 이야기 마지막에서도 그들을 그러한 사람으로 생각하는가?
- ☞ 주인공은 윤리적 기준을 엄격하게 하려는 의지가 있는가? 왜 그런가, 아니면 왜 그렇지 않은가?
- ☞ 왜 그들은 화를 내는가?
- ☞ 그들이 파티를 여는 이유는 무엇인가?

주인공을 이해하려면 당신이 했던 모든 연구에서 가장 중요한 특징이 무엇인지 확인할 수 있는 여유를 가져라.

☒ 중요한 특징들

- ☞ 빈 종이 한 장을 꺼내어 맨 위에 주인공의 이름을 적어라. 당신이 확인한 모든 특징 중에서 왼쪽에 가장 중요한 5가지를 나열하라. 반대편에 왜 이 특징이 중요한지 적어라. 이러한 특징들을 전개하는 것이 왜 중요한지 설명하라.

주인공을 이해하는 것은 중요한 일이다. 깊게 생각하고 넓게 연구하고 상당한 시간을 투자하여 달라고 요구한다. 또한 인물 연구의 마지막 과정 즈음에 인물에 대해서 한 편의 설교에서 사용할 수 있는 것보다 더 많은 정보를 발견했다는 것을 알게 될 때 실망할 수도 있다. 그러나 괜찮다. 주인공에 대한 자료가 많으면 많을수록 왜 더 좋은지에 대하여 두 가지 이유가 있다.

첫 번째 이유는 전문적인 초상화 화가가 어떤 그림을 그리려면 실제로 필요한 것보다 더 많은 물감을 준비해야 하는 것처럼, 주제를 묘사하려면 필요한 것보다 그 주제에 대한 더 많은 재료를 가져야 하는 것도 당연하다. 훌륭한 화가는 작업하려고 앉았을 때 자신의 팔레트에 풍부한 색깔들을 가지고 있다. 그러나 그들은 캔버스에 임의대로 그림을 그리지 않는다. 대신 가장 적절한 위치에 가장 적절한 색깔만을 선택하여 캔버스에 칠한다. 작품을 마쳤을 때 예술가가 남겨둔 물감에 신경 쓰는 것을 본 적이 없다. 예술가의 목적은 색깔을 다 사용하는 것이 아니라, 오히려 가능한 한 효과적으로 주제를 가장 생명력 있게 표현하도록 자신의 임의대로 색깔을 사용하는 것이다. 예술가들은 완벽하게 주제를 묘사한 그림을 원한다. 우리의 목적도 마찬가지이다. 우리가 일인칭 설교를 쓰기 시작할 때, 팔레트에 이용할 수 있는 색깔이 가득 채워서 시작해야 한다.

주인공에 대한 개성을 광범위하게 개발하는 두 번째 이유는 그것이 주인공을 더욱 온전하게 이해하도록 도와주기 때문이다. 자료를 더 상세하게 모을수록 더 깊게 주인공의 마음을 볼 수 있다. 또한 주인공을 전체적으로 더욱 온전하게 이해할 때, 주인공이 어떤 일을 하도록 하는 동기도 제대로 파악할 수 있다. 주인공이 어떤 일을 하는 동기를 이해하는 것은 온전하고 신뢰할 만하게 주인공을 개발하는 데 중요하다.

청중은 주인공이 성경의 내러티브에서 어려운 여행을 왜 기꺼이 하려고 하는지 이해해야 한다. 반대가 계속 늘어나고 계속 고통을 경험하는데도 주인공이 목적을 향해 나아가도록 추진하는 것이 무엇인가? 왜 그들은 기꺼이 이 고통을 인내하려고 하는가? 왜 그들의 목표가 그렇게 중요한가? 그들이 채우고자 하는 필요는 무엇인가?

이 질문에 대한 대답은 주인공의 핵심적인 가치관과 신념을 드러낼 것이다. 주인공이 어떤 일을 하게 되는 기본적인 동기가 당신의 의식 표면에 떠오르기 시작할 때 분명히 기록하라. 왜냐하면 기록은 생각을 명확하게 하기 때문이다. 당신은 주인공이 어떤 일을 하게 되는 동기에 대해 분명하게 이해할 수 있어야 한다. 기본적인 동기를 이해하고 있다고 확신할 때, 스스로 "내 청중과 이 인물의 접촉점이 있는가?"를 질문함으로써 부가적인 조치를 취하라.

2) 개인적 동일시

낯선 사람이 한 이야기가 흥미로울 수는 있으나, 우리가 관심 둔 사람들이 한 진실한 이야기는 훨씬 더 사람을 끄는 매력이 있다. 흥미를 돋우는 내러티브 설교의 특징은 청중이 진정으로 관심을 두는 주인공이 내러티브 안에 존재한다는 것이다. 청중은 자신들과 감정적 유대감이 있는 주인공이 등장하는 이야기에 깊은 관심을 보인다.

유대감은 청중이 주인공을 좋아할 때 가장 쉽게 형성된다. 우리는 우리와 비슷한 사람들과 친구가 된다. 또한 우리의 가치와 우선순위를 공유한 사람들과 친구를 맺는다. 그들이 울고 웃을 때 우리도 비슷한 이유로 울고 웃는다. 청중이 저녁식사에 초대하고 싶어 할 정도로 친밀한 느낌을 주는 주인공이라면, 감정적으로 그들과 연결되는 것이 비교적 쉽다. 그러나 유사성이 강력한 힘을 가지고 있기는 하지만 그것이 감정적 유대감의 가장 본질적인 요소는 아니다. 다시 말해, 우리가 친구로 원하지 않는 사람들에게 관심 두는 것도 가능하다.

감정적 유대감을 형성시키는 가장 중요하고 결정적 요소는 동일시(identification)이다. 청중이 주인공과 완전히 닮지는 않았을지라도, 청중은 주인공에게서 자기 자신의 몇 가지 부분을 보기 원한다. 피상적으로 보면 청중과 주인공 사이에 유사성이 거의 발견되지 않는 경우라고 할지라도, 청중은 어느 정도라도 일체감을 느낄 수 있다. 30살의 부모와 80살의 홀아비가 감정적 유대감을 형성하는 것이 가능하다. 동일화가 요구하는 것은 성격의 유사함이다. 청중은 주인공이 어떤 일을 행하지 않을 수 없었던 핵심적인 동기와 관련하여 유대감을 형성하기를 원한다. 청중은 자신이 주인공의 행동에는 동의하지 않을지라도, "나도 충분히 공감해! 나도 비슷한 방식으로 그 상황에 반응할 것 같아"라고 말한다. 이것은 당신이 생각하기만큼 어렵지 않다. 왜냐하면 인간이 스스로 합리화할 수 없는 어떤 범죄도 존재하지 않기 때문이다.

- 은행 강도도 자신이 보래 일하던 회사에서 자신이 하던 일을 빼앗겨 더 이상 하지 못하고 직장에서 퇴출당한 것과, 자신의 아내가 비싼 암 치료를 해야만 되는 상황을 설명함으로써 자신의 행동을 정당화하려고 한다. 우리는 그의 도둑질에는 동의하지 않으나, 그와 같은 일이 우리에게 일어난다면 얼마나 절망스러울지 느낄 수 있다. 그때 은행 강도가 "절망의 시간이 절망적인 방법으로 이끈다"라고 말한다. 우리는 그가 한 강도짓을 하지 않았을지라도, 그의 처지를 이해하며 그의 고통을 공감한다.
- 한 여인이 자신의 남편이 오랫동안 외도를 하게 된 것을 알게 된 후 자신도 정부(情夫)를 만든다. 우리는 그녀의 죄를 용서하지는 않는다. 그러나 그녀가 남편의 외도를 알았을 때 얼마나 절망적인 상처를 받았을지, 그리고 고통으로 말미암은 정신적 혼란 속에서 자신을 아프게 했던 남편을 그녀가 얼마나 비난했을지 이해할 수 있다. 그녀의 행동은 분명히 죄다. 그래서 우리는 그것을 용서하지 않는다. 그러나 그녀가 왜 그러한 일을

했는지 이해할 수는 있다. 우리 중 몇몇은 그녀의 동기에 대해 공감하고 그녀를 측은하게 생각하기도 한다.

청중이 주인공의 행동을 넘어 행동 뒤에 있는 동기에도 공감하도록 도와라. 당신은 청중들에게 주인공이 내세우는 이유에 대해서 용서하라고 하는 것이 아니라 이해할 수 있도록 청중을 도와야 한다. 다른 사람들이 주인공과 감정적으로 연결되도록 돕도록 주인공과 같은 감정적 삶에 몰입할 필요가 있다.

완전히 등장인물을 이해하려면 당신 자신과 주인공 사이에 접촉점을 찾아야 한다. 당신은 등장인물과 어떻게 유사한가? 당신이 비슷한 상황에 직면하여 비슷하게 선택했을 때를 기억할 수 있는가? 삶의 잊혀진 골방 안에서 등장인물이 겪은 것과 비슷한 경우를 샅샅이 찾아라. 만약 당신이 스스로 정직하다고 자신을 알고 있다면, 비록 그것이 씨앗 형태로 있을지라도, 주인공의 삶을 특징짓는 선과 악이 당신 삶에도 있었음을 곧 발견할 것이다. 삼손의 예를 보자.

사사기에서 삼손은 매우 세속적인 사람임을 우리는 알 수 있다. 분명한 하나님의 명령임에도 삼손은 성적 욕망으로 말미암아 나실인의 맹세에 불순종한다. 그렇게 마지막 맹세를 어겼을 때 그는 하나님이 이스라엘을 블레셋에게서 구원하라고 그에게 말했던 것을 행할 수 있는 놀라운 힘과 능력을 상실했다. 죄를 택한 삼손의 결정으로 말미암아 그의 사역의 능력은 감소했다.

이 내러티브를 효과적으로 설교하려면, 당신은 개인적으로 그와 동일시해야 한다. 당신이 죄로 말미암아 사역을 망치지 않았을지라도(절대 그러한 일이 일어나지 않기를 바란다!), 나는 당신의 삶에서 죄의 열망이 너무 강해 하나님 나라의 중요성이 희미해지는 것을 경험했던 때가 있었을 것이라고 확신한다. 아마 어떤 순간에는 교구의 성도가 성적으로 유혹하기도 했을 것이다. 혹은 개인적인 물질 문제로 압박을 받던 시기에 교회사무실에서 상당한 돈이 들어 있는 가방을 보고 마음이 유혹당한 때도 있었을 것이다. 과연 당신은 그 순간에 유혹당하는가? 만일 당신이 그 유혹에 굴복했다면 어떠한 일이 벌어졌을까? 그 결과는 어떠했겠는가? 당신의 사역은 그 일로 인해 얼마나 영향을 받겠는가? 삼손에게 했던 것처럼, 하나님의 적이 당신과 당신의 죄를 공적인 놀림거리로 만들었다면 당신은 어떻게 느꼈을까? 위대한 일을 위해 당신을 선택한 하나님을 불명예스럽게 하지는 않았을까? 하나님의 사람들을 실망시키지는 않았을까? 무엇 때문인가? 기쁨의 순간을 위해서인가? 그 기쁨이 고통을 받을 만한 가치가 있는가? 물론 아니다! 당신이 시간을 되돌릴 수 있다면, 당신은 중심으로 후회할 것이다. 그러나 이미 행해진 것은 어찌할 수 없는 일이다.

삼손의 삶에서 비극으로 이끈 죄의 씨앗이 내 마음속에 있다. 우리는 정도는 다르다고 할지라도 비슷한 부분이 많다. 주인공과 동일시함으로써 나는 또한 사람들이 주인공과 감정적인 유대를 형성할 수 있도록 도울 수 있게 되었다. 그들은 삼손에 관심을 두기 시작하고 직관적으로 삼손의 삶의 교훈을 자신의 삶에 적용될 수 있음을 알았다. 감정적으로 맞물리는 것은 효과적인 내러티브 설교를 위해서 참으로 중요하다.

4단계 | 적대자를 만들어라

주인공의 이야기가 청중의 상상력을 사로잡으려면, 그 주인공은 중요한 장애물들과 맞설 필요가 있다. 이 장애물들은 보통 한 개인으로 인격화된다. 적대자는 직접적으로 주인공의 목적에 대항한다. 그들의 목적은 주인공을 멈추게 하고 방해하는 것이다. 흥미 있는 이야기에서는 대개 이야기의 끝 부분까지 마치 그들이 성공한 것처럼 보인다.

좋은 적대자는 훌륭한 이야기의 중요한 요소이다. 적대자를 효과적으로 만드는 것은 무엇인가?

- 효과적인 적대자는 주인공보다 더 강력하다. 사울은 다윗보다 훨씬 더 풍부한 자원을 가졌다. 골리앗은 신체적으로 다윗보다 훨씬 뛰어났다. 모세가 바로에게 이스라엘을 보내달라고 했을 때 그는 여러 면에서 미숙했다. 주인공이 더 강하다면 이야기는 진행될 수 없다. 그 경우 주인공은 별로 어렵지 않은 목적을 이루려고 적대자를 피해서 갈 뿐이다. 따라서 훌륭한 주인공은 반드시 훌륭한 적대자를 필요로 한다. 적대자의 반대는 주인공이 의미 있는 승리를 향해 나아가고 성취가 되도록 해준다. 주인공의 능력은 적대자의 능력이 강한 만큼 강해진다.

- 효과적인 적대자는 사람들이다. 적대자들은 단지 맹목적이고 비이성적인 증오와 분노의 발동 자가 아니다. 그들은 분별력이 있고 이성적인 목표와 자신의 일에 대한 분명한 동기가 있다. 오늘날 효과적인 적대자의 좋은 예는 다쓰 배이더(Darth Vader)이다. 스타워즈(Star Wars) 시리즈를 통틀어 다쓰 배이더는 의심의 여지없이 사악하다. 그러나 다쓰 배이더가 항상 사악하지는 않음을 우리는 알 수 있다. 그는 선량한 마음을 가진 재능 있는 젊은이로 출발했다. 그가 아주 사악해진 것은 자신의 엄마가 살해되고 일련의 불법적인 사건들의 피해자가 된 후였다. 청중은 다쓰 배이더의 사악한 행동이 그의 어린 시절 고통에서 비롯되었음을 알게 된다. 어른은 과거 어린 시절로 말미암아 존재하게 된다. 훌륭한 이야기 작가는 주인공과 적대자를 개발할 때 이것을 인식하고 이용한다.

- 효과적인 적대자는 주인공을 위해 만들어진다. 나쁜 아이의 강점은 착한 아이의 약점이다. 그 반대도 마찬가지다. 다윗과 사울의 상호관계에서 이러한 예가 나타난다.

> **샤일록**
> 가장 훌륭한 적대자 중 하나는 셰익스피어의 『베니스의 상인』에 나오는 샤일록이다. 그는 고리대금업자로 수금되지 않은 돈의 대가로 한 파운드의 살아 있는 살을 강제로 요구했다. 그는 확실히 사악했다. 그러나 셰익스피어는 그에게 인간미를 부여해야 한다고 생각했다. 이것을 위해 셰익스피어는 샤일록을 아주 보복적인 사람으로 만들었던 잘못된 일들을 드러냈고, 그래서 그의 고뇌를 표현할 수 있는 독백을 하게 했다.
>
> 유대인은 눈이 없소?
> 찔러도 피 한 방울 나오지 않는단 말이오?
> 독약을 먹어도 안 죽는답디까?
> 부당한 짓을 당했다면, 복수도 하지 못합니까?
> 　　　　　　　　　　『베니스의 상인』 중에서
>
> 그래서 우리는 샤일록을 싫어하는 것만큼, 그에 대해 동정심을 느끼지 않을 수 없다. 좋은 적대자는 3차원적이어야 한다. 적대자들도 분명히 인간적인 감정과 느낌이 있다. 그들이 너무 악하여서 전혀 인간미가 없거나 도무지 진실할 수 없는 자인 것처럼 만들지 말라.

♠ 다윗과 사울

사무엘상 23장에서 적대자 사울은 임의대로 모든 권력을 동원해 다윗을 추적하여 죽이려고 한다. 그러나 사무엘상 24장에서 독자는 동굴 안에서 사울이 쉬고 있을 때 무방비 상태인 사울을 죽이지 않는 주인공 다윗을 목격하게 된다.

마찬가지로 사무엘상 전체를 통하여 사울은 자신의 왕위의 경쟁자들(특히 다윗)을 제거하는 데 사로잡혀 있다. 사무엘하 9장은 정말 흥미롭다. 다윗은 "사울의 집에 오히려 남은 사람이 있느냐 내가 요나단을 인하여 그 사람에게 은총을 베풀리라"고 말한다. 사울이 잔인하고 이기적인 만큼 다윗은 친절하고 관대한 자신을 보여준다. 성경 내레이터는 주인공과 적대자로서 다윗과 사울을 대비시키는 데 열심이다. 적대자의 장점들이 주인공의 약점들이다.

출산하기는 절대 쉽지 않은 일이지만, 해산의 수고가 끝났을 때 내가 만난 모든 엄마들은 세상에 나온 자신의 아기를 안는 기쁨이 산고의 대가를 치를 만한 가치가 있는 것이라고 고백한다. 당신도 아마 같은 말을 할 것이다. 가치 있는 주인공과 적대자를 고안해 내는 고통스러운 과정을 잘 견디어 낸다면, 내러티브의 핵심 아이디어를 의미 있게 전달할 수 있는 놀라운 인물을 만들어 낼 수 있을 것이다. 당신의 고통의 산물들은 하나님의 말씀을 통해 청중들의 삶을 감동시킬 것이다. 그들을 세상으로 나오게 하는 고통 때문에 위축되지 말라. 오히려 그들로 말미암은 축복을 기대하라.

Notes

1) 일인칭 설교가 적절하지 않을 때, 8장에 제시된 추가적인 설교 방법 중 일부를 고려할 수 있다.
2) Robert Mckee, *Story* (New York: Regan, 1997), 115.
3) 이와 관련하여 Shawn Wicks의 도움을 얻었다.

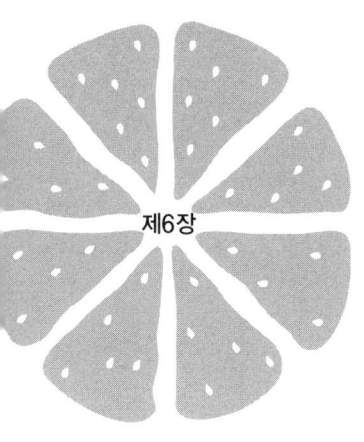

제6장

설교 마무리하기

나는 오랫동안 애니메이션에 매혹되었다. 디즈니 예술가가 펜으로 인물을 고안해 낼 뿐만 아니라 펜의 능력으로 그 인물에 생명을 불어넣는 것을 볼 때 나는 놀라지 않을 수 없었다. 백설공주(Snow White)는 단지 그림이 아니었다. 그녀는 우아한 숙녀가 되어 새처럼 노래하고 놀랄 만한 모험을 시작한다. 당신의 펜도 디즈니 애니메이션 작가와 같은 능력을 갖추고 있다. 당신은 성경 본문의 핵심 아이디어를 보여주려고 등장인물을 고안하였고, 그들에게 집도 주고, 웅대한 신앙의 여정을 시작하게 하였다.

5단계 | 이야기를 설정하라

당신이 자랐던 동네에 대해 얼마나 잘 아는가? 나는 꽤 잘 안다. 당신은 당신이 자랐던 동네의 지름길도 알고, 어디가 언제 안전하며, 어두워진 후에는 가지 말아야 할 곳 등에 대해서도 안다. 당신은 죄를 찾으려면 어디로 가야 하는지, 그리고 죄를 피할 수 있는 가장 좋은 방법이 무엇인지 알고 있다. 당신은 어느 개가 짖고 어떤 계단이 삐걱 소리를 내는지도 알고 있다. 당신은 그 동네에서 발생한 획기적인 사건의 감정적인 의미뿐만 아나라 역사도 알고 있다. 고향도 알고 있다. 고향은 오래된 청바지처럼 편안한 곳이다. 그것은 당신의 집이다.

당신은 주인공의 집에 대해서 잘 알고 있어야 한다. 주인공의 이야기를 할 때 당신은 그들의 삶을 인계받았다. 당신은 그들의 잔디밭에서 살기 시작한다. 당신의 목적은 그들만큼 잘 아는 것이다. 물론 당신이 여행 지도를 가지고 그 마을로 들어갈 수 없고, 정보를 알려주는 곳에 들어가서 질문도 할 수 없고, 그 마을에서 자란 사람만큼 그 마을을 잘 아는 것처럼 꾸밀 수도 없다.

성경의 이야기를 잘 전하려면 그 이야기의 배경이 되는 장소를 알아야만 한다. 만약 당신이 모른다면, 주일학교 때 주입된 이미지로 돌아가지 않을 수 없다. 그 마을은 어린이 성경 뒤쪽에 있는 사진처럼 보일 것이고, 이야기는 진부하게 진행될 것이다. 일인칭 설교가 진부하게 느껴지면, 그것은 설교자가 이야기의 배경을 적절하게 이해하지 못했기 때문이다. 내러티브가 진부하다면 그 이유는 분명하다. 작가가 이야기의 세계를 모르기 때문이다.

1) 시대, 기간, 위치

시대(Period)는 이야기의 시간적 위치이다. 이것은 내러티브가 전개되는 시기에 세상에서 무슨 일이 일어나고 있는지 아는 것이다. 당신은 지방 신문의 머리기사들이 무엇인지 알 때 이야기의 시대를 이해하게 된다. 무엇이 점심 때 사람들의 화두가 되는가! 취침시간에 아이들을 놀라게 하는 것이 무엇인가! 시대는 또한 당시의 생활방식과 관습을 포함한다. 그 시대 사람들은 어떻게 먹었는가? 어떻게 결혼하고 이혼했는가?

기간(Duration)은 등장인물의 삶 속에서 이야기가 진행되는 시간의 길이다. 이야기가 진행되는 데 십 년이 걸렸는가? 몇 년인가? 몇 달인가? 며칠인가? 몇 시간인가?

위치(Location)는 이야기의 자연적인 특징과 관련된다. 이야기의 지리적 특징은 무엇인가? 그것은 어떻게 생겼는가? 평평한 사막인가 혹은 높은 산이 있는 시골인가? 땅의 자연적 특징은 이야기에 영향을 주는가? 이 지역에 숨겨진 강도가 있는가? 혹은 이곳은 물리적으로 안전한가? 내러티브에서 언급된 장소는 얼마나 멀리 떨어져 있는가? 어떤 마을에서 이야기가 발생했는가? 어느 거리인가? 어느 건물인가? 어느 방인가?

나는 이야기가 발생한 장소의 사진들을 찾으라고 권면한다. 나는 오랫동안 그림이 있는 백과사전들과 일반 사전들을 사용했고 또한 추천한다. 지도들과 그림들의 특징을 설명하는 책과 고고학적인 설명이 있는 문헌들도 역시 도움이 된다. 이야기가 발생한 장소를 알게 될 때 그것을 다른 사람들에게 잘 설명할 수 있을 것이다. 이것이 당신에게 분명하면, 청중에게도 생생하게 전달된다.

당신에게 이야기의 문화와 관습에 대해 통찰력을 제공해 주는 자료는 그것의 무게만 한 백금(百金)의 가치가 있다. 그것들을 찾게 되면 사라. 나는 다음의 특별히 유용한 다음의 자료들을 소유하고 있다.

J. D. Douglas. *The Illustrated Bible Dictionary*. 3volumes. Leicester: InterVarsity Press, 1998

Roland De Vaux. *Ancient Israel: Its Life and Institutions*. Grand Rapids: Eerdmans, 1997.

Philip J. King and Lawrence E. Stager. *Life in Biblical Israel*. Louisville: Westminster John Knox, 2001.

Merrill C. Tenney. *The Zondervan Encyclopedia of the Bible*. 5volumes. Grand Rapids: Zondervan, 1977.

J. A. Thompson. *Handbook of Life in Bible Times*. Downers Grove,

Ⅲ.: InterVarsity Press, 1986.

그러나 이러한 어려운 연구가 끝난 후 거룩한 상상력을 활용할 것을 추천한다. 당신이 모은 어려운 자료를 이용하면서 스스로 질문하라. "시간마다, 날마다 등장인물의 삶 속에서 사는 것은 어떤 것일까?" 몇 장의 종이를 꺼내어 생생하고 자세하게 등장인물이 살았을 삶, 즉 일하고 쇼핑하고 여행하고 휴식하고 예배드리고 등등을 상상하며 기록하라. 당신이 주인공을 연구하여 얻은 다양한 요소들을 하나의 일관성이 있는 그림으로 결합시키는 창의력을 발휘하라. 훌륭한 상상력은 훌륭한 성경 해석과 전달에 아주 중요한 요소이다.

6단계 | 행동의 줄거리를 짜라

이야기는 삶 속에 포장된 아이디어이며, 인간에게 옷 입혀진 개념이다. 이야기는 극적인 절정에서의 행동과 타오르는 감정을 통해 의미를 표현한다. 또한 이야기는 진실의 창의적인 표현이요, 아이디어의 살아 있는 증거이다.

이야기를 계획할 때, 절정 부분에 당신의 생각을 놓고 시작하라. 빈 종이 위에 큰 원을 그려라. 이것이 모노 가상 사이클(mono-mythic cycle)이다. 원의 맨 아래에 이야기의 절정을 나타내는 표시를 해라. 이것이 당신의 목표이다. 줄거리에서 놀라운 반전, 즉 "아하!" 하는 순간이다. 이곳은 주제의 보충 요소가 보일 수 있는 곳이다. 이 순간이 내러티브의 핵심 아이디어가 마침내 드러나는 때이다.

줄거리의 목적은 절정에 포함된 아이디어를 확대하는 것이다. 훌륭한 줄거리는 청중의 마음과 생각에서 그 아이디어가 폭발하도록 도와준다.

우리는 그것을 들을 수 있도록 해주어야 한다. 우리는 그것을 알아차리고 고려해야 한다. 좋은 줄거리는 아이디어에 왕관을 씌운다. 모든 것이 중심 개념에 종속한다. 청중의 관심이 아이디어에 쏠리도록 무엇이든지 이용해야 한다. 아이디어의 전달에 도움이 안 되는 것은 무엇이든지 제거해야 한다. 배 밑바닥에 달린 따개비처럼 줄거리에서 도려내야 한다. 당신이 지금 그렇게 하고 있지 않았다면 포스트잇에 이야기의 핵심 아이디어를 기록하고 그것을 컴퓨터 모니터 구석에 붙여라. 이것은 재미는 있지만 핵심 아이디어와 상관없는 엉뚱한 말들이 설교에 침입하지 못하도록 도와줄 것이다.

성경의 내레이터가 최초로 핵심 아이디어를 전달하려고 이용했던 장면을 주시하라.

- 최초의 청중은 당신이 오늘날 청중에게 알려주어야 할 어떤 문화적 정보를 소유하고 있는가? 당신은 이러한 추가적 정보를 어떻게 전달할 것인가?
- 새로운 등장인물을 소개하거나 혹은 존재하는 인물의 역할을 확장시킬 필요가 있는가?
- 오늘날의 청중이 이러한 과거의 이야기를 적절하게 설명하려면 얼마나 많은 배후 이야기가 필요한가?
- 장면의 순서를 재배열할 필요가 있는가?
- 현존하는 많은 장면을 하나의 장면으로 압축해야 하는가?
- 추가적인 장면이 필요한가?
- 이 설교를 하도록 당신에게 주어진 시간은 얼마나 되는가?

일단 이러한 질문을 묻고 대답하고 나면, 설교에서 모노 가상 사이클 왼쪽(가을) 면 위에 설교에서 보일 장면을 순서대로 표시하고 제목을 붙여라.

이것을 하고 나서 이 책 뒤에 있는 장면 개발표(Scene Development Chart, 부록 2)를 사용하라. 그것은 당신이 설교할 때 사용할 장면들을 상세히 묘사하는 데 유익할 것이다.

각각의 장면이 드라마에서 지닌 목적이 무엇인지 상세히 기록하라. 이것은 결정적으로 중요하다. 일인칭 설교는 강의가 아니다. 이것은 성경적 사상을 전달하기 위한 드라마 형식의 역사적 이야기이다. 설교에 드라마가 없으면, 그것은 일인칭 설교가 아니고 단지 좋지 않은 강의일 뿐이다. 설교의 극적인 힘을 어떻게 증가시킬 수 있는가? 그것은 갈등을 증가시킴으로 가능하다. 드라마는 갈등이요, 갈등이 드라마라고 할 수 있다.

1) 갈등과 긴장을 증가시켜라

오랫동안 수많은 약혼 커플이 경험한 것처럼, 다이아몬드는 검은색 벨벳(velvet)에 달렸을 때 가장 가치 있게 보인다. 온통 검은색 배경에 이 보석이 있을 때에만 우리는 이 보석의 반짝이는 아름다움을 식별할 수 있다. 보석상 주인이 베이지 배경에 같은 다이아몬드를 놓는다면, 당신은 이 보석의 아름다움을 온전하게 인식할 수 없을 것이다.

강한 갈등과 내러티브의 관계는 검은색 벨벳과 다이아몬드의 관계와 같다. 갈등은 우리가 성경 내러티브의 핵심 아이디어의 웅대함을 온전히 보게 하고 인식할 수 있게 해준다. 갈등 없는 핵심 아이디어는 약하고 재미없다. 하나님이 성경에 기록하신 아이디어를 보고 청중이 감탄해서 매우 놀라기를 원한다면, 가능한 그것이 가장 잘 드러나는 어두운 배경에서 그것을 설명하라. 설교에서 최고까지 긴장과 갈등을 높여라. 일인칭 설교에서 긴장과 갈등은 아무리 강조해도 지나치지 않다.

설교의 긴장을 증가시키는 좋은 방법은 핵심 아이디어를 역으로(또는 부정적 관점에서) 진술하는 것이다. 예를 들어보자. 우리는 앞서 제4장에서 다니엘 1장의 주석 아이디어가 다음과 같았음을 확인했다.

- **주제**: 다니엘과 그의 친구들이 왕의 음식과 포도주를 먹음으로써 자신을 더럽히지 않으려고 했을 때 무슨 일이 있었는가?
- **보충 요소**: 하나님께서는 스스로 더럽히는 음식을 먹은 소년들보다 그들을 더 건강하고 학문적으로도 뛰어나게 하셨다.

이 아이디어를 역으로(또는 부정적 관점에서) 접근하면 어떻게 기술할 수 있는가?

- **반대 주제**: 다니엘과 그의 친구들이 왜 왕의 음식과 포도주를 먹지 않아야 했는가? 꼭 그럴 필요가 있었는가?
- **반대 보충 요소**: 음식은 맛이 좋을 뿐 아니라, 그것은 그들의 장래를 보장해 줄 것이다.

성경 아이디어를 역으로(부정적 관점에서) 진술할 때, 당신은 사단이 우리 귀에 속삭이는 유혹을 듣게 된다. 지옥 구덩이로부터 오는 거짓말을 듣게 된다. 우리 영혼의 적이 우리 영혼을 파괴하려고 사용하는 유혹을 듣게 된다. 갈등은 당신이 설교에서 주인공을 파괴하려고 하는 사단의 각본을 사용할 때 발생하게 된다.

자 다니엘, 무슨 일이야? 누가 이 작은 고기를 신경 쓰겠어? 냄새도 좋지 않아? 다른 모든 사람은 먹고 있어. 하나님께서 그러한 조그마한 사건 때문에 네가 직업을 버리기를 원하신다고 생각하니? 나도 너의 원칙에 동의해. 하지만 다니엘, 그러한 장면을 만들기 전에 네 직업이 안전하게 진행될 때까지 기다리는 것이 더 현명하지 않겠니? 네가 훈련프로그램에서 쫓겨나 불명예스럽게 집으로 보내진다면 얼마나 당황할지 생각해 봐.

성경의 아이디어를 부정적으로 바라보는 기술을 발전시켜야 한다. 과거 유명했던 TV 쇼 'M.A.S.H'를 기억하는가? 교부 뮬카이(Mulcahy)가 한국의 천막교회 안에 서서 성경의 본문과 잘 조화를 이루는 핵심 아이디어를 설교하고 있다고 상상하라. 한참 설교가 정점에 이르렀을 때, 갑자기 선장 피어스(Hawkeye Pierce)가 손에 술병을 들고 비틀거리며 텐트 뒤로 들어와 설교를 듣기 시작한다. 기독교를 믿지 않는 이 무례한 냉소적인 사람이 교부 뮬카이가 설명하는 성경 아이디어에 어떻게 반응했을 거라고 생각하는가? 그가 어떻게 그것을 비평했을까? 그가 어떻게 교부 뮬카이를 조롱하고 웃음거리로 만들었을까?

당신은 주인공과 맞서 그러한 기를 죽이는 공격을 고안할 필요가 있다. 그리고 그러한 공격에 청중이 견딜 수 없을 만큼 두려워할 수 있어야 한다. 물론 실패할 가능성은 있다. 만약 행복한 결말이 이미 결정되었다고 판단하면, 우리는 더는 관심을 집중하지 않는다. 갈등이 없다면 긴장도 없다. 긴장이 없다면 흥미도 없다. 청중이 흥미를 갖지 않는다면 당신이 계속 이야기하고 있을지라도 설교는 이미 끝나버린 것이다.

만약 당신이 내러티브의 핵심 아이디어를 드러내고자 선장 피어스에 의해 구현된 신랄한 불신앙을 이용한다면, 그것은 흥미로운 일인칭 설교를 위해 필요한 현실 세계의 반대, 회의주의, 비평을 만드는 것이다. 이것은 이야기에서 갈등과 긴장을 고조시키는 데 필요한 것이다. 그것은 이야기의 배경을 어둡게 하고 청중이 핵심 아이디어의 위대한 아름다움을 식별하도록 도와준다. 또한 설교가 청중의 삶을 중요한 변화로 이끌 가능성을 증가시킨다.

내러티브 설교에서 긴장의 역할은 활과 화살의 비유로 설명할 수 있다. 일인칭 설교에서 갈등을 더함으로 긴장을 고조시키는 것은 줄을 뒤로 잡아당김으로 활의 긴장을 증가시키는 것과 같은 효과를 가진다. 활로 사냥하는 사람이 바짝 당겨서 쏜 화살은 치명적인 힘으로 과녁에 꽂힌다. 일인칭 설교자가 긴장을 극대화하여 설명한 핵심 아이디어도 청중에게 중대한 영향을 미친다. 긴장이 더할수록 효과는 더 크다.

더 나은 설교를 하기 원한다면 긴장을 고조시켜라. 그러나 긴장을 증가시키고자 할 때, 설교자가 흔히 범할 수 있는 '긴장을 감소시키는 두 가지 실수'가 있음을 기억하라.

2) 흔한 실수들

일인칭 설교자가 흔히 범할 수 있는 긴장을 감소시키는 실수 중 첫 번째는 설교를 시작할 때 많은 양의 성경적, 문화적 자료를 전달하려는 것이다. 많은 설교자가 연구하면서 발견한 자료를 설명하려고 처음 5분 동안의 귀중한 시간을 낭비하는 일이 많다. 이것은 치명적이다. 이야기의 핵심은 행동이다. 당신의 아이디어를 토론하지 말고 살아 꿈틀거리도록 하라. 무엇인가가 곧 발생하게 될 것이라고 느끼게 할 필요가 있다.

제임스 본드나 아놀드 슈왈제네거 영화에서 행동이 시작하는 데 얼마큼의 시간이 걸리는지 생각해 보라. 당신이 액션 영화 시나리오를 쓰는 것은 아니지만 움직임과 함께 극적인 설교를 시작하는 원칙은 같다. 모노 가상 줄거리 구조를 볼 때, 이야기에서 흥미를 일으키는 사건을 가능하면 설교의 앞부분에 위치시켜라.

흥미를 일으키는 사건은 주인공이 왜 그와 같이 행동하지 않을 수 없는지에 대한 이유를 말해 준다. 오늘 등장인물이 그와 같이 행동하기로 결심하게 된 원인은 무엇인가? 그들이 자신의 상황에 대해 느끼는 불만족은 아마도 얼마 동안 그들을 부글부글 끓게 한다. 그런데 갑자기 끓는점에 도착하게 하는 것은 무엇인가? 그들을 소파에서 내려오게 한 것은 무엇인가? 흥미를 일으키게 하는 사건은 등장인물에게 동기부여를 할 것이다. 왜냐하면 당신은 주인공의 핵심적인 심리적 필요를 만졌기 때문이다. 그 필요는 설교 아이디어의 처음 절반을 차지하는 설교의 주제이다. 그것은 당신의 설교가 대답해 주어야 할 질문을 묻는다. 예를 들어보자.

다니엘 1장에서, 이야기는 우리의 주인공이 행운에 도취한 모습을 보여주는 것과 함께 시작한다. 그는 호화로운 연회석에 앉아서 세계의 가장 훌륭한 음악가들이 연주하는 세레나데를 듣고 있다. 그의 주위에는 가장 훌륭하고 총명한 젊은이들이 있다. 그들은 뛰어난 특성과 자질로 말미암아 이러한 특별한 자리에 초대된 사람들이다. 그들은 최고 중의 최고이다. 그들 역시 스스로 최고의 미래가 열려 있음을 직감하고 있다. 가장 안전하고 성공적인 정부에서 장래가 열려 있는 확실한 직업이 기다리고 있다. 여기까지는 좋다!

갑자기 음악 소리가 커지면서 멜로디가 국가로 바뀐다. 그리고 다니엘이 이제까지 본 음식 가운데 가장 훌륭한 음식들을 담은 은 접시를 든 요리사들이 홀 왼쪽 문에서부터 줄을 지어 들어가고 있었다. 불타버린 예루살렘에서는 상상할 수도 없는 음식들이다. 냄새가 매혹적이다. 요리사가 자신이 만든 음식을 테이블로 가져왔을 때 바벨론 사제가 일어나서 다음과 같이 말한다. "신들의 종들이여, 신들이 우리에게 부여해 준 은혜 안에서 즐깁시다. 이 음식은 사원에서 온 것입니다. 그것은 위대한 신 말둑(Marduk)에게 바쳐졌습니다. 은혜 안에서 그가 여러분에게 제공해 주신 것입니다. 모두 감사한 마음으로 먹읍시다!"

이 사건은 흥미를 일으킨다! 이것은 신앙심이 좋은 다니엘이 잘못을 행하도록 강요하는 위기를 만든다. 이것은 설교를 위한 질문을 일으킨다. 하나님의 사람이 죄를 짓게 하는 그들의 문화를 거절할 때 무슨 일이 일어날 것인가? 본문의 주제가 제기되었다. 이때 우리는 이야기의 갈등과 긴장을 서서히 올릴 필요가 있다. 나는 청중들이 이 신앙심 좋은 소년들의 운명에 대해 궁금해 하기를 원한다. 나는 청중들이 이 젊은 사람들과 개인적으로 동일시되기를 원한다. 나는 청중의 삶이 성경의 등장인물들의 삶과 한데 얽히기를 원한다.

일인칭 설교자가 범하기 쉬운 긴장을 감소시키는 두 번째 실수는 독백이다. 나는 우리 설교자들이 주인공을 통해 삶에 대한 신학적 통찰력을 드러내는 연설을 직접 하는 것을 자주 보면서 놀랄 때가 잦다. 이러한 독백과 극적인 설교와의 관계는 젖은 이불과 캠프파이어와의 관계와 같다. 이러한 독백은 설교에서 생명을 질식시킴으로 불을 꺼버리게 한다. 서신서는 추상적인 용어로 신학을 이야기한다. 그러나 내러티브 문학은 매일의 삶에서 신학을 보여준다. 바울은 로마서에서 매일의 삶을 설명한다. 아브라함은 창세기에서 매일의 삶을 보여준다.

일인칭 설교는 진리에 대한 광범위한 토론에 참여하게 하는 것이 아니라 우리에게 진리를 보여주어야 한다. 위대한 극작가 셰익스피어는 극적 효과를 위해 독백을 사용하기도 했다. 하지만 그는 성경 밖에서 가장 위대한 극작가였고 우리는 아니다. 그러니 긴 독백을 피하라.

3) 이야기를 멈춰라

갈등은 흥미롭다. 긴장은 우리를 등받이에 편하게 기댄 상태에서 점점 더 앞으로 몸을 기울이게 한다. 그래서 우리는 청중이 이야기의 마지막까지 계속 궁금해하기를 원한다. 긴장이 이야기에서 사라질 때 청중의 흥미도 흩어지게 된다.

전문적인 스토리텔러는 마지막 순간까지 이야기의 예측하지 못한 반전을 드러내지 않는다. 그들은 줄거리에서 가능하면 긴장시키는 내용을 최대한 늘린다. 그리고 예측하지 못했던 반전이 마침내 드러나면 가능한 한 빨리 이야기를 마무리한다. 이야기가 절정에 달하면 내러티브의 핵심 아이디어는 드러난다. 비밀은 밝혀진다. 핵심적인 내용도 전해졌다. 긴장은 사라진다. 이야기가 다시 모노 가상 사이클의 여름으로 돌아가는 순간만 남아 있다. 만약 그 이후에도 계속 설교한다면(특히 그 본문의 요점들을 다시 정리하기 시작한다면), 이때까지의 좋은 작업을 망치게 될 것이다. 끝내야 할 때 끝내라.

4) 계획한 줄거리가 효과적인 수단인지 구별하는 방법

당신은 이제 모노 가상 사이클에서 기본적인 줄거리를 개략적으로 기록하였고, 장면 개발표(Scene Development Sheets)가 채워지기 시작한다. 그러나 원고를 완성하려고 하기 전에, 당신이 제대로 길을 찾아가고 있는지 점검하는 것이 필요하다. 당신이 계획한 줄거리가 본문의 핵심 아이디어를 드러내기 위한 효과적 수단인지 아닌지를 미리 점검하는 세 가지 방법이 있다.

첫 번째 방법 _ **재점검**

줄거리 구조가 제대로 되었는지 확인하는 첫 번째 방법은 그것을 성경 본문과 비교하는 것이다. 장면 분석표(Scene Analysis Charts)와 장면 개발표(Scene Development Sheets)를 비교하라. 얼마나 비슷한가? 설교하려고 계획한 줄거리가 성경 저자가 사용한 줄거리와 거의 같다면, 줄거리를 좀더 보완할 필요가 있다. 효과적인 일인칭 설교에서 성경의 이야기를 단순히 재상영하는 것은 매우 드물다. 대부분 이야기의 줄거리는 수정된다.

성경 저자와 같은 아이디어를 전달해야 하지만, 당신은 아주 다른 청중에게 말하고 있음을 기억해야 한다. 한 세대가 만들 수 있는 차이점을 주목하라. 오늘날 베이비붐 세대(제2차 세계 대전 후 미국의 인구 출생률이 급격히 상승했던 시기에 태어난 1945-60년 사이의 세대)가 X 세대, Y 세대와 상당히 다르다면, 성경의 청중들과 우리가 얼마나 다를지 생각해 봐라. 그렇기에 단순하게 고대의 문서를 청중에게 그대로 읽어주고 그들이 완전히 그것을 이해할 것이라고 기대하지 말라. 왜 당신은 고대의 이야기를 그대로 하면서 청중이 이해하기를 기대하는가?

두 번째 방법 _ **절정(클라이맥스)**

줄거리의 구조를 효과적으로 확인하는 두 번째 방법은 클라이맥스에 대한 것이다. 설교에서의 절정이 성경 본문과 정확하게 같은가? 아니라면 심각한 문제이다. 이야기의 예측하지 못한 반전은 이야기에 긴장을 더하고 내러티브의 보충 요소를 드러낸다. 그러나 만약 이야기에 다른 반전이 있다면, 성경 이야기에 존재하지 않는 다른 아이디어를 설교하고 있는 것이다. 물론 그것은 위대한 이야기가 될 수 있으나 성경적 이야기는 아니다. 그것은 강해 설교가 아니다. 이런 설교는 좋은 설교는 될 수 있지만 최초의 저자가 원래 본문에 깊이 새겨 두었던 아이디어를 드러내지 못한 것이다. 좋은 설교가 항상 바른 설교는 아니다!

세 번째 방법 _ **등장인물의 발전적 변화**

줄거리의 구조를 효과적으로 확인하는 세 번째 방법은 등장인물의 발전적 변화(Character Arc)에 대한 것이다. 계획된 이야기의 구조를 검토할 때 주인공은 어떤 중요한 변화를 겪는가? 주인공은 발전하고 성장하는가? 그럴 필요가 있다. 진정한 모습은 고통을 통해 드러난다. 겉으로 보이는 것이 진짜 그 사람의 모습이 아닐 수 있다. 우리가 깊이 있게 인물을 알 수 있는 유일한 방법은 그들이 고통 가운데 어떤 것을 선택하는지 보는 것이다. 극도의 고통은 전에 우리가 보지 못했던 인물의 특징을 보도록 해준다.

만약 설교를 좋은 아버지로 시작해서 좋은 아버지로 끝낸다면(비밀, 숨겨진 열정, 중요한 성장 없이) 청중은 실망할 것이다. 반복적이고 예측할 수 있는 행동은 잘못된 게 아니다. 별로 깊지 않고 특별한 구석이 없는 사람이 분명히 존재한다. 그러나 그들은 지겹다. 좋은 이야기에는 흥미로운 인물들이 있다. 흥미로운 이야기는 내러티브의 사건들에 의해서 주인공이 어떻게 처음보다 나은 인물이 되었는지 보여준다. 그렇게 하면서 우리 자신이 개인적으로 발전할 방법을 지적한다. 흥미를 끄는 이야기를 개발하려면 훨씬 더 많은 노력이 요구된다. 만약 사람들이 하나님의 말씀을 마음에 깊이 새기기를 원한다면, 그러한 노력은 투자할 만한 가치가 있는 것이다. 또한 그것을 원한다면, 설교 작성 과정을 손쉬운 방법으로 간단히 하지 않을 것이다.

7단계 | 관점을 결정하라

원고를 쓰기 전에, 당신은 스토리텔러가 이야기를 할 때 그가 어디쯤에서 일어서야 할지를 결정해야 한다. 나는 지금 스토리텔러가 강단에서 이야기할 때 강단에서의 위치를 말하는 것이 아니다. 나는 그들이 이야기할 때의 관점에 대해 이야기하고 있다. 이를 위해서 고려해야 할 세 가지 선택이 있다. 이 세 가지 가운데 본문의 아이디어를 가장 효과적으로 전달할 수 있다고 생각되는 관점 하나를 택하라.

1) 관점 선택 1

스토리텔러는 청중이 상상력을 통해서 원래의 사건이 일어난 고대 생활과 시간으로 돌아가게 한다.

환영합니다! 환영해요! 부끄러워하지 말고 더 가까이 불 주변으로 오세요. 어둠 속 거기는 아직 춥네요.

(돌면서 소리친다) 사라! 사라! 손님이 왔어요! 우리의 새로운 친구들을 위해 음식 좀 가져오세요. 그들은 분명히 긴 여행을 했음에 틀림없어요.

여기서 청중은 간접적으로 아브라함이 살던 시대와 장소로 옮겨졌음을 알게 된다. 이 관점으로 말하는 등장인물들은 그때부터 엄격하게 고대세계에 대한 지식으로 제한되어야 한다. 그들은 현대문화에 대해서 직접적이거나 암시된 언급을 할 수 없다. 당신은 정한 규칙에 따라 충실해야 한다. 이 입장의 이점은 청중이 실제로 성경 세계를 경험하게 된다는 것이다. 고대는 현대가 될 것이다.

2) 관점 선택 2

스토리텔러는 오늘날의 청중에게 말하려고 과거에서 현재로 나온다.

오늘 아침 제가 너무 신경질적이어서 유감입니다. 저는 이처럼 그룹에게 말하는 것이 익숙하지 못합니다. 제가 살았던 시대에 저는 랍비나 예언자가 아니었습니다. 저는 목수였습니다. 저는 말(word)이 아니라 나무를 가지고 일했습니다.

여기서 예수님의 아버지 요셉이 우리의 세계로 걸어온다. 이 관점은 스토리텔러에게 오늘날 우리의 세계에 대해 매우 제한적으로 알도록 허락한다. 그들의 오늘날에 대한 지식은 고대 사람이 이해할 수 있는 것으로 제한적이다. 다시 말해, 현대에 대한 언급은 약간 허용되지만, 범위를 초과해서는 안 된다. 만약 그렇게 한다면 설교 장르의 순수성을 파괴하는 것이고, 당신의 설교는 이해할 수 없거나 우스꽝스러울(혹은 둘 다) 것이다.

3) 관점 선택 3

등장인물이 역사적 과거에 발생한 사건의 참여자로 청중을 포함할 수 있다. 다니엘 4장의 메시지를 위해 다음의 서론을 생각해 보라.

나는 오늘 당신과 같은 귀족들이 내 궁정에 와줘서 고맙다는 말로 시작하고자 한다. 그러나 사실 이런 환영사는 적절하지 않음이 분명하다. 그것은 여러분이 오고 싶어서 온 것이 아니기 때문이다. 어쨌든 여러분은 어떤 선택을 했는가? 나 느부갓네살이 말할 때 모든 사람은 순종한다. 이제껏 내 의지에 반항하는 사람은 한 명도 없었다. 나는 우리 시대, 아니 모든 세대 가운데 가장 위대한 통치자이다. 그와 같이 말하는 것에 대해 미안하게 생각한다. 나를 용서하라.
내 자부심은 과거에 나를 종종 속여 왔다. 그것이 나를 망쳤다. 히브리 민족의 신, 유일한 진실의 신이 내가 절대 잊지 않을 교훈을 내게 가르치셨다. 내가 알기로 그분은 당신도 알기를 원하신다. 여기에 있는 여러분 모두가 사람들의 지도자로서 내가 배운 교훈을 배울 수 있기를 바라는 마음에서 권고하겠다.

여기서 당신은 사건이 발생했을 때 과거의 실제적인 시간을 재창조하고 있다. 이것은 스토리텔링의 강력한 형태이다. 왜냐하면 이것은 주인공이 직접 청중과 이야기하게 하고 이야기의 한 부분으로 청중을 포함하기 때문이다. 하지만 분명한 것은 등장인물이 고대세계만 언급할 수 있다는 것이다. 그래서 당신도 등장인물과 똑같이 해야 한다.

8단계 | 덜 중요한 인물을 고안하라

줄거리를 발전시키고 중요한 인물들을 부각시키는 데 필요한 인물들을 고안할 수 있다. 하지만 그 목적을 위한 등장인물들은 적으면 적을수록 더 좋다. 다시 말해, 그러한 등장인물들이 중요한 인물들을 위해 오직 특별한 목적을 위해서만 기능적으로 역할을 한다고 할지라도, 이야기를 과도하게 복잡하게 해서는 안 된다. 일인칭 설교는 될 수 있는 대로 직접적이면서 덜 복잡하게 하라. 간단함이 미덕이다.

9단계 | 원고를 작성하라

이제 일인칭 설교를 쓸 준비가 되었다. 설교 준비과정의 시점에서 절망하기 쉽다. "지금까지 설교 준비를 위해서 얼마나 많이 수고하였는가! 그런데도 아직 나는 설교 원고 쓰기를 시작하지 않았다! 앞으로도 이 일을 위해서 또 얼마나 많은 시간이 걸릴 것인가?"

하지만 용기를 내라. 내가 제시하는 단계를 따른다면, 당신이 생각하는 것보다 훨씬 더 빨리 마치게 될 것이다. (그러나 만약 당신이 몇 단계를 그냥 넘어가게 되면, 당신이 생각하는 것보다 더 늦어진다.) 이쯤 되면 당신은 이야기와 등장인물들을 잘 알게 되고, 핵심 아이디어는 마음속에 아주 잘 이해되고 정리되어 있어서 마치 이야기가 당신한테서 흘러나오는 것처럼 느껴질 것이다. 설교를 위한 모든 기초 작업을 마친 후에 가장 큰 문제는 빨리 원고를 쓰려고 하는 것이다. 단어들, 이미지들 그리고 대화가 본문에서 막 밀려오는 것을 경험한다.

예측하지 못한 반전으로 시작하라. 이것이 당신의 목적이다. 예측하지 못한 반전이 어디에서 시작하고 어디로 가고 있는지 정확하게 알게 되면,

이 핵심적인 관점에 설교의 나머지를 맞춤으로 설교를 작성하는 일이 전혀 어렵지 않다는 것을 알게 될 것이다. 그런데 이러한 극적인 순간을 쓸 때 두 가지를 하라. 첫 번째로 행동에서 사상을 보여줘라. 사람들이 등장인물들의 행동 속에서 본문의 핵심 아이디어를 발견할 수 있도록 하라는 것이다. 또한 이야기의 아이디어를 가능하면 극적으로 평이하고 분명하게 만들어라. 두 번째로 본문의 핵심 아이디어를 직접적으로 진술할 것을 추천한다. 음성이 있는 영상을 보충하라.

순수한 내러티브를 주장하는 사람들은 이 점에 대해 나와 입장이 다르다. 그들은 기술적으로 잘 이야기하면 다양한 인물들의 행동들을 통해 나오는 핵심 아이디어를 청중이 쉽게 알 수 있다고 주장한다. 이 부분에 관해 그동안 나는 많은 비판을 받아왔다.

그러나 나는 우리가 전하려고 의도한 내용이 전달하는 과정에서 얼마나 자주, 그리고 쉽게 오해를 받는지 알고 있다. 심지어 우리를 사랑하고 이해하는 사람들에게 이야기할 때조차도, 우리의 이야기가 오해받는 것을 자주 경험한다. 우리는 가능하면 명확하게 전달하려고 온갖 노력을 다하지만, 대화 중 발생하는 오해는 어쩔 수 없다. 우리가 오해받고 있다고 생각하는 것보다도 훨씬 자주 우리는 오해를 받는다는 사실을 기억하라. 오해의 소지는 너무 크다! 그래서 분명하지 않은 것보다 차라리 중복되더라도 분명한 것이 낫다.

이런 이유 때문에, 나는 본문의 아이디어를 내가 할 수 있는 한 최대로 강력하고 분명하게 설교한다. 나는 어떠한 사람도 하나님께서 그들에게 들려주기 원하시는 말씀을 듣지 않고 교회를 떠나기 원치 않는다. 그래서 미리 본문의 아이디어를 기록하라. 그리고 슬며시 그것을 제시하지 말라. 왜냐하면 오해의 소지가 너무 크기 때문이다. 가능한 한 분명하게 하라. 그리고 가능한 한 기억될 만하게 하라.

일단 설교가 어떻게 끝나기를 원하는지 기록했다면, 처음으로 되돌아가서 흥분시키는 사건을 시작으로 전체 설교를 작성하라.

- 당신은 에세이를 쓰고 있지 않다는 것을 명심하라. 마치 당신이 이야기하고 있듯이 작성하라. 빌리 그래함(Billy Graham)의 설교같이 쓰지 말고 TV 극본과 같이 써라.
- 등장인물이 생동감 넘치도록 하라. 등장인물의 마음으로 들어가(이것은 설교 준비를 위해서 당신이 기본적으로 해야만 하는 모든 일을 한 다음에 가능하다), 그들의 눈을 통해 본 것을 작성하라. 진땀을 흘리는 그들의 모습을 보자. 그들이 갈등 중에 있을 때 같이 투쟁하고, 모든 것을 잃어버린 것 같을 때 같은 절망으로 내려가라. 이야기를 믿을 만하고 실제적인 것으로 만드는 것을 목표로 하라. 생각할 때도 이야기 안에서 생각하라. 청중의 후각, 미각, 시각, 청각을 고려하라. 형용사보다 동사를 사용하라.
- 청중이 꼭 들어야 한다고 생각하는 부분을 강조할 때는 천천히 진행하라. 줄거리에서 반전으로 들어갈 때쯤 당신은 아마도 설교를 천천히 하고 싶을 것이다. 시간을 융통성 있게 사용하라. 목적에 맞도록 시간을 조정하라.
- 유머가 도움이 된다. 자신의 재능을 우쭐대다가 좌절된 희극 배우를 옹호하는 이야기가 아니라면 유머를 무시하지 말라. 유머는 아주 강력한 극적, 설득적 도구이다. 우리가 웃는 것은 우리가 동의할 때이다. 메시지를 구성할 때 청중이 본문의 아이디어, 그리고 등장인물과 유대감을 형성하도록 청중이 사용하는 유머를 이용하는 것에 부담을 갖지 말라. 그러나 내러티브 단락이 유머에 적합하지 않고 당신의 개성과 유머가 조화되지 않는다면, 억지로 유머를 사용할 필요는 없다. 유머는 필수품이 아닌 적절할 때 사용하는 하나의 도구이다.
- 감정이 중요하다. 청중이 설교에서 우는 사람과 같이 울 수 있도록 도와야 한다. 우리는 희망을 포기한 사람과 함께 절망스러워해야 한다. 그리

고 신혼부부를 따라서 사랑에 빠질 필요도 있다. 효과적인 전달은 당신이 기대하는 감정을 발생시키는 데 도움이 된다. 그러나 이것은 원고로 시작한다. 머리뿐만 아니라 마음을 만지도록 이야기를 구성하라.

10단계 | 소도구를 결정하라

원고를 작성할 때, 이야기를 더욱 효과적으로 전하려고 보조 기구를 사용하고 싶을 때가 있다. 이것은 바람직한 선택이라고 할 수 있다. 때때로 보조 기구는 설교의 핵심 아이디어를 구체화한다. 또한 당신이 전하기 원하는 교훈의 목적을 효과적으로 드러내 주기도 한다. 이것이 자주 일어나지는 않지만, 적절하게 사용하면 보조 기구는 효과적인 극적 도구가 된다.

예를 들어 내가 야곱을 설교할 때 나무로 만든 지팡이에 심하게 의지하여 강단으로 걸어 올라갔다. 설교 마지막에 나는 성공의 기쁨으로 내 지팡이를 들어 올렸다. 그것은 내가 하나님과 겨루었던 그날을 생각나게 했다.

11단계 | 원고를 다듬어라

초고부터 마지막 완성에 이르기까지 가장 효과적으로 원고를 쓰는 방법은 크게 말하면서 쓰는 것이다. 당신이 방해받지 않고 걸어 다니면서 원고를 크게 읽을 수 있는 방을 찾아라. 앉아서 읽지 말라. 앉아서 읽으면 원고가 에세이처럼 될 가능성이 크다. 하지만 설교 원고는 에세이가 아니라 대화여야 한다. 그래서 서서 한 손에 원고를 들고 크게 읽어라. 그때, 실제로 설교할 때처럼 풍부한 표정과 하고 힘찬 목소리로 하라.

또한 읽을 때 몸도 움직여라. 우리가 전하는 내용의 상당한 부분은 신체 언어(body language)를 통해 이루어진다. 또한 몸을 움직이면 원고를 통해 설교가 진행할 때 이야기 속으로 빠지게 된다. 주인공이 느낀 감정을 느껴라. 그들의 갈등에 맞서 화내라. 과정이 진행됨에 따라 설교 원고에서 바꾸고 싶은 곳을 알게 된다. 또한 이때 등장인물이 마치 자신의 말로 하는 것처럼 원고를 쓸 수 있다. 이야기의 핵심 아이디어가 수정되지 않는 한 그것은 괜찮다. 그런 일이 일어나는 것은 정상적이고 도움이 된다. 몸에 맞추어 천을 자르는 재단사처럼, 주인공과 완벽하게 어울리도록 이야기의 모든 세부사항들이 수정될 것이다.

  2-3번 정도 크게 설교를 읽은 후에 서재로 돌아가 원고를 최종적으로 정리하라. 긴장을 유발하는 데 도움이 되지 않고 핵심 아이디어를 강조하는 데 유익하지 않은 것은 무엇이든지 제거하라. 또한 그것을 더욱 향상시켜라.

12단계 | 설교를 내용에 따라 나누어라(선택 사항)

  만약 일인칭 설교를 처음 시도한다면 이 단계는 넘어가라. 이 단계는 경험이 풍부한 설교자를 위한 것이다. 만약 열 번 이상 일인칭 설교를 했다면 설교를 내용에 따라 나누는 것도 시도해 볼 만하다. 이것은 설교의 효과를 높일 수 있는 추가적인 단계이다.

  내용을 나누는 기술은 연극에서 온 것이다. 여러 해 동안 연극예술에 종사한 사람들은 무대의 위치에 따라서 청중에게 여러 가지의 다른 감정적 효과를 준다는 것을 알게 되었다. 왜 그런지는 누구도 알지 못한다. 만약 당신이 이 '블록 이론'(설교를 내용에 따라 나누는 것-역주)에 대해 배우에게 물어본다면 그들은 아마 어깨를 으쓱하며, "그것은 단지 연극의 관례"고 중얼거릴 것이다. 우리는 내용을 나누는 것이 왜 효과가 있는지 모르나 수많은

연극 공연은 그것이 효과가 있음을 알려준다. 아래 그림을 자세히 보자.[1]

청중

지역 4 차가움, 고민, 갈등	지역 1 중간 도전적	지역 3 따뜻함, 친밀함
지역 6 차가움, 극도의 소외감, 죽음	지역 2 어느 정도 거리감 약간 멀리 떨어짐	지역 5 따뜻함 더욱 멀어짐

당신이 위에서 제시된 지역 중 하나에 서 있을 때, 당신은 그 안에 묘사된 분위기를 전달하게 된다. 지역의 숫자는 플랫폼에서 주는 감정의 정도에 따라 매겨진 것이다. 말하자면 지역 1은 가장 강하고 지역 6은 가장 약하다.

대부분 설교단은 앞 중앙에 위치한다. 이것은 도전적인 분위기를 주는 위치이다. 만약 교회에 대한 그리스도의 사랑을 말하고자 한다면, 무대의 오른쪽 앞의 지역 3에서 말하는 것이 나을 것이다. 왜냐하면 이곳은 훨씬 더 따뜻하고 친밀함을 주는 위치이기 때문이다. 만약 그리스도의 수난을 설교하기 원한다면, 왼쪽 뒤 지역 6에 십자가를 놓는 것이 바람직하다. 왜냐하면 이곳은 죽음이 가장 예민하게 느껴지는 곳이기 때문이다. 효과적인 전달자는 설교를 통해서 전달하고자 하는 특별한 강조점을 보충할 수 있는 장소에 서서 설교함으로 무대의 위치가 부여하는 힘을 이용한다. 가장 적당한 때에 적당한 장소에 서서 설교하는 것은 설교를 더 감정적으로 강력하게 만든다.

대부분 설교자는 특별한 목적을 가지고 강단을 이용하지는 않는다. 어떤 사람들은 움직이지 않고 서서 설교단을 붙잡고 설교한다. 다른 사람들은 특별한 목적 없이 왔다 갔다 하며 설교한다. 만약 당신이 더 수준 높은 일인칭 설교를 하기 원한다면, 설교의 최종 원고를 자세히 점검하기를 권한다. 설교에서 분위기가 바뀌면, 원고 여백에 그 내용이 무대의 어느 위치에서 전하는 것이 적당한지 지역의 숫자를 기록하라. 손에 원고를 들고 설교 예행연습을 할 때 무대에서 장소를 걸어 다녀라. 이러한 움직임이 자연스러워지는 데까지는 그렇게 오랜 시간이 걸리지 않을 것이다. 당신의 메시지가 더 능력 있고 효과적이 될수록, 당신이 무대 위에서 더욱 의도적으로 움직이게 될 것이다.

13단계 | 설교를 예행연습하라

원고를 손질하고 내용에 따라 나누었다면, 혼자서 행동을 취하면서 크게 설교를 읽어보라. 원고에 더 익숙해지면 원고를 옆에 놓아라. 그 다음 수정한 원고를 가지고 2-5번 정도 예행연습을 하고 나중엔 원고 없이 2-5번 정도 연습하라. 내러티브에 걸맞은 행동을 하면서 완전히 숙달하라. 나는 토요일 저녁에는 설교 예행연습을 하지 않는다. 왜냐하면 나는 설교를 통해서 드러나야 할 감정을 열정적으로 전달하는데, 그러한 감정이 있으면 토요일 밤에 숙면을 취하기 어렵기 때문이다. 나는 주일을 위해 잘 쉬고 싶다.

14단계 | 의상을 결정하라

드라마의 요소를 강조한 설교에 관한 책 대부분은 복장에 대해 상당한 시간을 할애한다. 하지만 본서는 그렇지 않다. 당신은 옷을 잘 입어야 한다. 복장은 메시지의 힘을 높일 수 있다. 그런데 그렇게 하기로 했다면 전문가의 수준으로 하라. 할리우드 수준의 전문적인 의상을 대여할 수 있는 장소를 물색하라. 교회는 단지 실내 가운 정도를 입고 드라마를 할 곳이 아니다.

나는 최근에 담임목사가 일인칭 설교를 하는 큰 교회에 참석했다. 그러나 그가 설교하려고 섰을 때 전문가가 아니라 청중 가운데 한 사람이 그가 입고 있었던 옷을 준비하였던 것을 쉽게 알아차릴 수 있었다. 그는 남루한 의복을 입고 일인칭 설교를 했다. 그런데 그 복장은 설교에 도움이 되기보다는 오히려 그의 의도를 약화시켰다.

분장에서도 마찬가지 주의가 요구된다. 나는 이 분야에 과감하게 시도했지만 실패로 끝났던 목사들의 수많은 끔찍한 이야기를 들었고 직접 목격하기도 했다. 예들 들어 가짜 코가 천천히 내려가거나, 가발이 아주 자연스럽지 못하게 비뚤어져 있거나, 조명과 무거운 복장 때문에 땀이 흘러 분장이 망가져 버렸을 때 등이다. 그러한 일들이 일어날 때, 청중은 처음에 안절부절못한다. 하지만 곧 웃음이 시작된다. 그리고 그것은 설교자가 설교를 위해 투자한 모든 힘든 수고와 노력이 의미가 없어지게 한다. 진짜 코에 가짜 코가 걸려 있는 것처럼 누구도 그 단락의 핵심 아이디어를 기억하지 못한다. 당신이 분장하려고 한다면 전문적인 연극 분장 예술가에게 하도록 하라.

나는 두 가지 이유로 설교를 위해서 복장이나 분장의 도움을 받지 않는다. 첫째, 이러한 보조물들과 함께 설교하기 시작하면 다시 돌아갈 수 없다. 청중은 항상 그러한 보조물들을 사용하기를 원한다. 물론 항상 세련되게 할 수 있으나, 만약 갑자기 그런 보조물들 없이 단순하게 설교하면 청중이 적응하지 못한다. 시작한 것을 멈추기는 어려운 일이다. 둘째, 나는 이런 방식으로 설교하는 데 필요한 자원을 장기적으로 지원받을 수 있는 교회에서 목회하고 있지 않다. 그러나 설령 그러한 자원을 장기적으로 지원받을 수 있다고 할지라도 내가 복장이나 분장을 사용할지는 확실치 않다. 왜냐하면 나는 그것이 필요한지 그렇지 않은지를 확신하고 있지 않기 때문이다.

개리슨 케일러(Garrison Keillor)는 지나간 시대의 마크 트웨인(Mark Twain)과 같은 사람이다. 그는 비길 데 없이 뛰어난 스토리텔러이다. 그는 매주 미네소타의 보비곤 호수(Lake Woebegone)에 거주하거나 멀리 이사 간 사람들에 관해 장황하게 이야기한다. 그런데 그가 너무 그럴듯하게 이야기하기 때문에 사람들은 그가 이야기한 것이 실제로 존재한다고 확신한다. 사람들은 그것을 보려고 성 바울(St. Paul) 근처로 운전해 가기도 한다. 물론 그들은 찾을 수 없다. 왜냐하면 그것은 존재하지 않기 때문이다. 그러나 개리슨 케일러는 내가 그의 이야기를 듣고 내 마음에 그 마을에 대해서 그림을 그리게 한다. 그는 말로 그림을 그려서 다른 사람들에게 보여주는 뛰어난 이야기꾼이다. 내가 마치 채터박스 카페(Chatterbox Cafe)에서 점심을 먹고, 파더 에밀(Father Emil's) 교회에 가서, 톨러루데(Tollerude) 가족 옆에 앉아 있는 것처럼 느낀다. 그의 말은 허구를 진짜로, 눈에 보이지 않는 것을 눈에 보이게 하였다. 그것이 내러티브의 힘이다.

일인칭 설교도 같은 잠재력이 있다. 우리는 사람들의 상상력을 일깨워서, 그들이 명확하게 먼 과거의 세계를 볼 수 있도록 도와줄 수 있다. 내가 주일에 정장을 입고 강단에 서서 설교할 때, 청중들이 나 자신이 마치 삼손인 것처럼 절대적으로 확신할 수 있게 할 수 있다면, 인간 상상력의 힘은 무한하다고 할 수 있다. 변장하지 않고 설교할 때, 그 효과가 감소한다고 생각지 않는다.

결론적으로, 혹시 시간적 여유가 있고, 계속하여 자원을 공급받을 수 있으며, 당신이 그것을 좋아한다면 설교를 위해서 복장의 도움을 받으라. 하지만 반드시 그렇게 해야 한다고는 생각하지는 말라.

15단계 | 설교를 전달하라

1) 말씀을 말하라

당신은 이제 원고 없이도 충분히 설교할 수 있는 단계에 이르렀다. 책상에 원고를 남겨놓고 가서 설교하라. 일인칭 설교의 힘은 설교자의 감정적인 면과 친밀감에 있다. 어떤 사람이 자신의 인생에서 가장 중요한 사건을 원고를 들고 말한다면 그것은 충분한 감동을 주지 못한다. 원고를 사용하는 것은 메시지의 순수함을 약화시킨다.

어떤 사람이 진실을 말하고 있는지 아닌지 판단하고자 할 때, 우리는 그 사람의 눈을 본다. 사람의 눈이 영혼의 창이라고 생각한다. 우리의 아이들이 거짓말을 하고 있는지를 알고자 할 때 우리는 "내 눈을 보고 무슨 일이 일어났는지 말해"라고 말한다. 전문적인 질문자는 그 사람의 진술이 진실인지를 판단하려고 눈의 움직임을 포함하여 의식하지 못한 생리적 반응을 찾아낸다. 주인공의 말이 사실임을 청중이 믿기를 원한다면 청중의 눈을 보고 말하라. 설교 내용을 잊어버릴까 두려운가? 그렇지 않다. 원고 없이도 자신 있게 설교할 수 있도록 하는 두 가지 이유가 있다.

첫째, 원고를 완전히 암기할 필요가 없기 때문이다. 원고 작성은 메시지를 자세하게 생각하도록 도와주기 때문에 중요하다. 원고를 작성하면, 모든 부분을 주의 깊게 생각하고 또한 적절한 언어를 선택하도록 한다. 그러나 완벽하게 단어까지 외우려면 아주 많은 시간을 투자해야만 하고(나는 그렇게 할 수 있을 것 같지 않다), 또한 과장되고 부자연스러운 방법으로 메시지를 전달하기 쉽다. 이 경우 그 일을 위해 투자한 수고와 시간만큼의 효과를 볼 수 없다. 그래서 나는 이런 방식을 권하지 않는다.

설교 한 줄 한 줄을 외우지 말라. 대신 메시지를 완벽하게 숙지해서 자기의 일부로 만들어라! 단어까지 완벽하게 외우려고 노력하지 말라. 등장인물이 하는 것처럼 말하라. 가슴에서 말하라. 당신이 작성한 것 중 80%만을 단어까지 완벽하게 재연할 수 있을 것이고, 10%는 당신이 쓴 것보다 더 나을 것이고, 10%만이 당신이 쓴 것보다 더 좋지 않을 것이다. 고민하지 말라. 그렇게 함으로 전달이 향상되면, 당신이 신경 쓰는 10%의 부족한 부분을 충분히 보충할 수 있을 것이다. 등장인물의 인격 안에서 당신 자신의 말로 이야기할 때 그 설교는 가장 효과적일 것이다.

원고 없이 일인칭 설교를 하는 두 번째 이유는 이야기 설교가 가지는 고유의 극적인 구조 때문이다. 나는 많은 곳에서 일인칭 설교를 가르쳤다. 이 과정은 대개 닷새 동안 지속된다. 내가 가르친 모든 학생은 5일째 되는 날에 원고 없이 설교할 수 있었다. 내가 필리핀에서 가르칠 때 매트 위에서 다리를 꼰 채로 앉아 설교하는 뷰메스(Burmese)라는 학생을 알게 되었다. 수업 마지막 날에 그는 서서 그 분야의 전문가처럼 설교했다.

왜 모든 사람들은 자신의 설교를 기억하여 설교할 수 있을까? 그것은 내가 지금까지 설명했던 과정대로 준비한다면 내러티브 구조가 절대 잊혀지지 않기 때문이다. 내러티브 설교는 터보건(toboggan) 썰매를 타기만큼 쉽다. 당신은 눈으로 덮여 있는 언덕 위에 앉아 있는 것처럼 설교 구조 중 모노 가상 사이클 맨 위에 앉아 있다. 그리고 내러티브 중력이 사이클의 밑바닥으로 당신을 잡아당긴다. 좋은 이야기의 극적 긴장은 항상 자연스럽게 당신을 끌어당길 것이다. 이야기가 일관성이 있고 긴장이 있다면(그리고 내가 설명했던 대로 전력을 기울여 주석했다면), 거의 잊혀지지 않는다.

만약 갇히더라도 당황하지 말라. 썰매를 타는 것과 같은 방법으로 다시 움직이면 된다. 언덕으로 약간 다시 걸어 올라가서 다른 길로 가라. 당신이 분명하게 기억한 곳으로 돌아가서 다시 이야기의 절정을 향하여 내려가기 시작하라. 쌓인 눈을 통과하는 썰매처럼 당신의 기억을 통해 방해물이 제거될 것이다.

과감하게 뛰어들어라. 주인공이 한 방식대로 주인공의 메시지를 말하

라. 눈으로 청중을 보고 가슴에서 우러나오는 진실을 말하라. 목소리와 신체적 반응이 안에서 나오게 하고 당신이 설교하고 있는 인물에게 맞게 하라. 잠시 숨을 돌리는 것을 두려워하지 말라. 대부분 초보자는 너무 빨리 말한다. 가능하다면 당신이 어떻게 설교하는지 설교를 녹화하여 몇 주 동안 보아라.

2) 등장인물이 되라

설교할 때 무엇을 입느냐보다 더 중요한 것은 당신이 진짜로 등장인물 안으로 들어가느냐 안 들어가느냐이다. 일인칭 설교는 일반적으로 주제 설교가 하는 것처럼 "세 가지 요점과 시(예화-역주)"로 설교하지 않는다. 일인칭 설교에서 당신은 메시지 밖에 서서 관람하지 말아야 하고, 핵심 아이디어의 한 부분을 추상적으로 말하지도 않아야 한다. 대신, 당신의 삶에서 나와 주인공의 삶으로 들어가야 한다. 개인적으로 본문의 핵심 아이디어를 스스로 체현한다. 주인공에게 일어난 것이 실제로 당신에게도 일어나게 해야 한다.

열심히 등장인물이 되려고 하라. 메시지를 위해 당신이 만든 인물과 감정적으로도 하나가 되어야 한다. 그들의 아이가 죽을 때 당신도 좌절된다. 그들이 배신당할 때 개인적으로 당신도 유린당해야 한다. 당신이 강단 위로 처음 걸을 때, 당시의 삼손처럼 거만하게 보여야 한다. 그러나 설교가 끝날 무렵에 당신은 죄로 말미암아 인생에서 가장 효과적으로 일할 수 있었던 시기를 날려버린 죄책감에 사로잡힌 자의 모습을 보여야 한다. 그리고 죄책감으로 눈물이 맺혀 있는 눈으로 청중을 바라보면서 "내가 했던 실수를 하지 마십시오. 누구도 죄를 짓고 도망갈 수 없습니다. 나도 그렇고 당신도 그렇습니다"라고 말해야 한다.

이러한 방식으로 설교하려면 자존심을 집에 두고 나와야 한다. 위엄을 유지하는 것을 포기하지 않으면 효과적인 일인칭 강해 설교를 할 수 없다. 나는 당황하게 하는 순간을 경험하지 않고 일인칭 설교를 해본 적이 없다. 나는 존경받는 교수요 목사인데 왜 이와 같은 행동을 해야 하는가? 일인칭 설교는 우리를 절대 위엄 있게 만들지 않는다. 그렇기에 일인칭 설교를 하려면 자존심과 싸워야 한다.

그러면 내가 왜 이것을 해야 하는가? 그것은 이러한 설교를 통해서 사람들이 가장 분명하게 하나님의 말씀을 들을 수 있기 때문이다. 인생에서 내 목표는 하나님의 말씀으로 사람들의 삶을 변화시키는 것이고, 다른 설교자들도 그와 같이 되기를 돕는 것이다. 나는 하나님의 말씀을 분명하게 전달하기 위해 죄가 아니면 무엇이든 기꺼이 한다. 이러한 내 관점 때문에 나는 진정으로 주인공과 연결되고, 자존심을 포기하면서까지 이처럼 메시지를 전하는 것이다. 당신의 최고의 소원이 성경 본문이 말씀하고 있는 핵심 아이디어를 전달하는 것이 아니라면, 일인칭 설교를 하지 않아도 된다.

Notes

1) Reg Grant and John Reed, *Telling Stories to Touch the Heart* (Wheaton: Victor, 1990), 68.

Effective
First-Person
Biblical Preaching

Effective First-Person Biblical Preaching

제3부

질문과 대안들

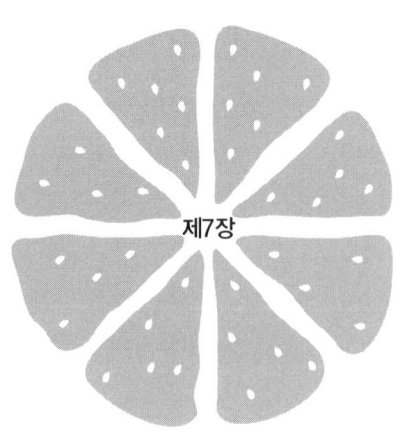

제7장

일인칭 설교에 대한 실제적 질문들

   얼마 전 주말에 나는 디트로이트(Detroit)에서 설교한 후에, 나를 터미널로 데려다 주는 셔틀버스 운전사와 이른 아침이지만 활기 있는 대화를 했다. 6분 정도 타는 동안 운전자는 공항과 공항을 사용하는 사람들에 관한 인상적인 지식을 알려주었다. 그는 어떤 항공사 비행기가 어떤 터미널에서 출발하는지, 그리고 어떤 목적지로 얼마나 많은 사람이 날아가는지도 알고 있었다. 또한 일 년 중 어느 시기에 승객들의 숫자가 어느 정도 되며, 왜 그렇게 변하는지도 알고 있었다. 모든 것이 인상적이었다. 그는 디트로이트에서 출발하는 비행기의 조종사처럼 보였다. 그런데 그 버스 운전자가 자신이 17년 동안 같은 길을 운전했고, 터미널 중 어느 곳도 걸어 다녀 본 적이 없다는 말을 들었을 때 내가 얼마나 놀랐는지 상상할 수 있을 것이다. "한 번도 안했소. 내가 여태 한 일은 단지 터미널 둘레를 따라 운전하는 것이었소"라고 그는 말했다.

   나는 당신이 터미널 둘레에 머물러 있지 말고, 더 안쪽으로 당신의 설교를 가져가기를 원한다. 사람들이 처음 아주 먼 옛날의 이야기를 들었을 때와 같이 당신의 설교를 통해 놀라는 성도들의 모습을 당신의 눈으로 보기를 원한다. 또한 다윗이 골리앗을 죽일 때 청중들이 흥분해서 소리치는 것을 보기를 원하고, 자신을 대신하여 죽어가는 예수님을 바라바가 목격하는 것을 보면서 성도들이 우는 모습을 당신도 보기를 원한다. 효과적인 일 인칭 강해 설교의 전율을 당신이 경험하기 원한다.

왜 우리가 버스에 머물기를 원하는가? 왜 터미널 주위에서 설교하려고 하는가? 그것은 종종 우리가 일인칭 설교를 직접 보지 못하기 때문이다. 본서의 부록에 세 개의 설교를 포함하는 이유는 일인칭 설교를 직접 경험하도록 하기 위해서이다. 시간을 내서 당신이 이 책에서 읽은 것을 기초로 몇몇 설교자들이 어떻게 설교하는지 보아라. 그들의 차이점을 주목하라. 각 설교가 충성스럽게 성경을 전하지 않더라도, 각각의 설교는 설교한 사람들의 개성만큼 독특하다. 이러한 설교자들로부터 배우되, 단지 앵무새처럼 따라하지는 말라. 저자의 의도를 가장 효과적으로 전달하는 설교는 당신의 개성을 반영하는 것이다. 하나님께서 말씀하신 것을 말할 때 너 자신의 특성을 잘 살려라.

우리가 버스 안에 머물러 있는 또 다른 이유는 우리가 대답해야 할 몇 가지 질문들이 있기 때문이다. 그래서 일인칭 설교와 관련하여 자주 질문하는 몇 가지에 대해서 답변하려고 한다.

질문 1 일인칭 설교를 준비하는 데 더 긴 시간이 걸리는가?

그렇기도 하고 안 그렇기도 하다. 일인칭 설교에서 요구되는 주석 작업은 "일반적인" 설교를 준비할 때와 같다. 선택한 설교 스타일에 상관없이 당신은 본문을 이해해야 한다. 본문의 핵심 아이디어를 파악하는 데 걸리는 시간은 주석 능력과 선택한 본문의 어려움과 관련 있다.

나는 내러티브 본문이 내 아내가 크리스마스 시즌에 항상 내놓는 견과류와 닮았다는 걸 알았다. 어떤 견과들은 빨리 열리고 쉽게 살을 드러내는 부드러운 껍질을 가지고 있다. 또 어떤 견과들은 작고 딱딱하다. 껍질을 벗길 때, 그런 견과들은 종종 손에서 빠져나가 바닥으로 떨어져 소파 밑으로 숨어버리기도 한다. 나는 이렇게 제멋대로 구는 견과를 찾아서 내 연구실로 가지고 간다. 그리고 그것이 빠져나가지 않도록 단단히 고정하고 망치로 두드리기 시작한다. 이 딱딱한 견과는 드디어 살을 드러낸다. 물론 많은 노력으로 말이다. 성경의 몇몇 본문도 주해할 때 항상 그렇지는 않지만 비슷한 싸움을 한다.

그러면 설교학적 단계에서 일인칭 설교는 준비하는 데 더 많은 시간을 요구하는가? 처음에는 그럴 것이다. 일인칭 메시지를 전달하는 처음 몇 번에는 약간의 여유를 가지고 준비해야 한다. 다른 분야에서와 마찬가지로 일인칭 설교를 작성하는 데에도 같은 학습 과정이 있다. 부록 1에 제시한 예들을 연구함으로써 이 과정을 단축할 수 있다. 그러나 처음 6편의 설교는 작성하는 데 더 많은 시간이 걸릴 것이다. 하지만 일인칭 메시지를 준비하는 데 일반적인 방법으로 설교하는 것보다 약간 더 오래 걸릴 것이다.

질문 2 일인칭 설교를 교회에 어떻게 소개해야 하는가?

몇몇 설교자들은 우선 능력을 달라고 기도한다. 하지만 나는 성공적인 사역을 위해 능력보다 훨씬 더하여 달라고 요구한다. 삼손도 그것을 증명했다. 삼손은 여러 사람의 힘을 합친 것보다 더 힘이 넘쳤다. 그가 부족한 것은 그 힘을 잘 사용하는 지혜였다. 우리는 단지 '열심히'가 아니라 '현명하게' 일해야 한다. 이것은 당신의 사역지에서 일인칭 설교를 소개할 가장 좋은 방법에 관한 것도 포함한다. 보통 청중은 이 설교 형태를 즉시 그리고 아주 열렬히 받아들인다. 물론 항상 있지는 않지만 말이다.

몇 년 전에, 초빙 설교자로서 나는 뉴잉글랜드의 보수적 교회에서 일인칭 설교를 했다. 회중의 반응은 거의 99%가 긍정적이었다. 그러나 100%는 아니었다. 몇 명은 아주 강하게 반대하기도 했다. 가장 솔직한 사람들 중 2명은 구약의 인물을 극적으로 제시하는 것은 부적절하고 무례하다고 항의했다. 바로 다음날 그들은 여름성경학교 프로그램에서 손 인형으로 예수님의 삶을 연기했다!

또 다른 경우는 내가 담임목사로 있었던 교회에서 일어났던 일이다. 나이든 한 신사가 내 사무실로 와서 즐거운 대화를 나눈 후 내가 일인칭 설교를 함으로써 짐 존스(Jim Jones)가 사용하는 현혹시키는 방법을 사용했다고 비난했다. 그는 내가 내러티브 설교를 하는 것을 못마땅하게 생각했다. 그 이유로 "당신은 일반적인 설교를 정말 잘 설교할 수 있기 때문이다"라고 했다.

모든 사람이 당신이 천재라고 생각하지 않을 것이다. 심지어 성경에서 가장 훌륭한 지도자도 우호적인 해고를 당한다. 그러나 그들은 그것을 신경 쓰지 않는다. 여기에 당신이 적대당하고 있을 때 고려할 수 있는 전략을 소개하고자 한다. 지혜를 달라고 구하라.

교회 밖에서 열린 이벤트에서 젊은 교회 그룹에게 일인칭 설교를 시작하라. 당신의 첫 번째 시도에 대해 긍정적인 반응을 듣게 되면 젊은이에게 두 번째로 시도하라. 그러나 이번에는 교회에서 주일이 아닌 다른 날 극적 설교를 해라. 이때쯤 당신이 이 처음 두 번의 메시지를 훌륭하게 잘 전했다면, 긍정적인 평가가 교회의 여기저기에서 들릴 것이다. 그렇게 되면 크리스마스나 밸런타인데이 연회와 같은 정규적인 예배 이외의 시간에 편안하게 어른들에게 일인칭 설교를 하라. 이때도 긍정적인 평가를 받으면 주일 아침 예배에서 일인칭 설교를 자유롭게 할 수 있다.

또한 당신은 제8장에서 설명한 내러티브 설교 대안 중 몇 개를 선택해도 된다. 일인칭 설교는 성경의 내러티브를 효과적이고 매력 있게 전달하는 방법이다. 그러나 유일한 방법은 아니다. 당신이 설교로 말미암는 모든 비평에서 자유하지 못하면, 어떤 설교 형태도 당신의 사역에서 열매를 맺지 못할 것이다. 당신을 해고한 교회에도 영향을 주지 못할 것이다.

질문 3 일인칭 설교를 어떻게 시작해야 하는가?

나는 교회를 설립하고 거의 10년 동안 담임목사로 섬기고 있다. 그동안 내내 일인칭 설교를 하면서 이 특별한 설교 형태에 사람들을 적응시킬 때 신중해야 한다는 것을 알았다. 심지어 회중이 그 설교에 익숙해질 때에도 말이다. 여기서 내가 일인칭 설교를 하기 전 했던 전형적인 서문이 있다.

> 저의 인생에서 열정을 가지는 것들 중 하나는 설교 연구입니다. 저는 명확하고, 신실하며, 오늘날의 성도들에 삶에 적용되도록 하나님의 말씀을 전하는 방법을 배우고 싶습니다. 내 사무실에 설교에 관한 많은 책이 있습니다. 이 책들은 각각 어느 정도 주제 이해에 도움이 되지만, 다른 어떤 것보다 훨씬 더 설교에 대한 이해를 형성해 준 한 권의 책이 있죠. 그것은 성경입니다. 이 책에 기록된 모든 설교자 중에서 다른 모든 사람들보다 우선인 분은 예수 그리스도이십니다. 그는 비길 데 없는 설교자이십니다.
> 성경에 기록된 예수의 설교를 연구할 때, 예수님이 얼마나 자주 이야기 형태로 설교하셨는지를 주목하면 흥미롭습니다. 예수님은 하나님의 말씀을 전할 때 우리를 주목하게 하고 우리가 변명할 수 없도록 하는 놀라운 방법이 이야기임을 아셨던 것입니다. 오늘 아침, 여러분이 허락하시면, 저는 예수님의 설교 교과서에서 한 페이지를 이야기하고 싶습니다. 오늘 아침 예수님이 여기에 계셨더라면 그가 하셨을 설교를 하고 싶습니다. 저는 "일인칭 설교"를 하고자 합니다. 제가 성경 이야기에 나타나는 등장인물이 되어 그 사람의 이야기를 그 사람 자신의 말로 여러분에게 말하고자 합니다.

제가 제시한 모든 사항이 성경 본문에서 직접 온 것이 아니지만, 모든 세부사항은 철저히 조사되었고 역사적으로, 문화적으로 그리고 사회적으로 당시의 시대 상황과 일치하고 본문의 핵심 의도와도 일치합니다.

이제 성경 사무엘상 16-17장의 본문을 펴서 저와 함께 본문으로 들어가시거나, 혹은 앉아서 듣고 거기에 있었던 사람의 눈으로 성경의 사건을 다시 체험하셨으면 좋겠습니다.

이 지점에서 나는 2-3피트 뒤로 가서 천천히 360도 돈다. 내가 다시 청중을 향했을 때 나는 등장인물이 되어 있다. 나는 설교의 주인공으로 옮겨갔다. 설교는 시작되었다.

한 바퀴 도는 것은 그렇게 일반적인 것은 아니지만, 설교를 위해서 매우 도움이 된다. 당신이 360도를 돌았을 때, 모든 것이 바뀌었고 전체적으로 새로운 것이 막 시작하려고 한다는 것을 시각적이고 극적인 방법으로 청중에게 전달된다.

질문 4 설교하기 전 성경 본문을 읽어야 하는가?

바울은 디모데전서 4:13에서 우리에게 "읽는 것과 권하는 것과 가르치는 것에 착념하라"고 촉구한다. 우리는 하나님의 말씀을 공적으로 읽는 것을 포기할 수 없다. 그러나 동시에 당신이 일인칭으로 설교하는 주마다 어떻게 성경을 읽을 것인지에 대해서는 깊이 생각해야 한다. 이것은 두 가지 이유 때문에 이슈가 된다.

첫 번째 이유는 대부분 일인칭 메시지는 긴 성경 구절에 기초하기 때문이다. 설교할 많은 성경 내러티브 본문은 두 장이 넘는다. 어떤 것은 더 많다. 전형적인 예배에서의 시간의 제한은 성경 본문을 완전히 읽고 설교하기엔 종종 불가능하다.

성경을 어떻게 읽을 것인지에 대해 주의 깊게 생각하는 두 번째 이유는 긴장의 요소 때문이다. 우리가 이미 보았듯이, 긴장은 일인칭 설교의 가장 중요한 요소 중 하나이다. 긴장 없이는 이야기도, 설교도 흥미 없다. 설교하기 바로 전에 성경 본문을 읽음으로 이야기의 끝을 알게 하는 것은 역효과를 낳는다. 그것은 설교의 목적에 도움이 되지 않는다. 당신의 의도는 미리 긴장을 풀어버리는 것이 아니라, 놀라운 반전을 보류하고 가능한 한 길게 긴장을 유지하는 것이다. 당신이 일인칭 설교에서 성경을 읽는 방법은 최소한 두 가지가 있다.

첫째, 설교할 내러티브 본문을 읽지 않을 수 있다. 대신에 설교할 본문의 주제를 다루는 다른 성경 본문을 읽을 수 있다. 선택한 본문이 질문을 제시하거나 혹은 해결보다 필요성만을 불러일으킨다면 더욱 효과적일 수 있다.

둘째, 선택된 내러티브 본문 가운데 일부분만을 읽을 수 있다. 즉 이야기를 시작하고 긴장을 만들기 시작한 부분만을 읽을 수 있다. 그러나 어떠한 상황에서도 이야기의 "가장 핵심적인 부분"을 읽어서는 안 된다. "줄거리의 반전"을 읽어서 내러티브의 보충 요소를 드러내지 말라. 핀이 부풀어 오른 풍선을 꾹 찔러서 압력을 없애버리는 것처럼, 이것은 아주 효과적으로 설교의 긴장을 없애버릴 것이다.

질문 5 성경 이외의 자료를 얼마나 많이 설교에 이용해야 하는가?

이것은 좋은 질문이다. 하지만 "내가 성경 이외의 자료를 설교에 반드시 추가해야 하는가?"라는 질문은 바람직하지 못하다. 물론 성경 이외의 자료를 첨가할 수 있다. 모든 설교 형태는 성경 이외의 자료를 포함한다.

성경에 기록된 설교자들조차도 성경 본문에 첨가했다. 설교는 성경 본문의 단순한 암송이나 재방송을 넘어서야 한다. 설교는 성경을 추적하고 상세히 설명해야 한다.

자료가 저자의 의도를 더욱 분명하게 청중에게 제공한다면 어떤 설교 형태라도 성경 이외 자료를 포함하는 것은 전적으로 타당하다. 물론 본문과 관련된 역사적, 문화적 자료를 보충해야 하는 것은 두말할 나위가 없다. 설교자는 원래 청중이 암시적으로 알았을 내용을 오늘날의 청중에게 명확하게 말해 주어야 한다.

그뿐만 아니라 본문에서 합리적으로 심리적, 육체적 암시들을 발견해서 추가하는 것도 적절하다. 절대적으로 객관적이며, 감정이 메마른 과학적인 감각으로 성경을 보는 것도 넘어서야 한다. 성경 페이지는 우리와 같은 감정을 느끼는 사람들로 인해 채워져 있다.

예를 들어 누가복음 9:28-36에는 베드로, 야고보, 요한이 예수님의 변형사건을 목격한 사건이 기록되어 있다. 예수님이 기도하실 때 그의 용모가 변화하고 그 옷이 희어져 광채가 났다. 모세와 엘리야가 영광 중에 나타나 예수님과 대화하셨다. 몇 분 후에 한목소리가 나서 "이는 나의 아들 곧 택함을 받은 자니 너희는 저의 말을 들으라"고 했다.

이 사건을 경험한 세 명의 제자는 어떤 감정이었을까? 본문은 우리에게 상세하게 말하고 있지 않는다. 이용 가능한 증거들을 사용하여 추정할 필요가 있다. 만약 당신이 세 명의 제자 중 한 명이라면, 어떻게 반응했을까? 지겨웠을까, 싫증이 났을까? 나는 그렇지 않다고 생각한다. 나는 이 사건을 통해 우리(그리고 제자들)가 하나님을 두려워하는 것이 진정 무엇을 의미하는지, 특별한 훈련을 경험했을 거라고 생각한다. 그들이 경험한 것으로 말미암아 그들은 두려워하고 위엄에 눌렸을 것임에 틀림없다. 성경 본문에서 등장인물들의 자연스러운 심리적 추론을 끌어내는 것은 적절하다. 그렇게 할 때 청중은 본문을 더 풍성하고 더 친밀하게 이해할 수 있게 된다.

성경적 설교자에 대한 표준은 저자의 의도를 전달하는 것이다. 그래서 스스로 질문해야 한다. "이 정보가 청중에게 본문을 더 깊게 이해할 수 있게 해주고, 원래 저자의 목적을 더욱 분명하게 알 수 있게 해주는가?" 그렇다면 사용하라. 그렇지 않다면 정보를 제쳐놓아라. 저자의 의도에 붙잡히는 것은 당신이 온전한 설교자로 남게 하는 것이다. 본문에서 저자의 의도를 무시한다면 그것은 신학적으로 표류하는 것이다. 성경에서 하나님이 말씀하신 것만을 모두 말하겠다고 다짐하는 것은 참 선지자와 거짓 선지자를 구별하는 기준이다. 더도 말고 덜도 말고 본문에서 하나님이 말씀하신 것만을 말하겠다고 스스로 다짐하라.

질문 6 드라마에 대한 예비지식을 배워야 하는가?

일인칭 설교가 본래 극적인 요소를 가지고 있기 때문에 드라마 예술에 대한 이해가 도움이 될 수 있다. 그러나 동시에 당신이 직업 배우로 활동하지 않았다고 해서 일인칭 설교를 하지 못하는 것은 아니다. 이 설교 형식은 우리 중 은사가 있는 소수의 몇 사람으로 제한되지 않는다. 나는 고등학교와 대학교에서 드라마를 전공하지 않았다. 그러니 당신도 할 수 있다! 무대경험이 부족하다고 두려워하지 말라. 과연 당신이 일인칭 설교의 변두리를 뛰어넘어 이 설교 형태를 시도하기 위해 필요한 것은 무엇인가?

첫 번째로 성경 이야기를 생생하게 마음에 그리면서 시작하라. 주석의 목적은 당신이 설교할 이야기를 "보는" 것이다. 즉 종이에서 내러티브를 끄집어내서 성경 자료에 근거하여 머리 안에서 정확하게 활동사진을 만드는 것이다. 우리는 보아스의 밭에서 이삭을 줍는 룻의 모습을 "지켜볼" 필요가 있다.

- 그녀가 무슨 종류의 옷을 입고 있었는가?
- 그녀의 머리 모양은 어떠했겠는가?
- 그녀는 무슨 도구를 사용하는가?
- 보아스는 수확하는 사람을 얼마나 많이 데리고 있는가?
- 일 년 중 어느 시기인가?
- 온도가 어땠을 것 같은가?
- 그 지역의 지형은 어떠한가?
- 보아스가 하인에게 의도적으로 자신의 밭에 곡식을 남기게 하여 그녀가 줍도록 한 것은 얼마나 특별한 일인가?

훌륭한 연구는 훌륭한 드라마 창조에 참으로 중요하다. 존 그리스햄 (John Grisham)이 *Runaway Jury*를 쓰기 전에 사법 제도를 공부했다고 생각하는가? 세바스찬 정거(Sebastian Junger)가 *The Perfect Storm*을 쓰기 전 낚시에 대해 한두 가지라도 배워야 했을까? 물론이다. 이 저자들이 연구 기간에 발견한 자세한 지식은 그들의 이야기를 흥미롭고 믿을 수 있게 해준다. 그러한 결과를 당신도 원한다면 연구해야 한다. 일인칭 설교를 위한 최고의 법칙은 "당신이 이야기를 볼 수 있다면, 청중도 볼 수 있을 것이다. 이야기가 당신에게 진짜라면, 청중에게도 진짜가 될 것이다"이다.

두 번째로 성경 이야기를 "느낄" 필요가 있다. 성경 인물의 세계와 삶으로 들어갈 수 있는 거룩한 상상력을 사용하라. 그들이 느낀 것을 느끼라. 다양한 상황에서 그들이 어떻게 반응했을까를 상상하라. 그들이 왜 그렇게 했는지 행동의 동기를 확실히 이해하라. 그들의 목적은 무엇인가? 그들이 정한 목표에 도달함으로써 그들의 어떤 개인적 필요가 채워지는가? 당신이 이해하지 못한 사람을 당신은 묘사할 수 없다.

세 번째로 설교할 때 주인공을 구체화해야 한다. 설교단에서 일인칭 설교의 정당성을 얻으려면 당신 자신을 등장인물들과 바꾸어야 한다. 당신이 그 사람이 되는 것이다. 당신이 자존심을 내려놓을 자세가 되어 있지 않다면, 이것은 성취하기 불가능하다. 전문적인 목회자 이미지를 세련되게 향상시키는 것이 당신에게 가장 중요하다면 일인칭 설교를 시도조차 하지 말라. 자존심을 중요시하는 전달은 당신이 살아 계신 하나님께서 중요하게 사용하는 사람이 아니라, 당신을 마치 악역을 담당하는 꼭두각시처럼 보이게 할 것이다.

위의 세 단계는 연극에 대한 배경지식과 관계없이 강력한 일인칭 설교를 전달할 수 있도록 도울 것이다. 당신의 사역을 대표할 수 있는 가장 영향력 있는 설교를 만들려면 이 단계를 이용하라.

질문 7 내가 창의력이 부족하다면 어떤가?

누가 창의력이 강한 사람인가? 내가 아는 가장 창의력이 풍부한 사람들은 원래 그렇게 태어나지 않았다. 그러나 공통으로 창의적인 사람들이 가진 것은 어려운 일(창의적인 데 필요한)에 헌신하는 것이다. 창의력의 원칙을 이해하고 적용하는 사람은 누구나 특별한 결과를 성취할 수 있다. 당신은 지금보다 훨씬 더 창의적일 수 있다. 여기에 방법이 있다.

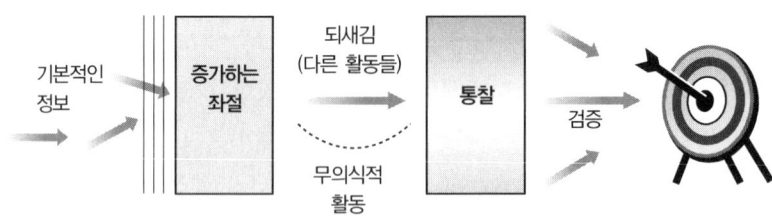

창의력은 기본적인 정보로 시작한다. 설교 준비에서 필요한 기본적인 정보는 핵심 아이디어이다. 주석 작업 첫 번째 단계부터 시작해야 한다.

주석적, 설교학적, 설교 아이디어를 작성한 후에 아이디어를 전달하는 가장 좋은 방법을 결정하고 두 번째 단계로 그것으로 창의적인 일을 시작할 수 있다. 여기에서 설교자들이 종종 어려움에 봉착하게 된다. 설교자들은 무엇을 해야 하며 어떻게 하는지를 고민하게 된다. 설교자의 초기 아이디어 대다수는 문제가 있거나 혹은 재탕한 진부한 표현으로 가득한 것 같다. 점점 좌절이 증가한다.

이때에 학생들은 대체로 다른 본문을 택해야 할지 질문한다. "확실히," "이러한 모든 어려움은 내가 다른(더 쉬운) 본문을 찾는다면 해결될 것이야" 고 생각한다. 그러나 이것은 거의 사실이 아니다. 물론 자신이 할 수 있는 능력을 훨씬 뛰어넘는 본문을 택한 초보 내러티브 설교자는 새로운 본문으로 다시 시작해야 한다. 다른 모든 상황에서 가장 좋은 접근은 단순히 어깨에 짊어지는 것이다. 당신이 느끼는 좌절은 포기하라는 신호가 아니다. 좌절은 창의적인 과정 중 다음 단계로 이동하라는 신호이다. 이것은 창의적인 과정의 필수적인 부분이다. 그렇기에 사랑-증오 관계를 발전시켜야 한다.

상당한 시간 동안 설교를 위해 본문과 씨름한 후에 가장 좋은 일은 잠시 쉬는 것이다. 전적으로 다른 것을 하라. 조깅하고, 잔디 깎고, 책 선반을 정리하고, 집안 청소하고, 차를 씻어라. 책을 떠나 완전히 다른 것을 하라. 창의적 과정 중 세 번째 단계는 대개 무의식적이다. 이것은 당신의 마음이 설교 준비와 다르면서 덜 지적인 일에 몰두할 때 발생하는 되새김에서 생긴다. 당신이 다른 것을 생각하는 동안 가장 훌륭하고 가장 창의적인 통찰력이 "뜻밖에, 불쑥" 떠오를 때도 있고, 깨어 있을 때 괴롭히던 문제가 밤에 잠을 깨면서 갑자기 해결되는 때도 있다.

다음으로 이 새로운 통찰력의 진실성을 검증하라. 당신의 해결책이 확실히 문제를 해결할 수 있다는 것을 확인해라. 그렇다면 당신이 찾고 있었던 해결책을 발견했음을 당신은 알게 된다. 당신이 원했던 창의력은 왔다.

모든 사람은, 심지어 당신도 창의적일 수 있다! 창의적이 되도록 우리가 해야 할 것은 되새김의 과정을 위해서 필요한 시간을 확보하는 자기 훈련이다. 준비를 일찍 하라. "토요일 밤 스페셜"은 창의적인 해석이 아니라 절망적인 설교를 낳는다. 당신 스스로 휴식을 취하라. 당신이 필요한 시간을 스스로 제공하라.

질문 8 설교하기에 가장 어려운 본문은 무엇인가?

아마 이것은 당신이 가장 잘 알고 있을 것이다. 당신이 교회에서 성장했다면 셀 수 없이 많은 시간 동안 주일학교, 어린이 캠프, 아와나(Awana), 여름 캠프, 설교 등을 통해 많은 성경 이야기를 들었을 것이다. 그러한 이야기를 들을 때마다 하나의 아이디어가 전달된다. 암시적으로 혹은 분명하게, 스토리텔러는 그것이 의미하는 것을 말한다. 그들은 성경 저자의 의도를 정확하게 제시했을 수도 있고 그렇지 않았을 수도 있다. 그러나 우리가 같은 아이디어와 연관된 같은 이야기를 수백 번 들을 때, 그 이야기와 해석 사이의 관련성이 강하게 된다. 우리는 그 이야기가 의미하는 것을 특별히 다시 생각하지 않는다. 그 해석의 옳고 그름에 상관없이 우리는 그것을 기억하게 된다.

설교를 준비하는 과정 중 단계 1에서 우리가 직면하는 유혹은 스스로 성경 본문을 재점검하지 않고 전해내려 온 오래된 가르침을 그냥 전하는 것이다. 그런데 우리에게 잘 알려졌기 때문에 주석을 위해서 그렇게 많은 시간을 투자하지 않을 때, 우리는 원래의 아이디어를 그들에게 전하지 않고, 과거에 들었던 이야기를 재방송하면서 진부한 설교로 끝나게 된다는 것을 기억해야 한다.

전통에 의해 우리에게 익숙해져 버린 선입견을 극복하기는 쉬운 일이 아니다. 그러나 새로운 세대에게 신선하게 설교하려면 우리는 가장 익숙한 본문조차도 질문하며 재점검해야 한다.

질문 9 유머가 얼마나 중요한가?

유머는 자주 전달도구로 평가 절하되곤 한다. 표면적으로 유머는 가볍고, 내용도 없고, 유익하지도 않고, 불경건한 것처럼 보인다. 그러나 유머의 진정한 영향력은 수면 아래에 있다. 유머는 일체감을 형성하는 능력에 있다. 유머로 말미암아 웃을 때마다, 어느 수준에서 당신은 메시지와 동일시되고 있는 것이다. 일치의 정도는 우리의 웃는 정도로 알 수 있다. 그것은 빌 코스비가 치과 사무실에서 자신이 경험한 우발사고에 대해 이야기할 때 왜 우리가 배를 잡고 웃는지에 의해서 설명될 수 있다. (그것은 우리가 입이 마취된 상태에서 침을 뱉는 것이 얼마나 어려운 일인지 알고 있기 때문이다.) 그것은 또한 왜 우리가 불량한 농담에서는 웃을 수 없는지에 의해서도 설명될 수 있다. (그것은 우리가 음담패설 아래에 숨어 있는 가치 체계에 동의하지 않기 때문이다.)

청중이 등장인물과 함께 웃을 때 그들은 등장인물과 동일시하고 있는 것이다. 일체감이 더 클수록 등장인물을 통해 구체화된 핵심 아이디어가 청중의 삶에 끼칠 영향력은 더 크다. 유머는 당신이 청중과 유대감을 형성하는 유일한 방법은 아니나, 매우 효과적인 방법은 될 수 있다.

질문 10 얼마나 자주 일인칭 설교를 해야 하는가?

평균적으로, 나는 일 년에 4-6번 정도 일인칭 설교를 한다. 나는 이 설교 형태가 특별한 본문을 특별한 청중에게 전하는 가장 좋은 방법일 때만 사용한다. 나머지 시간에 나는 제8장에서 설명한 내러티브 설교 대안 중 하나를 사용한다. 왜 내가 일 년에 몇 주를 일인칭 설교를 선택하고 나머지는 그렇게 하지 않을까? 때때로 나는 본문의 감정 때문에 일인칭 설교를 선택한다. 일인칭 설교는 있는 그대로의 감정을 표현하는 데 가장 좋은 설교이다. 감정이 넘쳐흐르는 내러티브를 설교하고자 할 때 이보다 더 나은 선택은 없다.

다른 때에 나는 본문의 친숙함 때문에 일인칭으로 설교한다. 일인칭 설교는 청중이 친숙한 내러티브를 다시 새롭게 보는 데 도움되는 가장 훌륭한 방법이다. 이것이 내가 항상 크리스마스나 부활절 때 일인칭으로 설교하는 이유이다. 예수님의 탄생과 죽음에 관한 설교는 경이롭고 감정적으로 풍부한 이야기이다. 그러나 너무 친숙하기 때문에 오래된 과일 케이크처럼 우리의 설교가 신선하지 않고 매력 없게 들리게 한다. 당신이 몇 년 동안 같은 교회에서 목회했다면 크리스마스와 부활절 설교를 신선하게 하는 것이 얼마나 어려운지 알고 있을 것이다. 그러나 당신은 일인칭 설교로 훨씬 다양하게 설교를 할 수 있다. 십자가와 구유 주위에 등장인물들이 있는 것만큼이나 가능성이 크다.

질문 11 적용은 어떠한가?

감정이 이 설교 형태의 강점이라면 적용은 약점이다. 이 약점은 이야기를 하는 등장인물에 대한 문화적 인식이 제한되기 때문에 형성된 것이다. 고대 등장인물이 우리에게 이야기할 때, 우리는 즉시 그들의 세계로 빨려 들어 간다. 성경의 등장인물이 살았던 곳, 예배했던 곳, 일했던 곳, 싸웠던 곳을 알게 된다. 그러나 성경의 등장인물은 우리의 삶에 대해 우리가 아는 수준만큼 자세히 알지 못한다. 그들은 우리 시대에서는 이방인이다.

야곱의 아들 요셉을 주연으로 한 일인칭 설교를 만들었다면, 요셉이 이집트 감옥 체계에 대해 깊이 있게 이해하고 있음을 보여주는 것은 어렵지 않다. 이것은 등장인물에 대한 우리의 이해와 서론에서 언급된 이와 같은 설교 형태의 규칙과도 전체적으로 조화를 이룬다. 그러나 요셉이 보스턴 레드삭스(Boston Red Sox)와 뉴욕 양키즈(New York Yankees) 사이에 존재하는 경쟁의식에 대해 언급하는 것은 적절치 못하다. 물론 이것이 약간의 웃음은 줄 수 있다. 그러나 당신이 등장인물에게 그 시대에 맞지 않는 비현실적인 것을 말하게 한다면, 그것은 이러한 설교 장르의 진정성을 위태롭게 할 것이고, 청중에게 영향을 끼치는 능력을 감소시킬 것이다. 현실과 일치하지 않는 방법으로 등장인물이 행동하고 말할 때 당신 자신과 설교단을 조롱거리로 만들게 된다.

그러면 오늘날과 관련된 지식을 얼마나 많이 일인칭 설교의 등장인물들을 통해 말할 수 있는가? 내 경험에 의하면 최초의 TV 시리즈 '스타 트랙'(Star Trek) 정도의 수준이면 될 것 같다. 다시 말해, "멀리 떨어진 팀"의 대원들이 미지의 행성으로 신호를 보낼 때 그들이 가지고 있었던 정도의 지식이다. 혹은 비유를 바꾸어서 설명하면, 당신이 파푸아뉴기니 섬의 하겐(Hagen)산에 오늘 오후 엔진 하나로 움직이는 비행기로 도착할 때, 당신이 아는 정도의 문화적 지식을 그들도 알 수 있을 것이다. 물론 많지는 않을 것이다.

이렇게 제한된 오늘날에 대한 지식은 등장인물이 성경 본문을 청중의 삶에 얼마나 적용할 수 있는지에 대한 분명한 암시를 준다. 긍정적인 면에서 등장인물은 그들이 경험한 본문의 주요 사상을 청중에게 직접적으로 말할 수 있다. 다시 말해, 등장인물들은 청중을 대면하여 어려운 방식으로 삶의 교훈을 배우는 사람들에게 날카롭지는 않지만 강렬하게 설교학적 아이디어와 설교 아이디어를 직접 진술할 수 있다는 것이다. 우리는 이러한 방식이 주는 영향력과 효과를 얕보지 않아야 한다. 이 방법은 특별하지는 않지만 좋은 전달 방식 가운데 하나이다.

일인칭 설교의 약점은 설교학적 아이디어와 설교 아이디어를 청중의 삶에 구체적으로 적용할 수 없다는 것이다. 삼손은 "죄를 짓지 마!"라고 말할 수 있으나 "인터넷에서 포르노 사이트를 검색하면서 죄를 짓지 마!", 혹은 "무아경에 빠져서 소리를 지르면서 죄를 짓지 마!"라고 말할 수 없다. 삼손은 이러한 정보에 접근할 수 없다.

이것을 보상하는 방법 중 하나는 당신이 "죄를 짓지 마!"라고 말한 후에 한 사람을 올라오게 한 후, 그 사람이 당신 자신에 구체적으로 말하게 함으로 간접적으로 적용하는 것이다. 당신이 이렇게 하기로 할 경우:

- 이러한 간접적인 적용은 일인칭 설교 자체보다 감정적인 힘이 훨씬 약하다는 것을 알라.
- 이것을 길게 하지 않아야 한다는 것을 기억하라. 이야기는 끝났고, 긴장이 사라졌다. 왜냐하면 관심과 흥미가 거의 없어졌기 때문이다.
- 그것을 써라. 순간적인 영감에 의한 특별한 적용을 믿지 말라. 다른 사람이 말하도록 할 것을 기록하라. 마지막 준비과정에 그 사람이 참여하도록 하라.

그러나 내가 내 메시지를 다른 사람에게 적용시키는 것은 드물다. 설교학적인 아이디어와 설교 아이디어를 극적으로 강렬하고 분명하게 만들 때, 청중들이 본문에서 요구하는 구체적인 적용을 하는 것이 상대적으로 쉽다는 것을 알게 된다.

20년 전에 나는 작고 보수적인 성도들이 있는 시골 교회에서 처음 전임으로 일했다. 어느 날 아침에 조깅하러 집을 나설 때 나는 '프리칭 투데이'(Preaching Today) 카세트테이프를 내 워크맨에 넣었다. 그것은 내 설교를 변화시켰다. 내가 황량한 시골길을 따라 달릴 때, 나는 내가 듣는 것에 사로잡혔다. 그것은 내 첫 번째 일인칭 설교였다. 나는 이와 같은 것을 들어본 적이 없었다. 그것은 나를 매혹했고 두렵게 했다. 나는 그냥 있을 수 없어서 다음 주에 그와 비슷하게 설교하기로 했다. 솔직하게 말해서, 그때 나는 내가 하는 것에 대해서 잘 알지 못했다. 앞에서 내가 설명한 일인칭 설교의 장점들에 대해서 알지 못했다! 예배 시작하기 30분 전에 나는 모험을 하고 있다는 것을 알게 되었다. 나는 공포를 느끼기 시작했다.

"내가 무엇을 하고 있는가?" 나는 스스로 질문했다. "내가 어떤 종류의 미친 모험을 하고 있는가? 나는 이와 같은 것을 하는 사람을 본 적이 없었다. 회중이 어떻게 반응할 것인가? 그들이 나를 내쫓을 것인가? 내 젊은 시절의 목회 경력이 여기에서 끝날 것인가?" 나는 너무 두려워서 나뭇잎처럼 떨기 시작했다. 만약 그때 내가 할 수만 있었다면, 나는 내 사무실로 돌아가서 오래된 설교를 찾아 그것을 설교했을 것이다. 그러나 그때 나는 사역을 막 시작하는 시기였기 때문에, 준비해 둔 설교가 없었다. 나는 어쩔 수 없었다.

그날 아침 내가 모험적인 설교를 한 것은 용기라기보다는 다른 방법이 없었기 때문이라고 하는 것이 옳다. 내가 사도행전 18장에서 아굴라라는 인물을 맡아 내 아내 브리스길라와 함께 바울 사도와 동역하는 것이 얼마나 놀라운지를 설교하기 시작했을 때, 나는 종잇장처럼 창백했음에 틀림없다. 난 그날 아침 많은 것을 잘못했다. 그것은 완벽한 설교가 아니었다. 그러나 가장 나를 놀라게 한 것은 사람들의 반응이었다. 그들은 그것을 좋아했다. 반응은 압도적이었다. 내가 몇 년 후 그 교회를 사임했을 때 사람들이 선발하여 내게 고마움을 표한 설교 가운데 하나가 이것이었다. 내가 그날 아침 모험을 감수하지 않았더라면, 나는 전혀 그들의 삶을 풍요롭게 하지 못했고 또한 내 설교 지평도 넓히지 못했을 것이다.

터미널 주변을 맴돌지 말라! 버스에서 내려라! 과감하게 일인칭 설교에 도전하라!

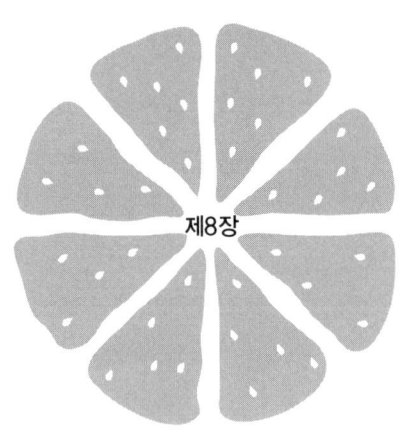

제8장

일인칭 설교에 대한
내러티브 대안들

『주님은 나의 최고봉』(*My Utmost for His Highest*, 이중수 역, CLC)-이것은 오스왈드 챔버스(Oswald Chamber)의 고전적인 책 제목인데, 항상 나에게 영감을 주었다. 그 제목은 내가 내 삶에서 하고자 한 것을 잘 표현하고 있다. 당신처럼, 나도 온 힘을 다해 하나님의 영광을 높이고 싶다. 특별히 설교단에서도 말이다. 그런데 그것이 어떻게 가능한가?

목회학 박사 과정에 입학한 학생들로부터 가장 일반적으로 듣는 불평은, "난 내 설교가 지겹다"는 것이다. 이 불평이 나를 훨씬 더 놀라게 하는 까닭은, 이 불평이 10년 혹은 그 이상 동안 교회에서 하나님과 그의 말씀을 깊이 사랑하며 열심히 온 힘을 다해 사역한 사람들에게서 나온 것이기 때문이다. 이 하나님의 종들은 매주 성경에 충실하고, 성경을 청중들의 삶에 효과적으로 연결하게 하고자 노력을 하면서 성실하게 사역하는 사람들이다. 그들은 지겨운 것을 원하지 않는다. 그러나 그들은 지겹다. 청중도 그렇게 말한다.

왜 그런가? 그렇게 흥미로운 이야기들이 주일 아침이 되면 어떻게 베이지색의 벽처럼 활기 없는 이야기가 되어버린단 말인가? 설교자가 지겨운 메시지를 설교하는 한 가지 이유는 반복이다.

당신이 가장 좋아하는 음식은 무엇인가? 피자? 김치? 초밥? 특별한 음식을 당신이 아무리 좋아한다 할지라도 그것을 매식사 때마다 먹고 싶지는 않을 것이다. 특별한 음식에 대한 당신의 호감을 줄이는 가장 확실한 방법의 하나는 그것을 자주 먹는 것이다. 반복은 뛰어난 것을 평범한 것보다도 못하게 만들 수 있다. 이 실수는 부엌뿐만 아니라 설교단에서도 만들어진다.

많은 뛰어난 설교자들이 신학교에서 배웠던 한 가지 방법을 주마다, 아니 10년이 넘도록 바꾸지 않고 반복해서 변함없이 사용한다. 쉽게 말하면, 그들은 퇴직할 때까지 매주 일요일 아침 오전 열한 시에 자신들이 말하려고 하는 것이 무엇인지 안다. 그들은 리듬 기계처럼 정형화되어 있으며, 감동을 주는 부분에서도 마찬가지다. 그러나 잘못 말할까봐 두려워하여 자신들이 배우지 않는 것에 대해 모험을 하지도 않는다. 나는 그들이 믿는 신학적 정통을 철저히 지키려고 한 것에 대해서는 감탄하지만, 독창성의 부족함으로 인해 그들에게 안타까운 마음을 갖지 않을 수 없다. 이젠 영양가가 풍부할 뿐 아니라 식욕을 돋우는 방법으로 하나님의 말씀을 전하는 데 새로운 요리법을 시도할 때이다.

나는 어떤 젊은이가 아버지의 허락도 없이 아버지의 새 차를 가지고 자갈 웅덩이로 운전하여 가서, 그 차가 거기에서 무엇을 할 수 있는지를 시험해 보았다는 말을 들었다. 그는 차가 속도변환 조절 능력을 잃어버려 튕겨나가 바퀴를 움직이지 못하게 될 때까지 아주 재미있었을 것이다. 그러나 최악은, 차가 전복되었을 때 카오디오에 들어 있던 그의 아버지의 가장 좋아하는 음악이 충격으로 틀어져 반복적으로 들려왔다는 것이다. 젊은이는 그것을 끌 수 없었다. 다행스럽게도 그 음악 때문에 차가 발견되고, 구조팀이 하루 이상을 걸려 그를 차에서 끄집어내었다.

나는 그 아버지가 불순종한 아들에게 어떤 벌을 내렸는지는 듣지 못했다. 아마도 그는 벌을 내리지 않았을 것이다. "나이든 사람"이 좋아하는 음악을 계속해서 들으라고 강요받는 것도 잔인하고 특별한 벌이라고 생각할 수 있다. 우리의 설교를 듣는 사람들도 동의할 것이다. 이제 우리의 설교 장르를 확장할 때이다. 새로운 어조로 설교하는 방법 몇 가지를 배워보자.

그러나 반복이 지겨운 설교의 유일한 원인은 아니다. 지겨운 설교는 설교자가 그들이 전하는 본문의 문학적 장르와 설교 형식이 조화를 이루지 않을 때도 발생한다. 제1장에서 언급한 것처럼, 하나님은 자신의 목적에 맞는 적절한 단어와 장르에 똑같이 영감을 주어 그의 말씀을 전달했다. 성경 본문의 사상은 하나님의 영감으로 이루어진 문학 장르 안에서 하나님의 영감으로 이루어진 말을 통해 전달된다. 하나님의 영감으로 이루어진 단어와 장르의 조합은 하나님의 사상을 전달하기에 적절하다. 그리고 그것은 오늘날에도 동일하게 존중되어야 한다.

메시지를 전달하는 데 사용된 문학적 형태는 메시지와 뗄 수 없는 메시지의 필수적인 한 부분이다. 강해 설교자들은 그들의 메시지를 효과적으로 전하기 위해 성경 본문의 단어와 장르를 함께 고려해야 한다. 설교자가 일요일 설교에서 사용한 설교 형태가 하나님이 원래 성경에서 사용한 문학적 형태와 상당히 다르다면, 그 설교는 설교자가 아무리 오랫동안 연구했다 하더라도 성경 본문을 정확하게 전달하지 못할 것이다. 장르에 적절하지 못한 설교 형태는 본문의 의미를 왜곡시키고 고유한 문학적 힘도 빼앗아 갈 것이다.

우리가 설교단에서 전하는 성경은 휴대할 수 있는 도서관이다. 그것은 놀랍게 다양한 문학을 특징으로 하기 때문에 당연히 다양하게 설교되어야 한다. 하나의 "적절한" 설교 형태는 없다. 우리의 설교 형태는 하나님께서 다양하신 만큼이나 창의적일 수 있다. 우리의 목적이 이미 하나님의 영감으로 이루어진 문학을 충실하게 재전달하는 것이기 때문에, 하나님의 영감으로 이루어진 문학의 형태는 우리 설교의 창의력을 지배할 필요가 있다. 하나님은 자신의 사상을 가장 적절한 문학 형태로 전달하셨다. 우리는 그분의 예를 따라야 한다. 서신서는 그 장르의 특별한 요소를 반영하는 형태로 설교되어야 한다. 내러티브도 그렇다. 성경 본문의 문학적 형태를 당신의 설교 형태로 확장하는 것은 당신이 하나님의 말씀을 더 정확하게 전달하도록 해줄 것이다.

그러나 이뿐만 아니라 설교 형태와 본문의 형태를 어울리게 할 때 당신은 본문의 수사학적 능력을 경험하게 될 것이다. 수력발전용 댐이 강의 힘을 이용하듯이, 본문의 장르를 이용한 설교 형태는 원래 본문의 문학적 힘을 이용하는 것이다. 만일 당신이 본문에 이용되었던 문학 형태를 이용한다면, 본문이 청중에게 가졌던 영향력이 당신의 설교에서도 똑같이 발휘될 수 있을 것이다.

추상적인 요점들로 성경의 위대한 이야기 중 하나를 설교할 때 그것의 극적인 생명력은 없어져 버린다. 우리는 설교학적으로 현장 검증을 함으로써 이야기를 죽인다. 또한 이야기를 절단하고 청중에게 이야기의 다양한 부분들을 한 번에 드러냄으로도 이야기를 죽인다. 우리가 이렇게 할 때 청중은 지겨워한다. 하나님의 말씀으로 청중을 지겹게 하는 것은 죄악이다. 원래 저자가 원래 청중에게 주었던 것처럼, 당신이 청중에게 같은 영향력을 주고 싶다면 설교 형태에서 원래 본문의 형태를 되풀이하라.

1. 내러티브 특유의 특징들

내러티브 본문이 내러티브 형식으로 설교될 때, 그 본문은 가장 정확하고 강력하게 설교될 수 있다. 우리는 이것을 어떻게 하는가?

"적절한" 내러티브 설교 형태들의 명확한 목록은 국제 설교학자 심포지엄에서도 공식적으로 확인되지 않았다. 즉 당신은 자유롭게 자신의 내러티브 형태를 독창적으로 만들 수 있다. 그러나 모든 내러티브 설교 형태는 다음의 4가지 특징들을 공유한다고 말하고 싶다.

- **긴장**: 내러티브는 하나의 아이디어를 중심으로 귀납적으로 배열된다. 청중이 경험하는 긴장의 정도는 이야기에서 주인공이 경험하는 갈등의 강도에 의해 증가한다. 그것은 이야기가 비극적으로 끝나거나, 혹은 줄거리의 놀라운 반전 때문에 행복한 결말로 끝날 때까지 계속된다. 내러티브 설교도 마찬가지로 하나의 핵심 아이디어를 드러내고자 귀납적으로 배열되고 갈등이 증가함에 따라 계속해서 진전되어 간다. 그리고 비극적 결론이나 행복한 결론으로 이야기는 끝난다.
- **구체주의**(Concretism): 성경 내러티브에서 추상적인 사상은 항상 구체적으로 경험할 수 있는 "실제 삶"의 형태로 제시되고 토론된다. 바울은 로마서에서 이신칭의 교리를 토론한다. 아브라함은 창세기의 내러티브에서 이신칭의 교리를 보여준다. 내러티브설교는 진실을 토론하기보다는 보여준다.
- **감정**: 성경 이야기는 듣는 사람들의 정신뿐 아니라 마음도 만진다. 내러티브 설교는 요점을 감정적으로 전달한다. 청중은 자신이 이해한 설교의 아이디어를 느낄 수 있다.
- **문학적 효과**: 성경 내러티브는 대충 지어낸 이야기가 아니다. 그것은 하나님의 영감으로 이루어진 기술과 탁월성으로 기록되었고, 인간 문학의 원형이다. 내러티브 설교도 같은 수준의 탁월성을 반영한다. 그것은 목회 사역 때문에 특별히 바쁜 주(周)에 손쉽게 할 수 있는 설교가 아니다.

긴장, 구체주의, 감정, 문학적 효과를 포함한 모든 설교는 내러티브 문학을 설교하는 데 적절하다. 그러한 메시지는 내러티브 문학에서 저자의 의도를 청중에게 효과적으로 재전달할 것이고 당신이 지루한 설교로 죄를 짓지 않도록 해줄 것이다.

효과적인 설교자는 내러티브 본문을 다양한 설교 형태로 접근한다. 설교 준비 1단계에서 그들은 앞에 놓인 설교학적 도전을 고려하지 않고 주석 작업을 한다. 그러나 설교 준비 2단계로 넘어가는 열쇠로 본문의 핵심 아이디어를 발견한 후에, 효과적인 설교자는 다양한 설교학적 선택을 고려한다. 그들은 다양한 대안들 가운데서 특별한 경우에 특별한 청중에게 특별한 본문을 가장 잘 전할 수 있는 한 가지 방법을 선택한다.

어떠한 설교 형태도 완벽하지 않다. 모든 설교 형태는 고유한 장점과 단점을 가지고 있다. 그러므로 현명한 설교자는 가능한 한 설교의 다양한 형태들을 찾고 발전시킨다. 훌륭한 기계공처럼, 훌륭한 설교자는 다양한 도구들 가운데 하나를 택하기 원한다. 그리고 그것은 그들이 잘 설교할 수 있도록 도와준다.

2. 일인칭 설교의 대안들

이제 일인칭 설교 외에, 내러티브 장르에 적절한 설교학적 대안 중 몇 가지를 소개하고자 한다.

1) 설교학적 구성

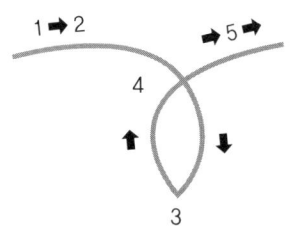

첫 번째 대안인 유진 로우리(Eugene Lowry)[1]의 특이한 설교 개요(Homileti-cal Plot)는 1980년에 소개될 때 혁명적이었다. 그리고 오늘날에도 여전히 효과적으로 사용된다. 이 설교 개요는 전통적이지 않다. 이것은 직선모양도 아니고 삼단 논법도 아니다.

이 디자인은 성경 내러티브의 긴장과 해결을 강조하도록 해준다.

유진 로우리의 설교 개요에서, 포인트 1은 평형 뒤집기이다. 포인트 2는 이상적인 과거와 덜 이상적인 현재 사이의 모순 분석이다. 포인트 3은 해결의 실마리(본문의 핵심 아이디어의 보충 요소)이다. 유진 로우리는 설교자들에게 포인트 4에서 복음이 청중의 상황에서 만드는 차이를 청중이 경험할 수 있도록 도우라고 권면한다. 설교는 포인트 5에서 끝나게 되는데, 여기에서 설교자는 청중이 이 새로운 정보가 그들의 미래에서 가져다줄 결과를 기대하도록 한다. (유진 로우리의 제자들은 이 개요를 짧게 줄였다: 1-웁스(Oops); 2-우〈Ugh〉; 3-아하〈Aha〉; 4-와〈Whee〉; 5-예〈Yeah〉.)

"유진 로우리의 고리 모양(the loop)"을 생각할 때, 유진 로우리가 제안한 것은 앞에서 우리가 논의한 모노 가상 사이클과 거의 다르지 않음을 알 수 있다. 흥분시키는 사건은 청중을 혼란시킨다.-Oops! 대다수 설교는 이때 지금 현재 진행되고 있는 것과 그것이 과거에 어떠했는지의 차이 때문에 긴장이나 불일치가 증가하는데, 그때 청중은 숨을 죽이고 지켜본다.-Ugh! 줄거리에서 눈에 보이는 반전이 일어난다. 이때 해결의 실마리 혹은 본문의 핵심 아이디어가 드러난다.-Aha! 여기서부터 분위기는 감정적으로 만족을 주며, 행복한 결론을 향해 위로 상승해 간다.

유진 로우리가 제안한 고리 모양의 가장 중요하고 계속되는 공헌은 모노 가상의 죽은 겨울부터 여름까지 왜, 그리고 어떻게 진행되는지 볼 수 있다는 것이다. 이것을 위해서 유진 로우리는 본문의 핵심 아이디어가 제시하는 놀라운 복음의 소식에 빠져 시간을 보낼 것을 추천한다.-Whee! 그리고 앞서서 미래에 대해 생각한다. 이 본문의 진리가 삶의 곡선을 어떻게 변화시킬 것인가? 또한 그것이 장기간에 걸쳐 어떤 변화를 가져올 것인가?- Yeah! 유진 로우리의 고리 모양의 제안은 본문의 내러티브 장르와 적절한 설교 형태를 연결하고자 하는 설교자들에게 실용적이고 유익한 선택이 될 수 있다.

2) 삶 만들기

일인칭 설교에 대한 두 번째 대안은 소위 "삶 만들기"(Life Shaping)이다. 모든 설교자는 사람들이 성경의 인물들에 관한 설교를 듣고 싶어 한다는 것을 알고 있다. 삶 만들기는 전기 설교(Biographical preaching)를 내러티브 장르로 접근하는 것이다. 그것은 "역사 회고와 경험으로 얻어진 교훈" 방식에 대한 하나의 대안이라고 할 수 있다.

전제는 아주 간단하다. 성경의 영웅들이 왜 그와 같이 결정하였고, 그 결과가 어떠했는지를 청중이 이해하도록 한 후에 영웅의 예를 따라야 할지 피해야 할지를 청중이 선택하도록 격려하는 것이다. 이것은 청중의 삶을 성경의 인물의 삶과 비교함으로써 이루어진다. 다음의 그림이 보여주는 것처럼 이 방법은 성경의 모노 가상 사이클을 활용함으로써 성경 내러티브의 능력을 이용하는 것이다. 청중이 성경 인물들의 삶을 6단계로 다시 추적하게 함으로서, 나쁜 결정은 피하고 긍정적인 선택은 본받도록 격려한다. 청중들이 더 나은 선택을 하도록 도움으로써 그들의 삶을 재형성하게 한다. 이것이 어떻게 가능한지 다니엘 1장을 통해 상세히 설명하겠다.

첫째, 성경 인물과 개인적 동일화를 시도하라.

설교는 내러티브의 "여름"에서 시작한다. 설교의 이 부분에서 당신의 목표는 청중이 성경 인물과 자신을 동일시하도록 도와주는 것이다. 성경의 등장인물과 청중 사이에 다리를 놓아라. 청중이 성경 인물의 삶과 자신의 삶에 연결된 고리들을 발견하게 하라. 다음의 질문들은 그것을 위해 도움될 것이다.

- 이 사람은 누구인가?
- 그 사람은 어디에 사는가?

- 그 사람의 배경, 교육수준, 직업, 사회적 지위는 어떠한가?
- 이 성경 인물이 어떤 방식으로 청중과 비슷한가?

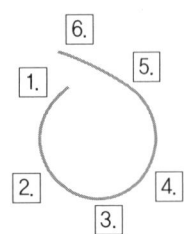

둘째, 이야기의 등장인물들이(성경적이면서 현대적인) 선택할 수 있는 다양한 가능성이 열려 있는데, 그 가운데 하나를 선택할 수밖에 없다는 인식을 심어주라.

성경 인물이 직면한 "가을"의 어려움을 말할 때 청중의 삶에서도 같은 고통이 있음을 보여줘라. 성경 인물들은 실제로 존재했던 사람들이다. 성경의 영웅이 어떤 것을 결정하면서 느꼈던 긴장과 고통을 청중도 같이 느끼도록 하라. 그 고통을 이용하여 우리도 선택하지 않을 수 없다는 사실을 청중이 깨닫도록 하라. 다음의 질문은 당신의 생각을 분명히 밝히는 데 도움이 될 것이다.

- 성경 인물은 희생자인가 아니면 다른 사람을 괴롭히는 사람인가?
- 그 인물은 무력감을 보이는가?
- 당신(혹은 당신이 아는 누군가)도 같은 방식으로 느껴본 적이 있는가?

다니엘은 자신의 상관들과 갈등을 일으키지 않으려고 노력한다. 그는 단순하게 하나님께 순종하며 살기를 원한다. 그럼에도 그의 상관들은 하나님의 명령을 거역하여 행동하도록 그에게 지시했다. 다니엘은 화평을 도모하고자 그 앞에 놓인 음식을 먹어야 하는가? 아니면 이제는 망해 버린 고국에서 만들어진 하나님의 법을 굳건히 지킴으로써 자신의 생명과 일을 위험에 빠뜨려야 하는가?

다니엘은 어떤 선택을 하는가? 다니엘과 비슷한 상황에 직면한 적이 있는가? 당신은 세상의 문화와 어울리도록, 그리고 희생이 뒤따르겠지만 너무도 분명하게 요구하는 하나님의 말씀과 타협하도록 유혹을 받지는 않는가? 그러한 상황에서 당신은 무슨 선택을 해야 한다고 생각하는가?

    다니엘 1장에서 영웅은 우리와 같은 사람이다. 다니엘은 그의 신앙을 위협하는 세속적 환경에서 살고 있다(그가 원하든 원하지 않든 간에). 하나님을 증오하는 삶의 환경에서 당신을 도울 자가 전혀 없는 인질인 것처럼 느껴본 적이 있는가?

셋째, 등장인물이 무엇을 결정하고, 왜 그와 같은 결정을 했는지 청중이 이해하도록 도와주라.

    이 시점에서, 당신은 성경 이야기의 겨울에 있다. 견딜 수 없는 일들이 진행되고 등장인물은 행동하기 시작한다. 당신은 모노 가상 사이클의 맨 밑바닥, 감정의 절정에 있다. 여기에서 낭신은 성성 인물의 심리석 동기를 발견해야 한다.

- 이 결정을 어렵게 만든 이유는 무엇인가?
- 결국 언제 등장인물이 행동으로 옮겼는가?
- 왜 좀더 일찍 하거나, 나중에 행동하지 않았는가?
- 이 사람은 어떤 결정을 했는가?
- 왜 등장인물은 그렇게 행동했는가?
- 그 사람으로 하여금 그와 같이 행동하도록 동기를 부여한 요인들이 있는가? (예를 들어 사회적, 신체적, 영적 요인 등등)

    다니엘은 바벨론 왕을 순종할 것인지 왕 중의 왕을 순종할 것인지 선택해야 한다. 다니엘은 인간 권위보다 하나님을 순종하기로 선택하고, 가능한 한 왕을 덜 불쾌하게 하는 방식으로 행한다. 하나님의 법이 훌륭한 법임을 보여주고자 과감한 모험을 한다. 그는 하나님께 순종하는 것이 현명하면서도 거룩한 결정임을 보여준다. 무엇이 다니엘로 하여금 그렇게 행하도록 동기를 부여했는가? 그것은 하나님을 싫어하는 상관에게 불필요한 적대감을 유발하지 않으면서 동시에 하나님을 높이기 원했기 때문이다.

성경에서 말하는 설교를 위해, 등장인물에 대한 당신의 이해가 본문 자체에 근거해야 함을 기억하라. 설교자로서 당신의 책임은 성경의 저자가 원래의 청중에게 의도했던 메시지를 오늘날의 청중이 이해하도록 돕는 것이다. 올바른 설교 형태로 전달하는 것은 당신이 하나님 말씀의 문학적 역동성을 감소시키지 않도록 해준다. 핵심 아이디어를 제대로 설교하는 것은 청중의 삶 속에 하나님의 목적을 바로 깨닫게 하는 것이다.

넷째, 성경의 인물이 자신이 선택한 결과 때문에 겪게 된 결과를 청중이 감정적으로 동일시하게 하라.

4단계에서, 앞의 그림은 위쪽으로 구부러진다. 이것은 당신이 행복한 결론으로 막을 내린 성경 이야기를 설교하고 있음을 보여준다. 이러한 "희극" 이야기는 믿음의 결정이 회복된 삶으로 어떻게 이끄는지 청중에게 보여주는 데 자주 사용된다.

모든 이야기가 다니엘 1장처럼 긍정적으로 끝나지는 않는다. 삼손, 사울, 압살롬과 같은 인물은 하나님을 영화롭게 하는 결정을 하지 않는다. 그들의 삶은 부정적인 면에서 교훈이 된다. 그러므로 그들의 결정을 본받지 않는 것의 이점을 보여줘야 한다.

설교자는 성경 내러티브가 어떻게 끝나든지, 청중이 성경 인물 속으로 살며시 들어오도록 도와주어라. 하나님을 기쁘시게 결정하는 사람의 인생에 종종 실제적이고 즉각적인 효과가 나타난다. 청중이 설교를 통해 다음의 사항을 보도록 하라.

- 선택할 때 등장인물에게 무슨 일이 일어났는가?
- 그 사람 주위의 사람들에게는 무슨 일이 일어났는가?(친구, 가족, 공동체 회원 등)
- 등장인물이 그 당시로 되돌아가서 이야기를 다시 쓴다면, 그가 다른 결정을 했으리라고 생각하는가?
- 성경의 인물과 비슷한 상황에 직면하거나 비슷한 결단을 해본 적이 있는가? 비슷한 결과가 일어났는가? 왜 그랬는가?
- 성경의 인물이 경험한 결과들이 오늘날에도 일어날 수 있다고 생각하는가? 왜 그런가?

다니엘에게 일어난 것을 보라. 그는 시험에 통과했다. 하나님께서 다니엘에게 왕의 음식을 먹지 말라고 하신 중요한 이유가 있었다. 그는 영적으로도, 신체적으로도 더 나아졌다. 그가 하나님께 순종했기 때문이다. 그리고 순종한 다니엘에게 하나님이 주신 모든 여분의, 예측하지 못한 축복을 보라(단 1:17 참조). 당신도 하나님께 순종한다면 예측하지 못한 하나님의 축복을 경험하리라 생각하는가?

다섯째, 묘사된 성경 인물의 선택과 그가 경험한 결론을 본받을 것인지, 아니면 피할 것인지 결정하라.

청중이 하나님을 경외하는 결정으로 좋은 결과를 바라보도록 하라. 그들의 결정이 그들의 가족, 친구, 공동체에게 미친 잔잔한 효과를 청중이 보도록 하고, 그 다음에 그들이 결정했던 시점으로 청중을 안내하라. 성경 영웅의 실패와 성공에서 청중이 배우도록 권하라.

- 오늘날 당신이 하나님을 경외하는 결정을 못하도록 하는 것이 무엇인가?

- 성경 인물의 결정을 본받거나/거부하는 데 있어 당신이 만난 고통은 무엇인가?
- 당신의 선택으로 삶이 어떻게 변화될 것인가? 당신의 삶에 무슨 일이 일어날 것인가?
- 성경 인물을 본받는 당신의 결정이 다른 사람들(예를 들어 당신의 가족, 친구, 교회 공동체)에게 어떻게 영향을 주었는가?

다니엘은 성공과 안전의 유혹에도 하나님을 영화롭게 하는 결정을 했다. 그 결정으로 말미암아 다니엘 자신과 그 주위 사람들에게 하나님의 축복이 임했다. 당신이 처한 비슷한 상황에서 당신은 어떻게 할 것인가?

여섯째, 결정에 합당한 행동을 하도록 하라.

성도들을 돌보는 목사로서 당신은 청중이 씨름하고 있는 많은 문제를 알고 있다. 본문이 그들의 삶에 적용될 수 있는 구체적인 예를 제시하라. 선택한 이후에 그들의 행동이 어떻게 달라져야 하는지 구체적으로 밝히라. 본문의 교훈을 그들의 삶에 즉시 적용하고, 그들의 결정을 다른 사람에게 말하도록 도전하라.

- 당신은 어떤 물건을 판매하도록 그 물건에 처음 배달된 날짜를 의도적으로 바꾸어서 붙이지 않을 것이다. 대신에 행정업무를 간소화함으로 배달 시간을 줄이고자 노력할 것이다.
- 축구팀 주장이 내일 수학시험 시간에 당신의 시험지를 보여달라고 하면서, 만일 당신이 그렇게 한다면 게임 후 파티에 당신을 초대할 것이라고 말할 때 당신은 거절할 것이다. 대신에 오늘 밤 그가 공부하도록 도와줄 것을 제안할 것이다.

The Healing Power of Stories에서 다니엘 테일러(Daniel Taylor)는 이렇게 이야기한다. "때때로 우리 주변의 이야기들이 우리와 떨어져 있다고 느껴질 때가 있다. 이야기들이 더는 적절하게 우리의 경험을 설명하지 않고 아침에 일어나야 하는 이유를 충분히 설명하지 않는다…그런 경우 우리는 그러한 삶과 단절된 이야기들을 보완할 필요가 있다. 삶과 단절된 이야기를 보완하기 위한 가장 좋은 방법은 다른 이야기를 하는 것이다."[2] 다니엘 테일러가 옳다. 그런데 우리의 삶을 연결하는 가장 좋은 이야기는 하나님이 우리에게 주신 이야기, 즉 성경 이야기이다. 건강한 삶은 믿음의 선택으로 말미암은 열매이다. 사람들이 하나님을 높이는 결정을 배우고 실행할 때, 이야기 만들기는 우리의 삶을 회복시켜 줄 수 있다.

3) 삼인칭 설교

내러티브 장르에 적절한 설교 형태는 그렇게 복잡하지 않다. 원래 성경 내러티브처럼, 삼인칭 설교(Third-Person Preaching)에서 설교자가 전지전능한 내레이터의 역할을 함으로써 역사적 사건들을 동시대의 청중에게 신학적 핵심을 전하는 문학 작품으로 만든다. 이러한 설교 형태는 능력 있고 정확하게 내러티브의 핵심 아이디어를 전달할 수 있다. 그러나 삼인칭 설교는 내레이터가 스토리텔링에서 중요한 역할을 차지하고 있다는 것을 아는 설교자에게만 유효하다.

삼인칭 설교자가 하는 가장 흔한 실수는 원래 내러티브를 단순히 "재상영"하거나 다시 말하는 것이다. 앞에서 자세하게 토론한 바와 같이, 이것은 매우 잘못된 것이다. 성경 이야기는 원래 청중에게 진리를 전하는 데 가장 탁월한 이야기가 되도록 영감되었다. 그러나 그러한 사람들은 지금 죽었고, 당신은 원래 청중과는 매우 다른 문화, 역사, 세계관을 가지고 사람들에게 설교하고 있다. 당신이 그 이야기의 구조를 바꿀 때, 이야기의 원래 의미를 보존할 수 있다. 성경의 이야기를 새로운 상황에 맞추어 각색하라. 그러면 이것을 어떻게 할 것인가?

먼저 성경의 내레이터처럼, 당신은 이야기를 통해 전하려고 하는 관점을 선택해야 한다. 이야기에 어떤 관점을 부여할 것인가? 어떤 관점으로부터 이야기가 들려질 것인가? 사진작가들도 같은 결정을 하도록 요구된다. 사진의 대상과 주제를 결정하는 것은 렌즈를 사용하는 예술가가 해야 할 여러 가지 선택 중 첫 번째이다. 이것이 초상화 촬영이고, 대상을 중요하게 보이도록 하는 것이 목적이라면 그 목적에 맞게 카메라는 아래쪽에서 각도를 조정한다. 이것은 사람을 더 크고 더 강력하게 보이게 한다. 만약 대상을 최소화하는 것이 목적이라면, 위로부터 촬영하기를 선택한다. 사진작가가 누군가를 사악하게 보이게 하려고 한다면, 그들은 흑백 필름으로 거친 불빛 아래서 험상궂은 표정을 짓는 모습을 촬영할 것이다. 반대로 매력적인 모습을 촬영하려고 하면, 부드러운 빛과 부드러운 초점렌즈를 사용하여 신선하게 화장한 모습을 상당한 거리로 물러가서 실제보다 돋보이게 하는 각도로 찍을 것이다.

렌즈 뒤에서 사진작가가 내린 예술적 결정들은 궁극적으로 그 사진의 대상을 어떻게 촬영할 것인지에 결정적 영향을 준다. 내레이터는 이야기에서 비슷한 역할을 한다. 내레이터의 예술적 결정은 이야기에서 제시된 아이디어에 사람들이 어떻게 반응할 것인지를 결정한다. 성경의 내레이터는 고대 청중을 위해 적절한 선택을 했고, 당신은 오늘날 청중을 위해 적절한 선택을 해야 한다.

이야기의 내레이터로서 당신은 전지전능하다. 일어나는 모든 일과 모든 등장인물이 순간마다 생각하고 느끼는 모든 것을 다 알고 있다. 훌륭한 내레이터는 청중이 알 필요가 있고 알아야 할 때 모든 것을 말한다. 청중은 자신들이 이야기를 이해하는 데 필요한 통찰력과 관계된 모든 정보를 당신이 알려주기를 기대한다. 그래서 삼인칭 설교는 이야기가 진행된 과정에서 필요한 역사적 문화적 정보를 쉽게 삽입할 수 있게 해준다. 그러나 불필요한 자료들 때문에 이야기의 긴장이 약화되지 않도록 조심하라.

삼인칭 설교를 쓰는 것은 일인칭 설교를 작성하는 것과 비슷하다. 빈 종이에 모노 가상 사이클을 그리면서 설교 준비 과정 2단계를 시작하라. 사이클 가장 밑에 성경 이야기의 예측하지 못한 반전을 표시하라. 이야기의 갈등이 무엇이며 어디서 긴장이 발생하는가? 원래 이야기의 긴장과 반전이 유지되는지 확인하면서 스스로 질문하라. "여름에서 겨울로 내려가 다시 돌아오도록 청중을 이끄는 데 필요한 장면과 정보는 무엇인가?" 모노 가상 사이클에 그러한 장면을 표시하고 구체화하려면 장면 개발표를 이용하라.

삼인칭 설교의 장점 가운데 하나는 적용을 제공하는 범위이다. 삼인칭 설교로 당신은 청중의 세계로 들어갈 수 있다. 관점도 일인칭 설교만큼 제한적이지 않다. 당신이 이것을 너무 멀리하지 않는다면, 혹은 내러티브 설교를 훈계하는 논쟁으로 바꾸지 않는다면 일인칭 설교보다 삼인칭 설교가 더 탄력성이 있다. 삼인칭 설교로 오늘날의 관찰과 적용을 더 쉽게 할 수 있다.

그러나 이 설교의 단점 중 하나는 감정을 전달하는 능력이 저하된다는 것이다. 내레이터가 제시하는 상대적 객관성은 증인으로서 감정적인 열정을 전달하지 못하게 한다. 중동의 전쟁에 관해 단 레이더(Dan Rather)의 보고를 듣는 것과 당신 옆집에서 성장한 병사가 자신이 접전하는 도시전투에서 어떻게 싸웠는가에 대해 직접 이야기로 듣는 것에는 큰 차이가 있다. 어떠한 설교 형태도 일인칭 설교만큼 강렬하게 순수한 감정을 전달하지 못한다.

4) 상담 설교

당신의 설교 화살 통에 있는 또 다른 화살은 상담 설교(Counseling

Sermon)이다. 상담 설교는 실제적인 상담 상황의 드라마를 본문의 진리를 제시하는 수단으로 사용한다. 성경의 진리가 낯선 사람에게 어떻게 구체적으로 적용되는지 드러냄으로써 청중은 그 진리가 어떻게, 그리고 왜 자기 자신에게 적용하는지 배우게 된다. 내가 의미하는 상담 설교가 무엇인지 당신에게 구체적으로 보여주기 원한다. 다음은 내가 설교한 삼인칭 설교의 요약이다.

 오늘 덥죠? 그렇죠! 오늘 같은 날은 몇 년 전 내가 다른 도시에 살았을 때의 더운 토요일을 생각나게 합니다. 그날 너무 더워서 전, 제 아내 노라가 저를 찾아 밖에 나가서 뜨거운 태양 아래 허드렛일을 시키지 않았으면 하는 바람으로 차고에서 어슬렁거리면서 오전 시간을 보냈어요. 하지만 이내 그녀가 밖에 나가서 잔디 좀 깎아달라고 하는 거예요. 내가 보기에는 잔디를 굳이 깎지 않아도 될 것 같았는데, 노라는 일요일 점심때 놀러 올 손님준비를 위해 반드시 잔디를 손질해야 한다고 했어요.
 저는 노라를 설득시킬 수 없음을 알고, 뜨거운 열을 뿜는 기계를 밀고 나가 앞마당 잔디를 깎기 시작했어요. 오랫동안 그 일을 한 뒤 잠시 나무 그늘에 쉬고 있는데, 우리 집을 향해 한 커플이 걸어오는 거예요. 나는 그들을 잘 알고 있었죠. 그들은 내가 목회하는 교회에 참석할 뿐만 아니라 그들의 결혼을 위해 조언도 했답니다. 전 그들을 밥(Bob)과 메리(Mary)라고 부를 것입니다.
 그들이 나무 옆에 멈추었을 때 전 잔디 깎는 기계를 덮고(이것은 에티켓에 속한 일임), 그들과 이야기했습니다.
 "어떻게 지내요?" 내가 물었죠.
 "썩 좋진 않아요." 밥이 말했어요. "우리는 지난 며칠간 집을 구하러 다녔는데, 어떻게 해야 할지 모르겠어요. 적당한 장소를 찾을 수 없다는 것이 아니에요. 우리는 괜찮은 여러 곳을 찾았어요. 적당한 집도 있어요. 그러나 우리는 집을 구할 여유 자금이 없어요. 목사님이 주신 바른 그리스도인의 예산 원칙이 담긴 종이를 수천 번 연구했지만 도저히 숫자를 맞출 수가 없어요. 저는 부동산업자로부터 재정에 관한 컨설턴트를 소개받았는데, 그가 말하길 우리가 교회에 많은 돈을 내지만 않는다면 우리의 수입으로 충분히 집을 구할 수 있다는 거예요. 그의 의견으로는 우리의 수입 10%를 하나님께 드리는 것은 과하다고 했어요. 우리가 십일조를 내야 한다고 누가 말한 거죠? 이 개념이 어디서부터 온 것인지요?"

이때 나는 더운 곳을 피하기에 충분한 이유가 있다고 생각했습니다. 우리가 계속 이야기한다면, 더 시원한 곳에서 하는 편이 나았죠. 남쪽에서 성장한 아내를 둔 이점 중 하나는 아주 달콤한 차를 만들 줄 안다는 것입니다. 우리는 뒷문으로 들어가 조리대 위에 연기를 내는 차 주전자를 보았어요. 전 얼음이 담긴 큰 잔에 찻물을 붓고 얼음 깨지는 소리를 즐겼어요. 우리는 거실에서 계속 대화를 했죠. 전 책꽂이에서 성경 몇 권을 꺼냈고 우리는 모두 말라기 3장을 펴서 6-8절을 읽었어요.

"나 여호와는 변역지 아니하나니 그러므로 야곱의 자손들아 너희가 소멸되지 아니하느니라 만군의 여호와가 이르노라 너희 열조의 날로부터 너희가 나의 규례를 떠나 지키지 아니하였도다 그런즉 내게로 돌아오라 그리하면 나도 너희에게로 돌아가리라 하였더니 너희가 이르기를 우리가 어떻게 하여야 돌아가리이까 하도다 사람이 어찌 하나님의 것을 도적질하겠느냐 그러나 너희는 나의 것을 도적질하고도 말하기를 우리가 어떻게 주의 것을 도적질하였나이까 하도다 이는 곧 십일조와 헌물이라."

"물론 헌금을 해야 하는 것은 알아요." 밥이 끼어들었습니다. "전 그동안 열심히 헌금했어요. 그러나 우리가 10%를 헌금해야 한다고 누가 말했나요? 5%는 안 되나요? 만약 우리가 2-3%로 낸다면 우리 예산을 짤 수 있을 것 같아요!"

"좋은 질문이에요." 내가 말했어요. "말라기가 십일조를 처음으로 명령하지 않았어요. 십일조의 개념은 오래된 것입니다. 이것은 구약율법으로 올라갑니다. 창세기만큼 오래되었습니다."(전 그들에게 아브라함이 멜기세덱 제사장에게 십일조를 바친 예인 창세기 14장을 설명했어요.)

"십일조의 개념은 거기에서 끝나지 않아요. 하나님은 자신의 백성에게 주었던 율법에서 십일조를 확립함으로써 그 타당성을 분명히 밝히셨어요."(그런 후 전 구약율법 시기에 십일조의 중요성에 대해 말했어요.)

"예," 메리가 말했어요. "흥미롭습니다. 그러나 예수님이 오심으로 율법은 무시되지 않나요? 오늘날 우리는 무엇이든지 우리가 원하는 만큼만 헌금해도 되는 자유가 있지 않나요?"

"예수님께서 오심으로 극적으로 모든 것이 변했어요." 내가 말했어요. "그러나 예수님이 특별하게 십일조를 말씀하신 방법은 흥미롭습니다. 마태복음 23:23에서 예수님은 '화 있을진저 외식하는 서기관들과 바리새인들이여 너희가 박하와 회향과 근채의 십일조를 드리되 율법의 더 중한바 의와 인과 신은 버렸도다 그러나 이것도 행하고 저것도 버리지 말아야 할지니라' 고 하셨죠."(그런 후에 전 고린도교회에 대한 바울의 가르침을 말했어요. 십일조에 대한 사도의 가르침이 구약의 가르침과 다르지 않음을 보여주었어요.)

"말라기는 하나님의 사람들에게 십일조는 하나님의 것이라고 말합니다. 우리가 헌금 통에 십일조를 넣는다는 것은 우리 모두, 그리고 우리가 가진 모든 것보다 하나님이 우위이심을 인정하는 것입니다. 십일조를 바치는 것은 협상하는 것이 아닙니다. 우리를 위해 하나님의 돈을 쓰는 것은 절도입니다. 이것이 바로 말라기 선지자가 3:9-10에서 말한 이유를 설명해 줍니다. '너희 곧 온 나라가 나의 것을 도적질하였으므로 너희가 저주를 받았느니라 만군의 여호와가 이르노라 너희의 온전한 십일조를 창고에 들여 나의 집에 양식이 있게 하고 그것으로 나를 시험하여 내가 하늘 문을 열고 너희에게 복을 쌓을 곳이 없도록 붓지 아니하나 보라.'"

"우리가 십일조를 거부할 때 우리 스스로 해를 입히고 세상에서 하나님의 일을 굶기는 것입니다. 당신은 매일 삶에서 이것을 보았습니다. 하나님에 대해 인색한 사람들은 마음이 말라 죽습니다. 십일조를 하지 않는 사람들이 있는 교회에서 사역이 시들해집니다. 당신의 삶에서 이것을 원치 않을 것입니다."

"나는 그것이 사실임을 볼 수 있습니다." 그들은 거의 동시에 대답했습니다. "그러나 우리가 십일조를 시작한다면 우리는 몇 달 내에 파산될 것입니다! 불가능합니다!"

"10b-12절을 보세요." 내가 말했습니다.

"그것으로 나를 시험하여 내가 하늘 문을 열고 너희에게 복을 쌓을 곳이 없도록 붓지 아니하나 보라 만군의 여호와가 이르노라 내가 너희를 위하여 1)황충을 금하여 너희 토지 소산을 멸하지 않게 하며 너희 밭에 포도나무의 과실로 기한 전에 떨어지지 않게 하리니 먹는 자를 너희 땅이 아름다와지므로 열방이 너희를 복되다 하리라 만군의 여호와의 말이니라."

"하나님께서 여기로 우리를 초대하셔서 우리의 가장 민감한 부분, 우리의 지갑을 해부하게 하십니다. 우리가 재정적인 면에서 하나님을 신뢰한다면, 하나님께서는 우리에게 필요한 재정을 제공하실 것입니다. 하나님은 우리의 삶에서 올 수 있는 모든 재정적 손실로부터 우리를 보호하실 것이고 우리에게 사모하는 축복을 허락하실 것입니다. 하나님의 돈을 훔치는 것보다 우리의 주권자 되신 하나님을 신뢰하는 것이 훨씬 더 낫습니다.

하나님은 당신을 영화롭게 한 사람들을 영화롭게 하십니다. 이것이 성경의 기본적인 원칙입니다. 우리가 예산을 작성할 때 대답해야 하는 질문은 '누가 먼저냐?'는 것입니다. 하나님입니까? 아니면 나입니까?"

밥과 메리는 아이스 티 두 잔을 마셨습니다. 그들이 떠나기 전 그 구절에 대해 좀더 이야기하기로 약속했고 그들은 결정했죠. 다음날 아침 교회에서 그들은 헌금봉투 회계 담당자를 요청하여 십일조 내는 연습을 시작했습니다. 그 후 그들은 신혼여행에서 돌아와 조그마한 아파트로 이사했고 항상 정한 시기에 임대료를 지급했습니다.

십일조에 관한 성경 본문을 보면서 밥, 메리, 그리고 제가 함께 나누었던 무더운 토요일 오후 이후 15년 이상이 지났습니다. 메리와 밥이 오늘 아침 여기에 있을 수 있다면 그들은 하나님께서 자신들이 상상할 수 없는 방법으로 보호하시고 제공하신 것을 여러분에게 말했을 것이라고 전 확신합니다. 그들은 하나님을 높였고 하나님은 그들을 높였습니다. 여러분이 매달 예산으로 씨름하고 수지를 맞추려고 노력할 때 그들이 했던 것을 여러분도 하시겠습니까? 말라기의 말씀을 생각하십니까? 하나님의 돈을 훔치지 마십시오. 대신 하나님의 축복을 취하십시오.

상담 설교의 많은 이점을 생각해 보라. 메시지를 아주 명백하게 적용할 수 있다. 내러티브처럼 상담 설교도 삶에서 중요하고 구체적인 문제를 다룬다. 그러나 다른 많은 설교 형태와 달리, 상담 설교는 잠재된 저항적인 청중의 반감을 일으키지 않는 부드러운 어조로 가장 민감한 문제를 다룰 수 있게 한다. 상담 설교의 대화적 접근은 사람들이 편하게 느끼도록 해준다. 상담 설교는 또한 반대 의견을 다루는 데도 탁월하다. 상담 설교는 청중이 당신과 함께 커피를 마시는 것처럼 그들이 물어보는 질문을 자연스럽게 제기하고 대답하도록 해준다.

상담 설교는 또한 설득할 수 있는 자연스러운 능력을 갖추고 있다. 왜냐하면 직접 들은 것은 가려서 듣고 우연히 들은 것은 진심으로 믿는 것이 우리 인간의 본성이기 때문이다. 교회위원회의장이 설교 후 당신에게 당신의 설교가 좋았다고 말한다면 당신은 "고마워요"라고 말하지만 그의 칭

찬이 얼마나 진심인지에 대해서 궁금해할 것이다. 그의 칭찬은 공손함의 표현이거나 정치적인 발언일 수도 있다. 그러나 며칠 후 식당에서 그 의장이 사무실 동료에게 "지난주 일요일 목사님 말씀은 내가 지금까지 들었던 설교 중 가장 좋았어. 그는 정말 멋져!"라고 말한 것을 엿들었다면, 당신은 그를 더 믿게 될지도 모른다. 우리는 우리가 엿듣는 것을 믿게 되는 경향이 있다. 상담 설교는 사실 진리를 엿듣는 것이다.

그러나 주의해야 할 일이 있다. 동일시를 가장하지 않도록 하고, 등장하는 모든 사람들로부터 허락을 얻어라. 관련된 사람들이 원하지 않는 사실을 공개하거나, 비밀이 유지되어야 하는 문제가 논의되지 않도록 하라. 또한 당신이 메시지를 위해 상담 시나리오를 고안했다면, 그것이 정말 일어난 것처럼 꾸미지 말라. 거짓말은 설교의 가장 바람직하지 않은 접근이다. 무엇보다도 우리는 진실해야 한다. 사건이 일어났다면 그렇게 말해도 좋다. 하지만 사건이 허구라면 당신은 그것을 명확하게 말해야 한다.

5) 비유 설교

또 하나의 사용 가능한 내러티브 설교는 비유 설교(Parabolic Preaching)이다. 포물면거울(parabolic mirror)은 전형적인 형태의 거울은 아니다. 이 거울의 오목한 모양은 놀라운 효과로 빛을 만들고 초점에 모이도록 해준다. 이

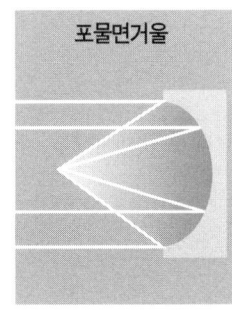

모인 빛은 효과적으로 어둠을 꿰뚫어 밝혀주기 때문에 포물면거울은 보통 헤드라이트나 탐조등에 사용된다.

비유 이야기도 전형적인 형태의 이야기는 아니다. 예수님의 비유처럼, 이것은 성경 본문의 사상을 모아서 최대한의 효과로 청중의 마음에 투사하도록 만들어진 오늘날의 이야기이다. 예수님이 비

유를 사용하셨듯이 당신도 진지한 신학적 아이디어를 전달하는 데 가상의 이야기를 사용할 수 있다. 예수님의 이야기는 다른 사람들의 삶에 영적 조명을 가져다주었다. 당신도 예수님과 같이 할 수 있다.

비유 설교의 준비는 1단계에서 해야 할 모든 힘든 과정을 거친 후에 시작한다. 즉 성경 본문의 핵심 아이디어를 명확하게 이해한 후에 시작하는 것이다. 성경 내러티브가 말한 것을 분명히 이해할 때만이 원래 이야기가 했던 것을 정확하게 오늘날의 이야기로 만들 수 있다. 내용은 다를 수 있으나 아이디어와 효과는 같아야 한다. 다음은 비유 설교의 실례로서, 내가 누가복음 4:31-44을 본문으로 한 설교의 요약이다.

오늘 아침 저는 완전히 꾸며낸 이야기를 하고 싶습니다. 그러나 모든 말씀은 사실입니다.

데이빗과 도린 폴스테프(Doreen Falstaff)는 신학교 시절 결혼했고 성경을 설교하고 잃어버린 영혼을 구하겠다는 열정을 가지고 졸업했습니다. 그들은 사람들을 예수님께 인도하려고 힘을 다해 모든 것을 준비했습니다. "담임 설교자"상 수상자인 데이빗은 수많은 좋은 사역 자리를 제안받았습니다. 그러나 그들 부부는 그런 자리를 취하기보다 그들의 은사와 열정으로 더 극적인 것을 하기로 선택했습니다. 그들은 디트로이트 시 안에 교회를 개척하기로 했습니다. 그런데 왜 디트로이트일까요? 그들은 대답했습니다. "통계적으로, 그곳은 미국의 다른 곳보다도 절대적으로 교회가 필요한 곳이기 때문입니다. 하나님은 우리가 복음을 전하고 잃어버린 영혼을 구하도록 부르셨습니다."

그들은 설교와 전도사역을 시작하려고 졸업 후 디트로이트에 갔는데, 일은 대단히 빠르게 진행되었습니다. 지방행정관이 그들에게 동네 전체가 불로 타버리고 낙서로 얼룩진 곳에 조그마한 하얀 집을 제공했던 것이죠! 그곳은 그들이 사역을 시작할 장소였습니다. 그 기부자는 그들의 사역을 위해서 많은 세금을 공제해 주었고, 데이빗과 도린은 사역의 보금자리를 얻었습니다. 그들은 의자를 놓고 가장 큰 거실 앞부분에 오래된 설교단을 놓았습니다. 잠자러 가기 전 데이빗은 초라하게 나무로 만들어진 곳에서 앞으로 자신이 전할 많은 설교를 생각하면서 설교단에 자신의 손을 내밀어 보았습니다. "오늘 우리는 우리의 사역을 시작합니다. 영적으로 갈급한 세상을 위해 풍성한 말씀으로…" 데이빗은 도린에게 아주 흥분해서 말했습니다.

그러나 그 흥분은 오래가지 않았습니다. 그곳에 도착하기 전 폴스테프 부부는 최소한의 재정적 지원만 가까스로 받을 수 있었습니다. 곧 그들의 재정 상황이 어려워졌습니다. 너무나 어려웠습니다. 며칠간 그들은 굶주렸습니다. 눈이 내리기 시작할 때 그들의 영성도 온도와 함께 떨어졌습니다. 이것은 힘든 일이었습니다!

가난하게 사는 것도 힘든 일이었으나, 거의 관심도 없는 공동체의 사역을 위해 그렇게 사는 것은 더욱 견딜 수 없었습니다. 겨우 몇 명의 사람들만이 데이빗이 전력을 기울여 준비한 메시지를 들으려고 나타났습니다. 오직 14명의 사람에게 설교하는 것이 얼마나 어려운지 그는 알았습니다. 그뿐만 아니라 그들은 그리스도를 위해 삶을 헌신하는 데는 거의 관심도 없었습니다. 낙담이 그들의 영혼 한 곳에 자리잡기 시작했습니다. 그만두자는 생각이 그들의 머리에서 춤추기 시작했습니다.

어느 날 도린은 사람들을 교회로 인도하도록 자신의 간호 사역을 활용해 보자고 제안했습니다. 그 결과는 놀라웠습니다. 창녀, 마약 복용자, 보험에 들지 않은 사람들이 떼를 지어 나타나기 시작했습니다. 도린은 자신을 필요로 하는 사람들로 인해 너무 바빴습니다. 그들이 갖고 있던 약간의 공급품도 빨리 떨어졌습니다. 그러자 데이빗은 성장하는 사역을 위해 기금마련에 상당한 시간을 보내기 시작했습니다. 데이빗은 경영에 천부적인 재능을 가지고 있었는데, 그 재능을 환자의 치료에 사용하기 시작했습니다. 데이빗은 온갖 노력을 다해 모금 운동을 하였고, 그들 부부는 의사 자원봉사자를 그 사역에 투입하는 등 여러 분야의 직원을 고용하기 시작했습니다. 약간의 기금은 도시에서 왔고 대부분은 기독교인이나 목사한테서 왔습니다. 그들은 그 일을 위해 압도적으로 시간을 많이 보냈습니다.

물론 데이빗은 설교를 멈추지 않았으나 그것이 사역의 중심은 아니었습니다. 세월이 흐르고 병원이 계속 성장하였을 때, 데이빗과 도린은 자신들의 사역을 재점검해 보았습니다. 그들은 사역 중반에 접어들었습니다. 그들에게 변화가 필요하다면 바로 이때입니다. 그때 빌 클린턴(Bill Clinton)이 도착했습니다.

빌 클린턴은 대통령에 출마하려고 했고 선거운동을 위해 지역 봉사자를 찾고 있었습니다. 폴스테프 부부는 완벽했습니다. 그들은 가장 힘든 도시 중 하나를 마음에 품고 다른 사람들의 육체적 필요를 돕고자 스스로 헌신하는 열정 많은 커플이었기 때문이죠. 이것은 클린턴이 장려하고자 했던 일종의 지역 혁신 사역이었습니다! 그리고 바로 옆에서 클린턴과 사진을 찍었습니다. 그를 위해 선거운동을 했고, 연방기금은 훨씬 더 넓은 의료시설을 구축하는 데 이용되었습니다. 일이 진행됨에 따라, 클린턴은 선출되었고 거대한 양의 돈이 도착했습니다. 타버린 도시는 깨끗해졌고 거대한 최첨단 시설이 건설되었습니다. 그것은 크고 빛나고 분주했습니다. 바로 중앙에, 즉 시설 중심에 오래된 하얀 나무로 만든 집이 흔들거리는 설교단과 함께 우뚝 섰습니다. 초기의 기억입니다.

데이빗과 도린은 전보다 지금 더 열심히 일하고 많은 일을 수행합니다. 시간이 지남에 따라 여러 기관이 폴스테프 부부의 공헌을 칭찬하였습니다. 마침내 지난 9월, 데이빗과 도린은 은퇴했습니다. 그들은 이 병원에서 그들의 주어진 생애를 거의 보냈습니다. 그들은 지쳤고, 디트로이트 겨울은 그들이 참을 수 있는 것 이상이었습니다.

그들은 병원에서의 사역을 마치기로 했습니다. 그들은 오래된 나무로 만든 집에서 예배를 드렸습니다. 데이빗이 성경을 펴고 설교단의 친숙한 흔들거림을 느꼈을 때, 그는 오로지 12명의 사람이 왔다는 것을 깨달았습니다. 그들이 아리조나의 남쪽 원내바고(Winnebago)로 향할 때 데이빗은 도린에게 백만 달러짜리 질문을 했습니다. "여보, 우리 성공했나요? 우리는 많은 일을 한 것을 알지만, 하나님이 우리에게 하라고 하신 일을 우리가 했을까요? 우리는 훌륭한 일을 많이 했지만 우리가 전력을 기울였을까요? 우리는 영적으로 메마른 세상에 충분한 말씀을 전했을까요?"

사역의 마지막에 폴스테프 부부가 스스로 물었던 질문은 예수님께서 사역 초기에 물었던 질문과 같은 것입니다. 누가복음 4장에서 예수님은 사역을 시작하셨습니다. 초기에 사람들은 그의 가르침에 놀랐습니다. 그는 탁월한 설교자였습니다! 그럼에도 이 장에서 발생한 사역의 강조점의 변화를 우리는 발견할 수 있습니다. 그 변화는 사단이 주도적으로 시작한 것이었는데, 그것은 설교로부터의 이동입니다. 34-41절에서 귀신은 예수님의 정체를 밝힘으로써 예수님에게 큰 무리를 데리고 왔습니다. 그 무리는 치료 때문에 온 사람들입니다. "이에 예수의 소문이 그 근처 사방에 퍼지니라"(37절). 그래서 "해 질 적에 각색 병으로 앓는 자 있는 사람들이 다 병인을 데리고 나아오매 예수께서 일일이 그 위에 손을 얹으사 고치시니"(40절).

치료 요구는 기하급수적으로 증가하고 있습니다. 이 증가하는 요구를 충족시키고자 예수님은 더 많은 시간과 에너지를 투자했습니다. 그 요구는 누가가 우리에게 말한 수준까지 도달했습니다. 누가복음 4:42에서 "날이 밝으매 예수께서 나오사 한적한 곳에 가시니 무리가 찾다가 만나서 자기들에게서 떠나시지 못하게 만류하려 하매"라고 말씀합니다. 사람들의 탄식은 예수님 사역의 우선순위를 변화시켰습니다. 즉 설교는 덜하고 치료는 더하게 된 것입니다.

예수님의 가장 중요한 사역이 절정에 도달하지 못하게 하려고 사단은 악한 영들을 보내어 예수님께 다른 사역을 할 기회를 주었습니다. 그것은 참으로 그럴듯하였습니다. 사단의 계획은 예수님이 너무 바쁘셔서 하나님이 원하셨던 최고의 사역을 할 시간이 없게 만드는 것이었습니다. 단지 좋은 것을 위해 최고의 사역을 포기하게 하는 유혹은 너무 교묘하고 강한 것이었습니다. 이제 예수님은 아침 일찍 일어나셔서 기도한 후에, 간절히 요청하는 무리에게 사역의 우선순위를 말씀하셨습니다. "예수께서 이르시되 내가 다른 동네에서도 하나님의 나라 복음을 전하여야 하리니 나는 이 일로 보내심을 입었노라"(눅 4:43). 예수님은 사람들을 계속 치유해야 했습니다. 그러나 치유 사역이 그의 일차적인 목적을 빼앗아 갈 수는 없었습니다. 무엇보다도 예수님은 자신이 설교자임을 알았습니다! 예수님은 항상 첫 번째 일을 먼저 하셨습니다. 그는 결코 두 번째로 말미암아 첫 번째에서 벗어나지 않으셨습니다.

폴스테프 부부는 그들 사역의 일차적 열정과 목적을 빼앗겨 버렸습니다. 그들은 좋은 일을 했고 놀랄 만한 사역을 했습니다. 그러나 사역 마지막쯤에 그들은 자신들의 중요한 부르심에서 자신들이 벗어나게 된 것을 알게 되었습니다. 사단이 여러분의 삶에 같은 일을 하지 못하게 하십시오. 사단이 여러분의 사역 효율성을 무시하지 못하게 하십시오. 단지 좋은 것을 위해 최고로 귀한 것을 약화시키는 것을 거절하십시오.

비유 설교는 전혀 새로운 것이 아니라 예수님의 설교 매뉴얼에 포함된 것이다. 우리는 성경 본문의 핵심 아이디어를 구체화하고 현대화할 수 있는 신학적 이야기를 만들었다. 당신의 이야기가 성경과 매우 다를 수 있으나, 다음 세 가지를 꼭 기억하라.

- 이야기를 시작하기 전에 이야기가 역사적 사실인지 또는 실제로 우리 삶 속에 일어난 일인지에 대해 청중들에게 분명하게 말하라.
- 당신의 이야기가 성경 본문이 말하는 핵심 아이디어와 같은지 확인하라. 나는 막연한 상상이 아니라 새로운 시도를 요구하고 있다.

🎯 당신이 사용한 비유의 근거가 되는 성경 이야기를 청중에게 보여주고 설명할 시간을 가져라. 이것은 단순한 이야기가 아니라 일종의 강해 설교이다.

6) 각색된 이야기

성경 내러티브를 더욱 상세하게 설교하기 원한다면, 당신은 본문의 내용을 각색(refurbish)할 수 있다. 내용에 변화를 준 집은 최초의 집을 현대화한 것이다. 이것은 옛날 집과 유사하나 원래 거주자가 인식하지 못했을 현대 실내 비품으로 가득 차 있다. 내용을 변화시킨 설교도 비슷하다. 이것은 원래 이야기의 기본적인 구조는 유지되지만, 세부사항은 현대 청중이 더 편안하게 느끼고 더 쉽게 이해하게 해준다.

나는 방탕한 아들 비유를 각색해서 성공적으로 설교한 적이 있다. 예수님의 모든 등장인물들은 그대로 유지하고 기본적인 줄거리도 변하지 않는다. 그러나 그 밖의 모든 것은 다르다. 다음과 같이 이야기를 시작한다.

오늘 아침 저는 롤링 힐스(Rolling Hills)라고 불리는 가상의 마을에서 발생한 이야기를 하고 싶습니다. 롤링 힐스는 미드웨스트 어딘가에 있었고 약 1,100명의 주민이 사는 조그마한 마을입니다. 새롭게 건설된 주를 관통하는 고속도로에 의해 우회되기 전에, 롤링 힐스는 지역적으로 중요하게 생각되었던 도시였습니다. 이제 더는 아니지만.

그러나 거기에는 몇몇 중요한 사람들이 살고 있습니다. 그 중 한 명은 프랭크입니다. 프랭크는 롤링 힐스에서 모빌(Mobil) 주유소를 소유한 사람으로 가장 친절하고 가장 관대한 사람입니다. 당신이 금요일 밤에 너무 늦게 은행에 도착한다면 프랭크 집으로 가세요. 그는 당신의 수표를 현금으로 바꾸어줄 것입니다. 당신의 아내가 새로운 직장을 얻었는데, 직장에 가기 위해 차 수리가 필요하다면 프랭크에게 가십시오. 그는 당장 수리를 해줄 것이며 나중에 월급을 받으면 갚으라고 할 것입니다.

프랭크는 두 아들, 마크(Mark)와 스티브(Steve)가 있습니다. 그들은 낮과 밤만큼 서로 다릅니다. 하지만 프랭크는 둘 다를 사랑하고, 그들을 편애하지 않았습니다. 그는 둘 다를 너무 사랑해서 GM자동차 영업점을 사들였습니다. 그는 주유소 바로 옆에 조그마한 쇼룸(showroom)을 만들었습니다. 이는 그가 고등학교 졸업 후에 마을을 떠나는 많은 젊은이들을 보면서, 자신이 아들들을 사랑하고 롤링 힐스에서 그들과 함께 삶을 계획하고 있다는 것을 아들들에게 보여주기 원하는 프랭크 나름의 방식이었습니다. 장남인 마크는 아버지의 계획에 긍정적으로 반응하였습니다. 고등학교 졸업 후 그는 지역에 있는 2년제 전문대학에 가서 몇 가지 경영 훈련 과정을 수강했습니다. 그리고 지금 대리점에서 종일 열심히 일하고 있습니다. 마크는 몸가짐이 단정하고 규율에 잘 순종합니다. 그는 착한 아들같이 보입니다.

반면에 스티브는 그의 형과 다릅니다. 그는 아버지를 정말 당황하게 합니다. 스티브는 주유소에서 돕거나 차 영업점을 직장으로 자리잡는 데는 도무지 관심이 없습니다. 그는 롤링 힐스에서는 재미있는 것이 일어나지 않았고 또 앞으로도 일어나지 않을 것이라고 항상 불평합니다. 그는 마을에 대해서, 그리고 거기에 살기를 결정한 아버지에 대해서 항상 불평을 늘어놓습니다. 그가 관심을 두는 곳은 뉴욕입니다. 그는 어떻게 롤링 힐스에서 떠나서 흥미로운 사람들과 흥미로운 일을 하는 것이냐에 늘 생각이 집중되어 있습니다. 그러다 결국 고등학교 졸업 2주 전에 그는 롤링 힐스를 떠날 것을 결정합니다.

어느 날 저녁, 그는 음식을 닥치는 대로 삼킨 후 "아빠, 전 날개를 활짝 펴고 싶어요. 전 좀 있으면 고등학교를 졸업하는 어른입니다. 전 정말 크게 될 수 있는 곳으로 가고 싶어요. 제 생각에 뉴욕보다 더 큰 곳은 없다고 생각해요! 전 결정했어요. 졸업 후 바로 저의 성공을 위해 뉴욕으로 갈 거예요. 지금 내게 가장 필요한 것은 좋은 출발을 할 수 있는 돈입니다. 저는 저의 유산을 좀 빨리 받기 원해요. 언젠가 저에게 주려고 하셨죠? 지금 주시면 안 될까요? 저는 큰 계획을 세우고 있다고요!"

여기에서 무슨 일이 일어나고 있는지 당신은 말할 수 있을 거라고 생각한다. 심한 굴욕에도 프랭크는 스티브에게 그의 유산을 준다. 스티브는 뉴욕으로 가고 유산을 낭비한다. 곧 스티브는 그의 인생 어느 때보다도 더 배고파진다. 그리고 그가 집에 도착할 때 프랭크는 그를 맞이하려고 기다리고 있다. 나는 다음과 같은 방식으로 이야기를 끝냈다.

오늘 아침 제가 여러분에게 했던 이야기는 독창적인 것이 아닙니다. 그것은 표절입니다. 이 이야기는 2000년 전 예수님이 처음 말씀하신 것입니다. 그분은 우리를 단지 즐겁게 하려고 그 이야기를 한 것이 아니라 우리에게 하나님에 대해 말씀하시려고 한 것입니다. 프랭크? 그는 하나님을 보여주었습니다. 즉 우리가 상상할 수 있는 것보다 더 우리를 사랑하시는 하늘의 아버지이십니다. 스티브? 그 사람이 바로 우리입니다. 즉 고집 세고, 감사할 줄 모르고 아버지의 사랑을 받을 자격이 없는 우리의 모습이 그에게 나타납니다. 그러나 하나님은 그것을 아십니다. 그분은 프랭크가 스티브를 아는 것보다 우리를 더 잘 아십니다. 그리고 지금 하나님은 당신이 집에 오고 싶어 하는지 보려고 문 앞에 서서 기다리고 계십니다.
우리가 해야 할 것은 그가 계신 집으로 오는 것입니다. 우리가 죄인임을 인정하는 것입니다. 하나님은 프랭크가 그랬듯이 당신을 기다리고 계십니다. 용서하시려고 기다리십니다. 그의 팔로 당신을 감싸 안아 집에 온 것을 환영한다고 말씀하십니다! "아들아, 널 그리워했단다"라고 말씀하십니다. 모든 것이 용서되었습니다. 여러분 오시겠습니까?

당신이 설교 계획을 세울 때 각색한 이야기를 간과하지 말라. 원래 내러티브의 온전함을 보존하면서 성경 이야기를 각색해서 설교하는 것은, 익숙한 서정시에 새로운 음악을 더하는 것과 같다. 이처럼 오래된 이야기가 새로운 세대에게 들려지도록 하는 것은 설교자로서의 당신이 해야 할 일이다.

7) 설교의 변형

설교의 변형(Morphing in the Pulpit)은 설교 전체에서 설교 형태를 약간 바꾸는 것을 말한다. 당신이 "전통적인" 방식으로 설교를 시작했기 때문에 결론에 도달할 때까지 같은 스타일을 고수해야 할 필요는 없다. 모든 것은 변할 수 있다. 그런데 왜 설교 형태는 변하지 않는가?

예를 들어 갈대아 우르에서 하나님께 부름 받은 아브라함에 관해 전통적인 방법으로 설교한다고 가정해 보자. 여기서 유명한 구절을 인용했다. "여호와께서 아브람에게 이르시되 너는 너의 본토 친척 아비 집을 떠나 내가 네게 지시할 땅으로 가라"(창 12:1).

하나님은 아브라함에게 우르, 즉 당시에 그곳을 아는 모든 사람이 가기 원했던 가장 세련된 도시를 떠나라고 하셨다. 그날 저녁 저녁식사 대화가 어땠는지 상상할 수 있는가?

"여보, 이 양고기 요리는 정말 놀랍소. 맛이 참 좋소. 최근에 당신의 요리가 얼마나 맛있는지 모르오. 그런데 여보, 우리는 이제 떠나야 하오."

"떠나야 한다고요? 누가 그렇게 말해요? 전 여기가 좋아요! 이곳은 가족과 엄마가 수년 동안 계신 곳이에요. 게다가 쇼핑하기도 아주 좋고 전 새로운 커튼도 주문했어요."

"여보, 나도 여기가 좋소, 그러나 하나님께서 떠나라고 하셨소."

"그분이? 글쎄 우리가 어디로 떠나야 하는지 그분이 정확하게 말씀하셨나요?"

"아니오. 단지 떠나라고 하셨소. 내 생각에 가는 도중 우리에게 말씀하실 것 같소."

"가는 도중에요? 누가 목적지도 모르고 여행을 시작하나요? 당신이 걷기 시작할 방향은 어디인가요? 얼마나 많은 식량이 필요할까요? 우리는 무엇을 팔고 또 무엇을 가지고 있어야 하나요? 내가 생각하는 것을 알고 싶나요? 내 생각에 당신은 하나님께로 돌아가서, 또 대화를 해서, 우리가 준비해야 할 몇 가지 세부사항에 대해서 알아 와야 해요. 전 무엇을 싸야 할지 알 때까지는 아무 곳도 가지 않을 거예요!"

하나님이 아브라함에게 말씀하신 것이 얼마나 엄청난 것인지 우리가 온전히 이해한다는 것이 쉽지 않다. 또한 아브람과 사래가 전적인 신앙의 삶을 시작할 때 그들이 보여준 신앙도 다 이해할 수 없다.

일인칭 장르 안과 밖에서 설교를 변형함으로 회중의 흥미를 고조시킬 뿐 아니라, 만약 그 사건에 대해 같은 설교 형태로 끝까지 설교한다면 효과적이지 않을 수 있는 본문에 감정적 통찰력을 줄 수 있게 된다. 게다가 당신이 잘한다면 대부분 청중은 당신이 한 장르에서 다른 장르로 옮겨갔다는 것도 알지 못할 것이다. 청중은 단지 설교가 훨씬 더 흥미롭다는 것만 알아차릴 것이다.

이 장에서 설명했던 내러티브 설교 형태는 우리가 활용할 수 있는 몇 가지 대표적인 예들일 뿐이고, 단지 필자가 제안한 것이다. 그것은 최종적인 것이 아니다. 당신은 자유롭게 설교 형식을 실험하고 고안하기 바란다. 단지 두 가지만 확실히 하라. 첫째, 성경 본문의 핵심 아이디어는 분명하게 전달되어야 한다. 둘째, 내러티브의 4가지 특징, 즉 긴장, 구체주의, 감정, 문학적 효과는 설교 형태에서 드러나야 한다. 두 가지 주의 사항을 기억하고 즐겁게 설교하라! 독창적으로 하라! 하나님의 이야기를 최대한의 효과로 전달하라.

위대한 설교자가 되려면 당신에게 학자의 머리, 시인의 가슴, 기도하는 병사의 무릎이 동시에 필요하다. 머리, 가슴, 영혼 말이다. 설교는 당신이 가진 모든 것을 요구한다. 이것이 바로 설교로의 부르심이 가장 지적이고, 가장 창의적이고, 가장 영적인 것을 요구하는 부르심으로 간주하는 이유이다. 그러나 당신이 설교에 전념할 때, 하나님의 말씀을 충실하게, 그리고 적절하게 주해하는 일에 당신이 헌신할 때 청중들의 삶이 예수님께서 원하시는 모습으로 변화되는 것을 볼 것이다. 그리고 이것은 가장 높은 그분을 위해 당신의 최고 귀한 것을 바치도록 더욱더 동기 부여를 할 것이다.

Notes

1) Eugene L. Lowry, *The Homiletical Plot* (Atlanta: John Knox, 1980).
2) Daniel Taylor, *The Healing Power of Stories* (New York: Doubleday, 1996), 113.

Effective First-Person Biblical Preaching

부록1
일인칭 설교의 실제적인 예들

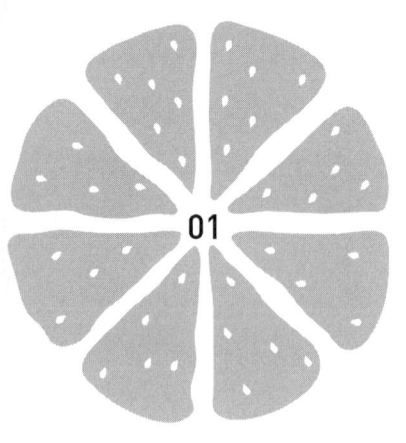

삼손,
강하지만 약한 남자

_ 사사기 13-16장

켄트 에드워즈(Kent Edwards)

안녕하세요. 제 이름은 삼손입니다. 여러분의 얼굴을 보니 여러분 가운데 몇몇 분들이 제 이름을 아는 것 같습니다. 그것이 이상한 일은 아닙니다. 제가 이 땅에 살았을 때 전 세상에서 가장 유명한 사람이었습니다. 모든 사람은 삼손의 이름을 알고 있습니다. 그들은 존경하는 마음으로 제 이름을 말했습니다. 그들은 당연히 그렇게 해야 했었습니다. 전 그때까지 살았던 사람 중에 가장 강한 사람이었죠. 오늘날 제가 살아 있었다면 여러분은 올림픽에 저를 초대할 뿐만 아니라, 나를 위해 특별한 종목도 만들어야 했을 겁니다. 왜냐하면 전 가장 강한 사람이기 때문입니다. 뭐라고요? 여러분은 제가 과장하고 있다고 생각하십니까? 저는 과장하고 있지 않습니다. 제가 여러분에게 사실을 말할 것입니다. 그것이 사실인지 아닌지는 여러분이 판단하시기 바랍니다.

젊은 남자인 저는 부정한 여인과 사랑에 빠졌죠. 그녀는 이방의 여인이었습니다. 그 여인은 딤나에 살았던 블레셋 사람들이었죠. 제 부모님은 그녀와 결혼한다고 실망하셨으나, 자식을 이기는 부모가 있나요? 결혼준비를 위해서 전 딤나로 떠나기로 했어요. 여행 지형은 위험했죠. 바위와 덤불이 구릉 같은 지형에 산재해 있었고, 산적이 숨을 만한 공간도 완벽했죠! 위험해 보이는 앞길을 계속 둘러보았지만 전 무슨 일이 일어날지 예상하지 못했어요. 곁눈질로 보니 산적보다 더 위험한 것이 눈에 보였죠. 큰 바위 뒤에서 나를 향해 달려오는 금색의 희미한 물체를 본 거예요. 그것은 바로 사자였어요!

여러분이 생각하는 정도의 사자가 아니었어요. 여러분이 아는 우리에 갇힌 동물이 아니었어요. 누군가가 죽은 고기를 던져주면 온종일 앉아서 오전 10시에서 오후 4시까지 먹는 그런 사자가 아니었다니까요! 전 진짜 사자를 봤답니다. 젊은 사자 말입니다. 우물쭈물하지 않고 기지가 뛰어난 놈이죠. 사자의 몸은 끊임없는 행동과 끊임없는 살인으로 예민해져 있었습니다. 그놈은 아주 강한 턱을 가져서 달려들어 동물의 뼈를 물어뜯을 정도였습니다. 이것처럼 말이죠(손가락을 물어뜯는다).

제가 결혼할 밤에 대한 것과 그 전에 해야 할 여러 가지 계획을 생각하면서 딤나로 갈 때, 이 사자가 갑자기 으르렁거리며 저를 향해 공격해 왔죠. 그것이 저를 덮치기 전에 저는 곁눈질로 사자를 볼 수 있었어요. 그 사자가 으르렁거리는 것은 먹잇감을 두렵게 하여 마비시키기 위한 것이죠. 사자 몸의 속도와 무게는 먹잇감을 쳐서 넘어뜨리기 위한 것이고요. 또 그 턱은 먹이를 갈기갈기 찢으려는 것이죠.

만일 여러분이 저라면 그 순간 무엇을 했을까요? 놀라서 얼어버렸을까요? 엄마를 찾으며 울어버렸을까요? 혼란스러워했을까요? 내가 과연 어떻게 했는지 여러분은 아시나요? 저는 한순간도 주저하지 않고(왜냐하면 여유를 가질 만한 시간적 여유가 없었기 때문에), 사자가 덤벼올 때 몸을 구부려서 아래서부터 사자를 잡아챘죠. 그리고 사자가 저를 넘어갈 때, 사자의 양쪽 끝을 붙잡고 잡아당기기 시작했죠. 여러분은 뼈가 부러지는 소리와 힘줄이 째지는 소리를 들었을 겁니다. 정신을 차리고 나니 길가에 둘로 찢긴 사자의 주검이 보였어요. 전 제가 한 일이 너무 두려워서 그냥 서 있었어요. 저는 제가 이 세상에서 가장 강한 사람임을 알게 되었죠.

여전히 저의 주장이 의심스러운가요? 이래도 제가 이 세상에서 가장 강한 사람임을 확신하지 못하나요? 다른 예를 들어 볼 테니 잘 판단해 보세요. 제가 이 땅에 살았을 때, 블레셋은 이스라엘의 적이었습니다. 그들은 우리 민족을 압제했고 잔인하게 다루었습니다. 이 이방인 군인들은 좋은 무기를 가지고 있었고 군사훈련을 제대로 받았기 때문에, 마음대로 이스라엘의 주택과 밭 대부분을 짓밟았습니다. 그들은 우리의 가축과 농작물을 죽이고 그들이 원하는 것은 무엇이든지 훔쳐갔습니다. 이스라엘 민족은 그들을 멈추게 할 수 없었습니다. 누구도 그들의 사악한 목적을 좌절시킬 수 없었습니다. 오로지 삼손, 저를 제외하고 누구도 할 수 없었습니다. 그들도 내가 그것을 할 수 있는 유일한 사람임을 알았습니다. 오직 저만이 그들이 이스라엘 모두를 지배하려는 것에 대항할 수 있는 유일한 사람이었죠. 오로지 저만이 그들을 막아낼 수 있었습니다.

그래서 어느 날 블레셋 장군들이 이스라엘 마을의 장로들에게 와서 말했습니다. "우리에게 삼손을 넘기시오. 그렇지 않으면 당신들에게 복수하겠소."

그러자 3,000명의 이스라엘 대표단이 저에게 와서 말했습니다. "삼손, 우리는 너를 블레셋 사람들에게 넘기고 싶지 않아! 그들이 널 죽이려고 한다는 것을 알아, 그러나 우리가 어떤 선택을 할 수 있겠어? 우리가 너를 넘기지 않는다면 그들이 우리 모두를 죽일 거야!"

전 그들에게 말했죠. "괜찮아요. 블레셋 사람들은 자신들이 무모한 짓을 한다는 것을 모르고 있어요. 여러분이 하셔야 할 일은 오직 저를 두 개의 새 밧줄로 꽁꽁 묶어주시는 것입니다."

그 밧줄은 여러분이 생각하고 있는 그런 종류의 밧줄이 아니에요! 꼬아 묶은 줄이 아니에요. 여러분이 집에서 사용하는 노란색의 빈약한 노끈도 아니에요. 제가 말하는 것은 밧줄, 진짜 삼마로 만든 밧줄이에요. 그 밧줄은 여러분의 팔뚝만한 두께로 대양선박을 묶으려고 부두에서 사용되죠.

전 고향 사람들에게 말했죠. "두 개의 새 밧줄로 나를 묶고 블레셋 사람들에게 넘기시오."

"그러나…" 그들은 더듬으면서 말했다. "넌 기회가 없을 수도 있어. 그들은 확실히 널 죽일 거야!"

"더는 이야기하지 마세요." 제가 말했죠. "그냥 그렇게 하세요. 저를 그들에게 넘겨주세요."

결국 그들은 그렇게 했습니다. 그들은 저를 두 개의 새 밧줄로 묶었습니다. 아마도 약간 느슨하게 묶었던 것 같아요. 그러나 제가 부탁한 대로 했습니다. 그런 후에 저를 들판의 한쪽 끝에 놓았습니다. 들판의 다른 쪽에서는 저를 기다리는 15,000명의 블레셋 군대 군인들이 있었죠. 이스라엘 사람들은 저를 그 자리에 홀로 남겨두고 사라졌습니다.

내가 무방비 상태로 뜨거운 태양 아래 홀로 서 있는 것을 보았을 때, 블레셋 사람들은 너무 뜻밖의 행운이라 그 상황을 믿을 수 없어 하는 것 같았습니다. 그들이 했던 것이란 마을 사람들에게 약간 압박을 주어 제 민족 이스라엘이 첫 번째 기회에 저를 자빠뜨리게 했던 것입니다. 이것은 너무 쉬운 거였죠! 블레셋 사람들은 행운의 날이라고 확신했습니다. 들판의 가장자리 멀리서 이스라엘 침략의 유일한 방해물인 저는 무방비로 서 있었죠!

이때 블레셋 병사들은 달리기 시작했습니다. 왜냐하면 무언가 내기가 걸려 있었기 때문입니다. 저를 처음 잡은 사람은 상을 받을 거라고 그들은 알고 있었습니다. 칼로 내 심장을 찌르고 내 머리를 잘라서 높이 올린 사람은 블레셋 전승에 오래 기억될 것임도 알고 있었습니다. 그리고 각 사람은 영예도 원했습니다. 삼손을 죽인 챔피언으로 기억되고 싶어 했습니다! 그래서 그들은 나를 향해 들판을 달려오기 시작했던 것입니다.

그들이 왔을 때 전 무기력하게 그들 앞에 서 있었습니다. 15,000명이 저를 향해 달려올 때 전 땅이 흔들거리는 걸 느꼈습니다. 그들은 굉음을 내면서 계속해서 더 빠르게 달려왔습니다. 그들이 들판을 따라 3분의 2정도

왔을 때 전 자세를 취했죠. 제가 밧줄에 힘을 가하기 시작했을 때, 하나님의 신의 따뜻함이 제 혈관에 흐르면서 임하고 있음을 느낄 수 있었습니다. 그 새로운 밧줄이 어떻게 되었을까요? 그 밧줄은 까맣게 탄 섬유같이 되었습니다. 타버린 실처럼 전 그 밧줄을 끊었습니다.

앞에서 돌진하는 블레셋 사람들은 제가 밧줄을 불에 탄 실처럼 끊어버리는 것을 보고는 움찔하지 않을 수 없었습니다. 조금 전에 열정적으로 영광을 외치는 모습과는 사뭇 다른 모습이 되었습니다. 그들은 자신들이 원했던 영광을 다른 사람들과 공유하려고 "새로운 의지"를 표현하기 시작했습니다. 즉 그들은 다른 사람을 먼저 가게 했습니다. 그러나 문제는 뒤에서 온 병사들이 밧줄을 끊은 삼손을 보지 못했기 때문에 계속해서 열심히 달려온 것입니다. 뒤에 있던 사람들은 가능한 한 빨리 달려왔습니다. 달리고 밀고 하면서 내 앞에 왔습니다.

전 사용할 만한 무기가 있는지 둘러보았어요. 아무것도 없었어요! 오직 블레셋 사람들만이 무기를 가지고 있었어요. 이것이 바로 우리가 항상 블레셋 사람들과 싸웠던 방법이죠. 얼마나 모욕적입니까? 무기 없이 제가 어떻게 싸울 수 있었을까요? 죽은 나귀를 제외하고 주위엔 아무것도 없었어요. 저는 좌절 가운데서 죽은 나귀 시체를 발로 찼습니다. 그런데 그 죽은 나귀 시체는 그렇게 많이 부패하지 않았습니다. 이빨은 여전히 턱뼈 안에 있었죠! 전 그것을 주워들었죠. 제가 필요했던 것을 가진 거죠. 전 자세를 취했습니다.

앞에 있는 블레셋 군인들은 훨씬 더 뒤에 있는 군인들이 먼저 가길 원했습니다! 그러나 그들은 어떤 선택도 할 수 없었습니다. 그들은 멈출 수가 없었습니다. 반면 전 달리지 않았습니다. 대신, 그들을 향해 걷기 시작했습니다. 나귀의 턱뼈는 저의 칼이 되었습니다. 군인들이 저를 포위할 때 전 거칠어졌습니다. 한 방향으로 또는 다른 방향으로 빠르게 돌렸습니다. 한순간에 낮게 피하면서 다음엔 높게 휙 돌렸습니다. 제가 좌우로 마구 흔들 때 블레셋 군인들은 비명을 지르기 시작했습니다. 그리고 죽었습니다. 블레셋 군대는 혼란에 빠져 달아나면서 서로서로 짓밟기 시작했습니다. 그들은 엄청나게 죽었습니다. 그날 오후 마침내 먼지가 가라앉았을 때 천 명의 블레셋 군인들이 죽어 있었고 나머지 다른 사람들은 살려고 달아났습니다. 15,000대 1! 나쁘지 않죠, 그렇죠?

제가 얼마나 강한 사람이라는 게 확실히 느껴지지 않나요? 여전히 더 많은 증거가 필요하나요? 알았어요. 한 가지 더 있어요. 어느 날 전 가사(Gaza)로 갔습니다. 제 생각에 전 지겨웠던 것 같아요. 해안선에 있는 블레셋 도시인 가사는 저의 호기심을 자극했습니다. 전 해변에서 많은 시간을 보내지는 않았어요. 전 변장을 하고 활기찬 거리를 가득 메운 사람들과 섞이기 시작했습니다. 변장한 저의 모습을 믿고 편안한 마음을 갖기 시작했을 때 전 몸을 파는 기생을 보았습니다. 그것을 보는 것이 저에게 즐거움이었습니다. 이것이 나쁘다는 것을 알았지만 그녀와 시간을 보내려고 돈을 지급했습니다. 한밤중에 그녀에게서 떠나려고 할 때였습니다. 그때 전 제가 생각한 것만큼 변장이 잘 안 되었음을 깨달았죠.

얼마 안 되어 블레셋 사람들은 저를 알아봤죠. 가사의 장로들은 제가 마을에 있는 것을 알고서 포획하거나 죽이려고 증원부대를 요청했습니다. 그들의 계획은 분명했습니다. 그들은 증원부대가 도착할 때까지 저의 출발을 지연시키려고 했습니다. 그들이 그렇게 하는 것은 상대적으로 쉬웠습니다. 다른 블레셋 도시들처럼 가사도 큰 벽에 둘러싸여 있습니다. 그 벽은 여러분이 돌을 던져서 넘길 수 없을 만큼 높았고, 전차를 타기에도 아주 넓었습니다. 그 벽은 블레셋 사람들이 적으로부터 보호받을 수 있도록 강하게 만들어진 거대한 돌 벽이었습니다.

그런데 블레셋 도시들이 방어와 관련한 한 가지 약점이 있었는데, 그것은 바로 문이었습니다. 모든 도시들은 거대한 문을 가졌는데, 그것은 사람들이 일하려고 농장을 드나들거나 물건을 사고팔기 위해 도시의 안과 밖을 연결하였습니다. 그 문은 도시의 힘을 상징했습니다. 그리고 이 문은 아주 강했습니다. 이것은 땅에서부터 벽 꼭대기까지 이어졌습니다. 이것은 6피트의 두께의 단단한 목재로 만들어진 것으로, 지면 아래 10-15피트 정도 묻힌 거대한 기둥은 단단한 청동 이음매로 연결되어 있었습니다. 그것으로도 충분하지 않았는지, 전체 구조물이 청동 빗장으로 보강되었습니다. 이것은 거대합니다! 그 문이 닫히면 누구도 도시 안이나 밖으로 갈 수 없습니다. 때문에 내가 아직 안에 있을 때 문을 닫는다면 전 도망칠 출구가 없는 것입니다. 전 갇혔고 블레셋 사람들은 그것을 알고 있었습니다.

집에 돌아가려고 했을 때에 저는 한밤중에 무엇인가 일어날 것은 느낌이 들었습니다. 거리를 따라 걸을 때 닫힌 창문을 보았고 사람들이 속삭이는 것을 들었습니다. "우리는 그를 잡았어! 마침내 삼손은 우리 손안에 있는 거야!" 제가 코너를 돌 때 거대한 문이 닫히고 잠기는 것을 보았습니다. 그들의 계획이 분명해졌습니다. 그들은 우리 안의 사자처럼 저를 포획했습니다. 이와 같은 상황에서 여러분이라면 어떻게 했을지 모르겠습니다. 아마도 숨으려고 했겠죠? 아니면 자물쇠를 억지로 열어보려고 하든지? 벽을 기어오르든지? 허나 그것은 제 스타일이 아닙니다. 그것은 삼손이 아니죠.

전 두려움으로 떨지 않았습니다. 전 중앙 문에 도착할 때까지 직선으로 대담하게 마을을 뚫고 걸어갔습니다. 잠시 광장에 서서 내가 누구인지 모든 사람이 확신하도록 주위를 둘러본 후 중앙 문까지 걸어갔습니다. 전 손에 침을 바르고, 구부려서 보강된 빗장을 움켜잡았습니다. 여러분, 그들이 빗장을 거기에 두어서 좋았습니다! 이것은 아주 좋은 손잡이입니다. 그런 후 전 잡아당기기 시작했습니다. 더 세게, 더 세게! 그렇게 빗장을 잡아당길 때 제 몸을 통해 역사하시는 하나님의 성령의 따뜻함이 느껴지기 시작했습니다. 저는 점점 더 세게 초자연적인 힘으로 잡아당겼습니다. 문이 지면에서부터 비틀어졌습니다. 문은 삐걱거리는 소리를 냈고 마침내 나무가 부러지는 소리가 들려왔습니다.

몇몇 사람은 문이 완전히 무너져 내렸을 것으로 생각하고 달아나버렸습니다. 그러나 전 그 정도로 그들의 자존심을 상하게 하는 것이 충분하지 않다고 생각했습니다. 그래서 제 어깨에 그 문을 들고 28마일 멀리 언덕 꼭대기까지 운반해서 거기에 버렸습니다. 물론 그들이 원한다면 그것을 다시 끌어당길 수 있었습니다. 그러나 제가 단순히 마을에서 도망 나오기 위해 문을 부순 것처럼 보이는 것은 별로 유쾌하지 않았습니다. 전 그들을 당황하게 하고 싶었습니다. 그것은 도시의 힘이기 때문에 나는 그것을 보란 듯이 망가뜨려 버렸습니다. 전 정말 강한 사람입니다. 질문의 여지가 없습니다. 논쟁할 여지도 없죠.

그러나 절 괴롭히는 것은, 여러분과 같은 사람들이 저를 기억할 때 강한 남자로만 생각한다는 것입니다. 저는 위대해질 수 있고, 위대했어야 했던 사람입니다.

제 출생은 특별합니다. 하나님의 천사가 제 출생을 미리 예언했습니다. 하나님에 의해서! 전 고통 중에 있는 나라와 잉태치 못하는 부부에게 주어진 하나님의 선물이었습니다. 천사는 저의 부모님께 말씀하셨죠. "당신은 아들을 갖게 될 것입니다. 그 아들은 평생 사명을 수행할 것입니다. 그의 삶의 목적은 이스라엘을 블레셋으로부터 자유롭게 하는 것입니다." 저의 사명은 분명했습니다. 내가 가야 할 인생의 길이 제 앞에 놓여 있었습니다.

그런 후 하나님의 천사가 말했습니다. "당신이 알아야 하고 그가 기억해야 하는 유일한 것은 그가 나실인과 같이 살고 양육되어야 한다." 나실인이 특별한 것이 무엇인가요? 나실인에게는 세 가지 규칙이 있습니다. 내가 성장하는 동안 어머니는 계속해서 그것을 말씀하셨습니다.

※ "잊지 마라, 삼손! 넌 부정한 것을 만져서는 안 된다. 그것에 가까이 가지

도 마라. 어떤 시체나 죽은 동물도 만져서는 안 된다.' "난 알아요. 안다고요, 엄마! 그것을 백만 번 이상 말씀하셨어요."
- "삼손, 포도주가 있는 곳에는 가지 마라. 포도주는 마실 것이 준비된 모든 곳에 있을 것이다. 발효된 음식을 입에도 대지 마라. 넌 나실인이다. 포도주에 가까이도 가지 마라." "엄마…엄마는 너무 엄격해요."
- 아빠도 내게 말씀하셨죠. "삼손, 머리를 절대로 잘라서는 안 된다." 물론 많은 아빠가 자신의 아들에게 그렇게 말하는 것은 아니었습니다. "저도 알아요, 아빠. 그것이 제가 나실인이라는 표시이고 모든 사람이 내가 특이하여서 내가 누구인지 알아차릴 거예요." 부모님은 때때로 아주 저를 힘들게 하셨습니다!

제 문제는 지식의 문제가 아니라 순종의 문제였습니다. 제가 딤나로 갔던 때를 기억합니다. 이것은 두 번째 방문입니다. 여러분이 기억하시는 것처럼, 저는 결혼식을 준비하려고 전에 한 번 딤나에 갔었습니다. 이제 결혼식 날이 다가오고 있습니다. 결혼할 때이거든요. 제가 다시 딤나로 가는 데 얼마나 더운지 참을 수가 없었습니다. 제가 자라났던 곳에서는 전혀 경험하지 못한 더위였어요. 그곳은 삶 자체를 삼킬 정도로 햇볕이 강렬하게 내리쬐고 있었습니다. 제가 강하다는 것은 알지만 태양 앞에서는…하하하.

제가 길을 따라 내려갈 때 상태는 점점 더 악화되었고 더 이상 갈 수 있을지도 의심스러웠습니다. 전 현기증이 나기 시작했고, 먹을 것이 필요했습니다! 이것이 자만심인지 아니면 호기심인지 확실치 않으나, 제가 사자를 반으로 찢었던 장소에 도착했을 때, 전 그곳으로 가보았습니다…그런데 그곳에 꿀이 있는 것입니다! 벌들이 시체 안에 벌집을 만들었던 것이죠! 온통 음식만 눈에 보였습니다! 전 생각도 하지 않고 제 손을 꿀 통 안에 풍덩 넣어 달콤한 꿀을 빼냈습니다. 태어나서 그렇게 달콤한 음식은 처음 먹어보았습니다!

그렇게 저는 저의 팔에서 뚝뚝 흐르는 꿀을 먹었습니다. 수염과 입에도 꿀이 잔뜩 묻을 정도였습니다. 아마 여러분도 음식을 먹을 때 설탕이 주는 쾌감이 얼마나 대단한지 아실 것입니다. 설탕은 여러분의 몸을 전체에 힘을 느끼게 할 겁니다! 이제 음식이 들어가니 저는 새로운 힘을 얻게 되었고, 다시 힘차게 나머지 여행을 할 수 있었습니다.

그런 후에 전 기억했습니다…엄마가 말씀하셨던 것과 하나님의 천사가 말씀하던 것을 기억했습니다…그것은 부정한 어떤 것도 만지지 말라는 거였습니다. 시체를 만짐으로 제가 그 맹세를 어겼음을 깨닫게 되었습니다. 이제 번개가 치거나 지진이 일어나서 하나님께서 저를 삼킬 것 같은 두려움이 엄습했습니다…그러나 아무것도 일어나지 않았습니다. 음…아마도 제 부모님이 잘 모르셨나 봅니다. 아무 일도 일어나지 않았습니다. 아마도 그것은 그렇게 심각한 죄가 아니었나 봅니다.

전 계속 걸어서 딤나에 도착했고, 우리는 파티를 열었습니다. 여러분, 파티 어떻습니까! 저는 그 파티를 생각만 해도 끔찍합니다. 사냥과 살인을 좋아하는 블레셋 사람들과 축하 파티를 할 때, 여러분은 그 파티에 완전히 내맡겨져야 합니다. 그들이 거친 만큼 여러분도 거칠어야 합니다. 어떤 결혼 축하 파티도 이와 같지는 않을 겁니다! 블레셋 사람들의 결혼 파티는 여러 날 동안 계속됩니다. 거칠고 소란스러운 시간입니다. 그리고 이것은 저의 운명을 바꾸어 버렸습니다.

불신자와 결혼할 때 여러분은 신중해야만 합니다. 다른 문화 환경에 있을 때 여러분은 문화적으로 예민해야 하고 특별히 신경을 써야 합니다. 예컨대 저는 그 지방의 빵과 치즈와 고기를 사려면 돈을 지출해야 했습니다…여러분은 그 문화를 이해해야 합니다.

물론 블레셋 사람은 심하게 술을 마십니다. 그들은 그 상황에 적절한 모든 술과 맥주에 대해서 나에게 알려주었고, 난 그들에게 한턱냈습니다. 파티는 밤낮으로 계속되었습니다. 정말 놀라운 축하였습니다. 물론 모든 블레셋 사람들은 저를 지켜보았습니다. 그것이 무엇인지 여러분은 아실 겁니다. 그들은 제가 진짜 남자인지 보고 싶어 했고 저도 남자 중에 한 명임을 증명하려고 했습니다. 여러분도 알다시피, 전 남자 중의 남자였습니다. 그런데 거기에 있는 모든 남자들은 술을 마시고 있습니다…블레셋 맥주는 어떤가? 오! 주여, 그 맛이 정말 끔찍합니다! …그리고 전 갑자기 깨달았죠. 전 두 번째 나실인 서약을 어겼습니다!

저는 하나님이 불화살로 저를 치지 않으실까 걱정되어 주위를 둘러보았습니다. 제가 죄를 저지른 결과는 무엇일까요? 전 잠깐 멈추어 있었습니다. 전 그렇게 두렵지는 않았지만, 여전히 하나님께서 어떻게 하실지 궁금했습니다. 과연 하나님이 어떻게 하셨을까요? 아무것도 하지 않으셨습니다! 저는 아마도 그 모든 죄의 목록들이 과도하게 부풀려졌다고 생각하기 시작했습니다. 결국, 처음 두 가지 맹세는 깨졌고 아무 일도 일어나지 않았습니다. 인생은 그렇게 흘러갔습니다. 그러나 그 여자와는 아니었습니다. 그 여자와는 일이 잘 진행되지 못했습니다. 또 다른 이야기가 있습니다. 이 이야기의 결말에는 많은 블레셋 사람들이 죽습니다. 그러나…인생은 계속됩니다. 그러나 정말 사랑하는 여자 친구가 없는 채로 말입니다.

그런 후에 어느 날 전 기도응답을 받았다고 생각했습니다. 전 여자를 만났습니다. 그녀는 많은 여자 가운데 한 사람이 아니었습니다. 내가 이상형으로 생각했던 "그" 여자였습니다. 하하하! …그녀는 검은색 머리카락을 지녔습니다. 또한 올리브 피부를 가졌고 여러분을 녹일 만한 눈을 가졌습니다. 옷을 입은 그녀의 모습은 정말 여자였습니다! 그녀의 이름은…(청중의 반응을 위해 잠깐 멈춤)…들릴라입니다. 여러분도 그녀를 아실 겁니다! 정말로 전 여러분이 들릴라를 안다고 해서 놀랍지 않습니다…그녀는, 그녀는 놀랍습니다. 그녀는 여러분의 상상력을 사로잡을 것입니다. 그녀는 여러분의 마음을 사로잡을 것입니다. 그녀의 아름다움, 위트, 매력…그녀에 관한 모든 것은 이상적이었습니다…여러분이 완벽한 여자를 꿈꾸고 있다면 저의 들릴라를 꿈꾸게 되실 겁니다. 완벽한 여자였습니다. 그녀는 남자가 원할 수 있는 모든 것이었습니다. 다른 어떤 것도 상상할 수 없을 것입니다. 딱 한 가지만 제외하고…즉 그녀는 잔소리가 심한 여자인 것만 제외하면 완벽했습니다. 그녀는 눈에는 보기 좋았으나 잔소리꾼이었습니다!

무언가가 그녀의 마음을 사로잡으면 그것을 얻을 때까지 계속해서 구합니다. 그러한 그녀가 제 힘의 비밀을 알고 싶어 했습니다. "삼손," 그녀가 말했습니다. "당신이 나를 사랑한다면, 우리 정직해지고 투명한 관계를 갖도록 해요. 제게 당신 힘의 비밀을 알려줘요." 그녀는 눈을 흔들거리고 머리카락을 올렸습니다. 그리고 전 어겼습니다.

전 그녀에게 말했습니다. "당신이 나를 새 가죽끈으로 묶으면 내 힘은 사라질 거야." 그 말을 듣고 그녀는 행복해했으며 우리는 경이로운 밤을 보냈습니다. 그런 후 한밤중에 갑자기 그녀는 제게 말했죠. "삼손, 블레셋 사람들이 여기에 왔어요!" 블레셋 군인들이 문 중간쯤에 온 것을 본 저는 일어나서 근육에 힘을 주어 아무것도 아닌 것처럼 가죽끈을 끊었습니다. 제가 문 쪽으로 나아가자, 그들 대부분은 달아났습니다. 한 명만 도망하지 못하였는데, 그는 아침에 시체로 발견되었습니다.

그러나 들릴라는 저에게 실망했습니다. "삼손, 당신은 저에게 솔직하지 않네요." 저는 다시 말했죠. "글쎄, 당신이 사용하지 않았던 새로운 밧줄로 나를 묶는다면 효력이 있을 거요."

"오! 우리의 관계에 발전이 있어서 전 기뻐요. 고마워요, 삼손!" 그날 밤, 그 여인은 다시 제게 말했죠. "삼손, 블레셋 사람들이 여기 왔어요!" 두 개의 새로운 밧줄이 까맣게 타버린 섬유처럼 다시 사라졌습니다. 전 그때 그들을 잡지 못했어요. 그들은 더 빠르게 사라졌거든요. 그들이 전날 밤의 이야기를 들었다고 전 생각했어요.

들릴라가 말했습니다. "오 삼손, 우리에게 반드시 해결되어야 할 문제가 있는데, 그것은 신뢰에 관한 것이에요."

그래서 전 그녀에게 비밀을 알려주었어요. "내 힘의 진짜 비밀은 내 머리카락이야…어떤 방법으로 머리카락을 땋게 되면 내 힘은 사라져…이번엔 나를 믿어."

그런 후 한밤중 그녀는 다시 한번 말했죠, "삼손, 블레셋 사람들이 여기 왔어요!" 이번에 그들은 창문에서 몰래 엿보고 있었습니다. 전 일어나서 크게 신경 쓰지 않고 그들을 뒤쫓았으나, 그들은 사라졌습니다.

들릴라는 제게 말했습니다. "만약 당신이 계속 거짓말을 한다면 전 당신과 헤어지겠어요."

"여보," 제가 말했습니다. "진정해봐. 이것은 당신과 관계없는 일이야, 이것은 개인적인 거라고! 제발 이러지마."

"제발, 삼손, 삼손, 당신 나 사랑하지 않나요?" 그녀는 계속해서 흐느껴 울었습니다. 그것은 정말 저에게 고문이었습니다. 이 사랑스러운 여자는 나를 계속해서 혼란스럽게 했습니다. 그녀는 전혀 그만두지 않았어요.

마침내 저는 그때까지 어기지 않았던 나실인 맹세 하나를 그녀에게 말했습니다. 제가 절대로 머리카락을 자르지 않는 이유에 대해 말했습니다. 그때에야 나는 그녀의 눈 속에 나에 대한 신뢰가 생겼음을 볼 수 있었습니다. 그날 밤, 저는 그녀의 무릎에 머리를 대고 잠들었습니다. 완전히 신뢰하고 깊이 잠들었습니다.

그러나 나는 배신당했습니다. 제가 자고 있을 때 그녀는 누군가를 시켜 제 머리를 자르게 하고 저를 꽁꽁 묶었습니다. 그런 후에 그녀는 저를 불렀습니다. "삼손, 블레셋 사람들이 여기 왔어요! 삼손, 블레셋 사람들이 여기 왔어요!" 전에 여러 번 그랬던 것처럼 저는 일어났습니다. 저는 생각했죠. "너희가 아는 것처럼, 이 방법은 특별하지 않다. 우리는 이것을 이미 여러 번 했다." 병사들은 상황이 진행될 때 일이 잘못되면 재빨리 도망하려고, 창문에 기대고 숨어서 한쪽 눈만으로 나를 보고 있었습니다.

전 일어나서 숨어서 상황을 관찰하는 그들을 보면서 말했습니다. "내게 덤벼봐라." 그리고 밧줄을 힘껏 밀었습니다. 또다시 밀었습니다. 또다시…전 무슨 일이 일어나고 있는지 몰랐습니다. 전처럼 왜 끊어지지 않는지 몰랐습니다. 전 더 세게 밀었습니다. 병사들은 창문에서 문으로 옮겨왔습니다. 그리고 그들은 점점 더 가까이 조금씩 움직였습니다. 마침내 그들은 초자연적인 힘이 제게서 떠난 줄 알게 되었습니다. 전 자포자기하는 심정으로 달아나려고 문으로 돌진했습니다. 두세 명쯤은 넘어뜨렸으나, 그곳에는 제가 상대하기에는 너무나 많은 사람이 있었습니다. 그들은 점점 더 저를 움켜잡았습니다. 저를 완전히 포박했습니다.

제가 들릴라를 다시 보려고 머리를 돌렸을 때, 목 뒤의 머리카락이 느껴지지 않았습니다. 저는 제 머리카락이 사라진 걸 그때야 알게 되었죠. 제가 들릴라를 보면서 "왜 이렇게 됐어?"라고 소리칠 때, 나는 병사들이 그녀에게 돈을 건네는 것을 보았습니다. 그녀는 저를 팔아버린 것입니다. 제가 마지막으로 본 것은 칼을 든 병사였습니다. 그는 저의 한쪽 눈을 먼저 찌르고 다음에 나머지 한쪽 눈도 찔렀습니다. 얼마나 고통스러웠는지! 제가 어떻게 참았는지 모르겠습니다. 피… 고통…

그들은 조롱하며 웃었습니다. "이스라엘의 챔피언을 우리가 체포했다! 그의 힘이 다시 되돌아온다고 해도 그는 장님이다. 그는 우리의 것이다. 다시는 보복하지 못할 것이다." 그들은 제가 저항할 수 없다는 것을 알고 저의 손을 잡아 건물 내부로 데리고 갔습니다. 거기에 숫돌바퀴가 있었는데, 그들은 황소를 풀고 대신 나를 그 바퀴에 묶었습니다. 그들은 말했죠, "지금부터 너의 직업은 블레셋 군인들을 먹일 곡식을 가는 것이다."

제 눈의 고통은 마음의 고통과 비교해 아무것도 아니었습니다. 전 짐승처럼 곡식을 갈았습니다…사실 거기에서 얼마나 오래 있었는지 모릅니다…시력을 상실했기 때문에 전 낮과 밤도 인식하지 못했습니다. 제가 하는 것은 같은 원을 계속 걸으면서 도는 것입니다. 제가 생각했던 것이라곤 하나님께서 저를 선택했었다는 것입니다. 하나님께서는 제가 이스라엘을 해방할 사람이라고 하셨습니다. 그러나 지금 전 할 수 없습니다. 저의 인생에서 하나님께서 저를 부르신 사명을 수행할 수 없게 되었습니다. 모든 것이 사라졌습니다. 이제 전 다시 돌아갈 수 없습니다.

블레셋은 저의 굴욕을 축하하기로 했습니다. 그들은 많은 사람을 초대하였고, 이방 신인 다곤 신전에서 저를 풀어주었습니다. 많은 사람이 다곤의 위대성을 축하하려고 왔습니다. 왜냐하면 이스라엘 하나님의 챔피언이 패배했기 때문입니다. 전 그들의 노리갯감으로 끌려갔습니다. 무리를 즐겁게 해주기 위해서죠. 그들은 소년 종을 보내 나를 데리고 갔습니다. 한때 전 수천 명의 군인을 공격했으나 이제 그들은 단지 한 소년으로 저를 통제할 수 있었습니다.

소년이 신전으로 나를 데리고 왔을 때 웃음이 폭발했습니다. 그들은 들떠 있었고, 야단법석을 떨었습니다. 홀 안에서 하나님을 모독하는 소리가 터져 나왔습니다. 내 마음이 너무나 아팠던 것은 이런 일이 일어나도록 한 사람이 바로 저라는 것이었습니다. 전 누구도 비난할 수 없었습니다. 하나님도, 내 부모님도, 그 밖에 누구도 비난할 수 없었습니다. 전 무엇을 해야 하고, 하지 말아야 하는지 알고 있었습니다. 그러나 전 잘못된 선택을 했던 사람이었습니다. 하나님의 이름이 저 때문에 더럽혀지고 있었습니다.

그들은 앞쪽으로 저를 이끌었고 전 소년에게 무엇인가 기댈 것이 있는지 물었습니다. 전 과거의 제가 아니었습니다. 신전 기둥에 내 손을 놓았습니다. 제가 기둥을 느낄 때 그것은 평범한 기둥이 아님을 알았습니다. 그것은 그 건물을 지탱하는 주요 기둥이었습니다. 이것은 전체 건물의 중요한 구조 가운데 하나였습니다. 다른 손을 뻗었을 때 내 옆에 두 번째 기둥이 있음을 알았습니다. 전 마지막 기도를 했습니다. "하나님, 전 가치도 없고 제가 목표를 잃어버린 것도 알고 있습니다. 당신이 제게 하라고 하신 일을 하지 못했습니다. 그러나 당신의 이름을 위해 한 번만 저에게 은혜를 주실 수 있나요? 하나님의 이름이 더는 모욕되지 않게 해주세요."

그런 후에 전에 많이 했던 자세를 취하고 밀기 시작했습니다. 더 세게, 더 세게! 그렇게 할 때 목 뒤에 머리카락이 스쳐 지나가는 것을 다시 느꼈습니다. 제가 곡식을 갈던 동안 머리카락이 자랐던 것입니다. 제가 기도하면서 밀 때 마지막으로 큰 파도가 돌진하는 것을 느꼈습니다. 그것은 내 몸을 통과하는 하나님의 신의 뜨거움이었습니다. 전처럼 제 팔은 반응했습니다. 제가 밀 때 건물의 삐걱거리는 소리를 들었습니다. 뭔가 잘못되고 있다고 사람들이 알게 되었을 때 비명을 들었습니다. 다곤을 외치며 이스라엘의 하나님을 저주하는 소리를 들었을 때 전 한 번 더 마지막으로 힘껏 밀었습니다. 돌 지붕이 무너졌습니다. 우리 모두 밟혀 으깨졌습니다. 제가 살았을 때 죽인 수보다, 제가 죽으면서 죽인 블레셋 사람들의 수가 더 많았습니다.

전 그 순간 알게 되었습니다. 전 강한 사람으로 항상 기억되겠지만 위대한 사람은 아니었음을 깨닫게 되었습니다. 전 항상 실패한 사람으로 간주할 겁니다. 왜냐고요? 전 일생 하나님의 목적을 성취하지 못했기 때문입니다. 하나님은 하나님의 뜻을 이루는 데 필요한 힘과 능력과 함께 제게 사역을 맡기셨습니다. 그러나 제가 그것을 팔아버렸습니다. 함부로 죄 짓는 데 낭비해 버렸습니다. 제가 죄를 지어서 그것은 저와 제 사역에 아무 영향도 주지 못했습니다. 제가 잘못했습니다! 전 가장 강한 사람이었습니다. 누구도 저를 멈추게 할 수 없었고, 누구도 제게서 어떤 것도 빼앗아 갈 수 없었습니다. 그러나 저는 죄의 기쁨과 저의 사역을 맞바꾸어 버렸습니다.

하나님께서 여러분에게 맡기신 사역은 저의 사역과는 다를 것입니다. 그러나 힘든 과정을 통해 많은 것을 배운 사람으로서 여러분에게 말합니다. 누구도 여러분의 사역을 빼앗아 갈 수 없습니다. 하나님이 여러분을 보호하지 못하게 할 강한 적도 없고, 여러분이 하도록 하신 일을 못하도록 여러분을 방해할 적도 없습니다. 제가 지금 여기에 서 있는 것은 단지 여러분 자신이 하나님께서 여러분에게 맡기신 사역을 망치게 할 수 있다는 것을 말하기 위해서입니다. 여러분의 죄가 그 사역을 망치게 할 것입니다. 제가 배운 것은 누구도 죄를 짓고 그것을 빼앗기지 않는 사람은 없다는 것입니다. 저나 여러분이나 누구도 그것에서 예외가 될 수 없습니다.

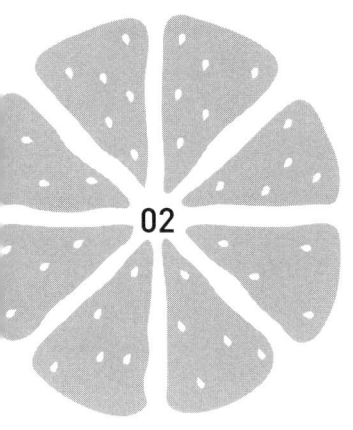

02 절름발이 이야기

_ 사무엘하 1-9장

돈 수누키안(Don Sunukjian)

(설교자는 목발을 짚고 걸어 들어와서, 주위를 둘러보고, 복도를 응시하면서, 그가 들어온 건물의 웅장함에 감탄하고 있다.)

전 아직도 왕궁 주위의 길을 모르겠어요. 여러분은 모든 방을 봐야 합니다. 그런데 제가 주위를 둘러본다는 것은 어려운 일입니다(엉망으로 된 자신의 발을 몸짓으로 지시하면서).

이곳은 다윗 왕의 궁전입니다. 가장 세련된 곳이죠. 수입한 나무(만지고 포옹하면서), 실크로 된 비단(몸짓으로 신호를 보내면서).

(설교자는 피아노 의자에 앉는다.)

제 이름은 므비보셋이고 전 여기에서 살고 있습니다. 제 아내와 저, 그리고 저의 아들은 2층의 스위트룸에서 살고 있습니다. 우리는 약 3달 동안 여기에서 지냈습니다.

왜 제가 여기에 사냐고요? 좋은 질문입니다.

전 고위관리가 아닙니다. 이 나라에서 임명한 대사관도 아니고 그와 같은 어떤 사람도 아닙니다. 궁 안에 사는 관리도 아닙니다. 전 여기서 행정적인 역할도 하지 않습니다. 그렇다고 친척도 아닙니다. 그럼에도 다윗은 저를 아들처럼 대하고 내 아들 미가의 조부가 되었습니다.

왜 제가 여기에 사냐고요? 지금 여러분에게 말씀드리겠습니다. 이것은 놀라운 이야기가 아닐 수 없습니다.

제가 아주 어렸을 때 제 아버지는 죽임을 당하셨습니다. 제가 다섯 살 때라서 기억은 희미합니다. 아버지 소유의 집 앞에서 놀던 때가 기억납니다. 그때 기수가 말을 타고 안뜰로 들어왔습니다. 광란하는 말발굽 소리, 땀투성이가 된 기수, 기수부터 집에 있는 제 유모까지 모든 사람들이 외치는 소리 등을 기억합니다. "아기를 안고 달려. 블레셋 군사들이 오고 있어! 왕과 왕자는 죽었어. 이스라엘은 패배했고 모든 사람은 달아나고 있어!" 그런 후에 그는 다른 사람에게 알리고자 급히 사라졌습니다.

유모가 크게 울며 외투를 급히 걸치고, 약간의 빵과 치즈를 갖고 내 손을 잡으며 "우리는 달려야만 합니다! 서둘러서 빨리요! 우리는 달려야 해요"라고 말했던 것이 기억납니다.

우리는 그곳에 모든 것을 남겨두고 달렸습니다. 함성을 들어보니, 블레셋 군인들이 겨우 일 마일 정도 떨어진 것 같았습니다. 그들이 우리 땅을 차례로 점령했을 때의 전쟁 소리를 들었던 게 기억납니다. 우리는 땅 주인들의 무익한 저항의 소리, 그리고 죽으면서 울부짖는 소리를 들었습니다.

우리는 달리고 또 달렸습니다. 오후 내내 달렸고 밤까지 달렸습니다. 어둑해졌을 때 숨을 돌리려고 들판으로 갔고 거기에서 잠을 청했습니다. 그러나 블레셋 군인들은 밤에도 계속해서 강탈했고 소리가 다시 가깝게 들리자 우리는 다시 일어나 달렸습니다.

우리가 얼마나 오랫동안 어둠 속에서 달렸는지 모릅니다. 우리는 강에 겨우 도착해 북쪽 지방으로 건너가려고 했습니다. 거기까지 그들이 쫓아올 거라고는 생각하지 않았습니다.

그러나 전 더는 갈 수 없었습니다. 옆구리가 아프고 폐가 터질 것 같았습니다. 전 땅에 쓰러졌던 것이 기억납니다.

유모가 말했어요. "가야 해요."

"난 못 가."

"그들이 우리를 죽일 거예요."

"난 못 가." 전 울기 시작했습니다.

그녀는 저를 안고 달리기 시작했습니다. 그러나 그때 전 상당히 덩치가 있었습니다. 다섯 살 된 아이를 안고 달리기는 절대 쉽지 않습니다. 그녀는 두려움 때문에 놀라운 힘을 발휘한 것입니다. 그러나 밤쯤 되자, 극도의 피로로 그녀의 눈이 흐려지기 시작했음을 전 알아봤습니다. 그녀의 걸음은 비틀거렸고, 갑자기 졸도해 버렸습니다.

저는 정확히 기억나지는 않습니다…그러나 자신의 팔에 저를 안은 채 그녀가 앞으로 기울어졌던 게 기억납니다. 저의 두 다리(앞쪽으로 구부려서) 위에 그녀의 무거운 몸이 쓰러진 것이 기억나고, 또 기억납니다!(뼈가 부러진 것을 가리키면서 두 개의 손가락으로 뚝하는 소리를 낸다.)

뭔가가 부러졌어요! 전 소리쳤습니다. 그녀 보고 제 위에서 내려오라고 소리쳤으나 그녀는 꿈쩍도 하지 않았습니다. 전 소리를 지르며 몸부림쳤습니다. 결국 그녀 밑에서 빠져나왔습니다. 저는 그때 누군가의 도움을 얻기 위해서 소리쳤던 것은 기억나지만 그 밖의 것은 아무것도 기억나지 않습니다.

며칠 후에 전 마길이라는 사람의 집에서 깨어났습니다. 그는 우리가 가려고 했던 강 건너편에 살고 있습니다. 달아나고 있던 다른 사람들이 다음 날 아침 우리를 발견했더라고요. 그들은 2-3일간 우리를 메고 가서 안전하게 강 건너에 데려다 주었습니다.

전 고통 때문에 쇼크에 빠졌던 게 틀림없습니다. 왜냐하면 전 아무것도 기억이 나질 않기 때문입니다. 단지 깨어났을 때 발목과 발이 짓이겨지고 마비된 것을 알게 되었습니다. …그리고 제가 다시 걸을 수 없을 거라는 것도 알았습니다.

이것이 제가 지금 이렇게 불구가 된 사건입니다. 참 아직 제가 누구라는 것을 말해 주지 않았군요.

전투에서 죽임 당한 저의 아버지는 평범한 병사는 아니었습니다. 그는 왕자 요나단이었습니다. 사울 왕은 제 할아버지입니다. 중간에 모든 것이 잘되었다면 전 아버지 요나단을 이어 이 나라의 왕이 되었을 것입니다.

그러나 전쟁 후에 모든 것이 혼란스러웠습니다. 사울 왕은 죽었습니다. 제 아버지도 죽었습니다. 제 아버지의 형인 삼촌 두 명도 죽었습니다. 블레셋은 우리의 땅을 다스렸고 모든 것을 약탈해 갔습니다.

몇 주 후에 우리는 상황을 점검할 수 있었습니다. 즉 이스라엘 정부에서 일했던 사람들 가운데 살아남은 사람들이 망명 중에 나타나기 시작했습니다. 그렇게 많지는 않았지만 함께 모였습니다.

제 삼촌 중 한 분이 살아남았는데, 그가 바로 이스보셋입니다(머리를 흔들며). 사울 집안의 힘과 위풍을 볼 때, 그리고 살아남아야 했던 삼촌들과 아버지 요나단의 영광스러운 남자다운 모습들과 견주어 볼 때, 이스보셋은 가장 무능력한 사람입니다! 그는 백성을 다스릴 가슴과 머리가 없습니다. 그는 살아남았지만 지도자의 위치에서 백성을 다스릴 수 있는 사람은 아니었습니다.

다행스럽게 아브넬도 살아서 강을 건넜습니다. 아브넬은 군대 사령관이고, 황소 같은 사람으로 강하고 용감하며 근육이 잘 발달한 사람이었습니다. 또한 준비된 마음과 강한 의지, 그리고 명령을 내릴 수 있는 지도력을 갖춘 사람이었습니다.

아브넬은 망명 중에 정부를 인계받아 이스라엘의 실제적인 지도자 역할을 하고 있었습니다. 이스보셋은 단지 명목상의 지도자였습니다. 아브넬은 그에게 충성했고 사울 왕을 섬기는 것처럼 그를 섬겼습니다. 그러나 실제로는 아브넬이 권력자였고 모든 일을 통솔하는 사람이었습니다.

그때는 참으로 어려운 시절이었습니다. 그러나 전 아무것도 할 수 없었습니다. 전 소년이었거든요. 또한 절름발이였습니다. 그렇기에 나라에 무슨 일이 발생한다고 할지라도, 저 없이도 잘 처리될 것이 분명했습니다.

전 제쳐놓은 사람이었습니다. 전 왕권의 어떤 부분도 갖지 않았습니다.

하지만 그것은 그다지 중요하지 않았습니다. 왜냐하면 곧 왕권이 우리 가계에서 사라졌기 때문입니다. 7년 후에 제가 12살이었을 때 전체 나라는 다윗 왕국으로 바뀌었거든요.

그때부터, 즉 다윗 때부터 15년이 흘렀습니다. 그런데 어떻게 제가 다윗과 함께 살게 되었느냐고요?

우리가 여기에 와서 살기 시작한 3개월 전까지만 해도 전 다윗을 만난 적도 없답니다.

제가 다윗을 만나기 전까지 다윗에 대한 감정은 좋지 않았습니다. 제가 들었던 것은 다윗과 제 아버지 요나단은 한때 서로 잘 알고 지내는 사이였다고 합니다. 그들이 젊었을 때 가장 친한 친구였다고 합니다. 그들은 나란히 함께 이스라엘의 적들과 싸웠습니다. 그러나 제가 태어날 무렵에 무엇인가 일어났음이 틀림없습니다. 다윗은 법을 어긴 사람으로, 그리고 반역자로 간주되었던 것입니다.

이에 대해 두 가지 설명이 있습니다. 어떤 사람들은 할아버지 사울 왕이 제정신이 아닐 정도로 다윗을 질투해서 그를 죽이려고 했다고 말합니다. 즉 그는 비이성적으로 다윗을 증오하고 다윗은 스스로를 보호하려고 달아나야 했다는 것입니다.

또 다른 사람들은 말하기를 제 할아버지 사울이 다윗이 두 마음을 품어 스스로 왕권을 가지려고 제 아버지 요나단을 저버리려고 한 음흉한 계획을 꿰뚫어 알고 있었기 때문이라고 합니다.

전 두세 가지 이유 때문에 두 번째 설명을 믿으려고 했습니다. 첫째, 전투 중 제 아버지가 죽었을 때 다윗은 팔레스타인에서 적과 함께 살고 있었습니다. 보고에 따르면, 전투 중 팔레스타인을 돕는 지원병으로 자원했는데 거절당했다고 합니다. 둘째, 이스라엘의 패배로 전투가 끝난 후 우리가 북쪽에서 재결성하려고 하는 동안 다윗은 남쪽 지역으로 되돌아가서 스스로 남쪽 사람들의 왕이 되었다고 합니다.

그래서 저는 그에 대해 부정적이었습니다. 이 생각은 7년 후 제가 12살 때 더욱 확실해진 것 같습니다. 이때는 우리의 지도자 아브넬이 남쪽으로 가서 다윗의 남쪽 지역과 북쪽 지역의 통합을 협상하려고 했던 때입니다. 거기에 있는 동안 아브넬은 비밀회의에서 속임을 당하고 다윗의 장군에 의해 죽임을 당했습니다. 며칠 후 이스보셋도 북쪽에서 암살되었습니다.

전 다윗이 암살했다고 들었으나, 이것이 진짜인지, 아니면 다윗의 심복이 그 비신사적인 일을 하고 난 후 다윗이 그 심복이 한 일을 눈감아준 건지 누가 알겠습니까? 여러분이 알다시피 "죽은 사람은 말이 없습니다."

어쨌든 아브넬과 이스보셋은 죽었고, 다윗은 이스라엘의 왕이 되었는데, 그것이 15년 동안 지속되었습니다.

그리고 제가 다윗을 어떻게 생각하든지 상관없이, 다윗 왕국이 형통했던 것은 인정해야만 했습니다. 확장된 넓은 영토, 승리의 연속, 나라 전체의 안정, 번영이 있습니다. 심지어 다윗에 의해 설립된 왕조에 관한 이야기도 있습니다. 짐작건대, 다윗은 하나님이 약속한 꿈, 즉 다윗의 아들이 후에 이스라엘을 다스릴 것이라는 꿈을 갖고 있습니다. 그리고 심지어 미래에 위대한 아들에 대한 약속도 있습니다.

이러한 사건이 진행되고 있는 동안 전 북쪽 지방 어딘가에 남았고 분명히 기억에서 사라진 존재였습니다. 마길은 친절했고 전 그의 딸과 결혼했으며 우리에게는 조그마한 아들 한 명이 있습니다. 저는 마길을 위해 부기(bookkeeping) 일과 목수 일을 했습니다. 전 일을 잘하지는 못하나, 어떤 나무가 좋은 나무(궁전 주위를 보면서)인지는 식별할 수 있습니다.

그런데 약 3달 전 저는 이곳에 왔습니다.

어느 날 시바가 메시지를 전하려고 나타났습니다. "다윗 왕이 당신을 보기 원합니다."

전 약 10년 동안 시바를 보지 못했습니다. 시바는 전에 저의 아버지와 할아버지를 위해 땅을 관리하곤 했습니다. 그도 역시 강을 건너 달아났으나 다윗의 통치 아래 모든 것이 안정되었을 때 다시 되돌아왔습니다. 그는 우리의 낡은 집 가까이에 살고 있었고, 저는 그가 일을 잘하고 있다는 정도만 듣고 있었습니다.

그는 말했습니다. "다윗 왕이 당신을 보기 원합니다." 불길하게 들렸습니다. 왜 다윗이 날 보기를 원합니까? (조명이 밝아진다) 그가 나를 죽이려고 하는구나! 왕조를 세우려면 모든 경쟁자를 제거해야 합니다. 제가 사울 왕족의 마지막으로 살아남은 사람이거든요. 요나단, 삼촌들, 그리고 이스보셋이 죽었기 때문에, 왕위를 주장하고 잃어버린 유산을 찾을 수 있는 유일한 사람은 저뿐이었습니다. 저는 다윗이 마지막 잠재적인 적인 저를 제거함으로써, 자신의 왕조를 안전하게 만들려고 한다고 생각했습니다.

전 다윗을 보고 싶지 않았지만 전차가 저를 기다리고 있었습니다. 전 선택의 여지가 없었습니다. 마길에게 도와달라고 할 수 있었지만 그것은 보복을 가져올 수도 있었습니다. 전 아내에게 작별 키스를 했습니다. 우리가 다시 볼 수 있을 거라고 누구도 생각하지 못했습니다.

전차를 타고 가는 도중에 전 시바에게 물었습니다. "다윗이 나에 대해 어떻게 들었습니까?"

"어느 날 궁전에서 저에게 입궐하라고 연락이 왔습니다. 제가 궁전에 도착했을 때 다윗은 요나단의 자손 중 살아 있는 사람이 있는지 물어보았습니다. 그래서 제가 당신에 대해 말씀드렸습니다."

"왜요? 왜 입을 다물지 못했나요?"

"왜냐하면 다윗이 찾아낼까봐 두려웠고 말하지 않았다고 벌을 내릴까봐 두려웠습니다. 게다가 그는 당신을 찾는 의도가 좋은 것이라고 말했습니다."

"바보! 다윗이 나를 좋게 대해 줄 이유가 뭐 있습니까? 그는 내 죽음으로 모든 것을 얻으려고 하는 겁니다…난 지금 사형당하러 가는 거라고요."

예루살렘에 도착할 때까지 우리는 침묵했다. 난 다윗이 세운 새로운 수도에 대해 들었습니다. 그러나 새로운 수도에 도착했을 때 전 제가 본 것을 믿을 수 없었습니다. 얼마나 견고한 요새인지! 그리고 궁전은 얼마나 대단했는지…전 그러한 궁전을 본 적이 없었습니다!

저는 안으로 들여보내졌고 대기실에서 얼마 동안 앉아 있었습니다. 시바가 몇 분 후에 와서 저를 문으로 인도했습니다.

전 문을 지나 아주 큰 방으로 갔습니다. 반대편에 누군가가 앉아 있었습니다. 분명히 다윗 왕이었습니다. 제가 다윗 쪽으로 절름거리며 걸어갈 때 그는 침묵 속에서 날카로운 눈으로 저를 지켜보았습니다.

전 생각했습니다. '다윗은 나를 죽일 거야. 난 안정적인 그의 왕국의 위협인물이니까. 그러나 그가 만약 나를 죽이려 한다면, 난 내가 할 수 있는 모든 것으로 그를 힘들게 할 거야. 그가 만족스럽게 반역하도록 하지 않을 거라고!'

저는 다윗 왕 앞에 아주 어렵게(무릎을 꿇으면서) 무릎을 꿇고 다윗이 내 왕이라는 표시로 절을 했습니다.

전 우레와 같은 소리를 들었습니다. "므비보셋!"

저는 여전히 머리를 숙인 채로 말했습니다. "전 당신의 충성스러운 종입니다."

그런 후에 전 분명히 들었습니다. "두려워하지 말라."

그 소리에 전 올려다보았어요. …그의 눈은 미소짓고 있었고 그의 얼굴은 친절해 보였습니다. 그는 제게 말했습니다. "일어나라, 내 옆 자리에 앉아라."

그는 이어서 말했습니다. "너의 아버지는 나랑 가장 친한 친구였다. 우리가 젊었을 때, 우리 모두 사울의 집이 왕권을 뺏길 것을 알았고, 또한 내가 나라를 다스리게 될 것을 알고 있었다. 그 당시, 이런 일이 일어날 때 내가 너의 아버지의 후손에게 절대로 해를 입히지 않기로 너의 아버지와 맹세했었다. 그리고 하나님이 나를 축복하셔서 내가 왕으로 세움 받을 때, 나는 너의 아버지의 후손 중 누구에게도 해를 끼치지 않겠다고 맹세했다."

"30년 전에 난 너의 아버지와 엄숙한 약속을 했고 그 시간이 왔기에 난 그의 후손들을 친절하게 대하고 싶다."

"난 약속을 이행하려고 너를 찾았고 여기에 데리고 온 것이다. 난 너의 아버지와 할아버지의 모든 땅과 소유를 너에게 돌려줄 것이다. 농장, 가축, 과수원, 건물 다 너의 것이다. 너의 소유지에서 생산된 모든 수확물도 너의 것이다. 그래서 네가 원하는 대로 그것을 사용하여라. 시바가 감독으로서 너를 섬기게 될 것이다. 마치 너의 아버지와 할아버지에게 했듯이 말이다."

"넌 자유롭게 행동해라. 네가 원하는 대로 또는 너의 사업을 위해서 자유롭게 왔다 갔다 해도 된단다. 그러나 난 네가 아내와 자식을 여기 궁전으로 데리고 와서 내 가족의 일원이 됐으면 한단다."

이것이 3달 전의 일입니다. 오늘 전 부유한 사람이고 다윗 왕가의 한 일원이 되었습니다. 다윗 왕은 나에게 아무 빚도 지지 않았습니다. 그러나 다윗은 나를 찾아 높여주었습니다.

내가 그에게 무엇을 해야 할까요? 전 그에게 드릴 것이 하나도 없습니다. 사실 그의 눈으로 보면 저는 잠재적인 적으로 그의 통치에 적대적일 수 있습니다.

그러나 그는 저를 여기 궁전으로 데리고 와 잃어버렸던 재산을 돌려주고 또한 그의 가족의 일원으로 만들어주었습니다. 그 후로 저는 그의 집의 웃음과 사랑을 공유하고 있습니다.

이제 전 가야 합니다. 지금까지 제 이야기를 들어주셔서 감사합니다.

(일어나서 출구로 가다가 천천히 몇 걸음을 멈춰 서서 다음과 같이 몇 마디 한다.)

여러분, 다윗의 꿈을 아시죠? 그의 자손들이 나라를 다스리다가 마침내 "위대한 다윗의 아들"(Great Son of David)이 나타나서 왕으로 나라를 영원히 다스릴 것이라는 다윗의 꿈 말입니다. 저는 그의 아버지처럼 위대한 일을 할 "다윗의 아들"(Son of David)이 나타날 것인지 궁금합니다(걷는다).

적을 찾아내 그를 높여주고, 잃어버렸던 상속재산을 회복시켜 줄 다윗의 아들(Son of David)이 나타나리라 생각합니까? (걷는다)

그가 절름발이를 찾아내 그를 왕의 아들로 받아줄까요?

만약 그가 그렇게 한다면, 여러분도 그를 만나기를 소망합니다.

(나간다)

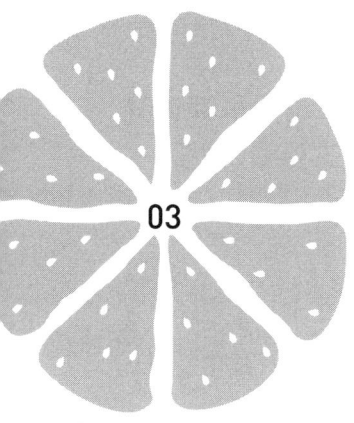

03

베다니의 **마리아**

_ 마가복음 14:1-11
앨리스 매튜(Alice Mathews)

(설교자 앨리스 매튜가 설교를 시작한다.)

마태, 마가, 요한 모두 예수님의 십자가 사건 며칠 전에 일어났던 이 아름다운 사건을 기록하고 있습니다. 세 복음서의 설명을 함께 참고해서 읽는다면, 여러분은 그 사건에 대해 좀더 상세하게 알 수 있습니다. 하지만 만약 한 복음서의 기록만 읽는다면 세부사항을 놓칠 수도 있을 것입니다. 저는 오늘 여러분이 거기에 있던 누군가의 눈으로 이 사건을 보도록 도와 주겠습니다.

(이때 앨리스 매튜가 등장인물이 된다.)

영혼의 깊은 곳에서 하나님을 위해 무언가를 하고 싶을 때 여러분은 오해를 받아본 적이 있나요? 그것이 비용도 많이 들고, 감당하기도 쉽지 않은 일이고, 많은 사람에게 감동을 줄 수 있는 일인데도 말입니다! 여러분 주위의 사람들이 그 일을 이해하지 못하고, 여러분이 미치거나 어리석거나 낭비한다고 생각한 적은 없나요? 여러분이 그런 경험이 있다면 저의 이야기를 이해하실 겁니다.

저의 이름은 마리아입니다. 전 베다니라는 마을에서 언니 마르다와 오빠 나사로와 함께 살고 있습니다. 우리는 수도인 예루살렘에서 동쪽으로 2마일 정도 떨어진 곳에 살고 있어요. 성전과 너무 가까워서 아주 좋아요.

우린 나라에서 주최하는 모든 축제에 쉽게 참여할 수 있어요. 이것 때문에 예수님과 그와 함께 다니는 사람들이 축제기간에 종종 베다니에 와서 지낸답니다. 그래서 그들이 우리 마을에 오실 때마다 우리는 항상 예수님과 제자들을 우리 집에 오시도록 환영해서 맞이합니다.

예수님이 우리 마을로 오는 언덕을 오르신다고 들을 때마다 언니 마르다는 예수님이 성경과 하나님의 방법을 가르치실 때 편리하게 앉을 장소를 마련하면서 집안을 바쁘게 돌아다닙니다. 그리고 여러분은 아시나요? 예수님은 심지어 여자인 저를 발밑에 앉게 하여 교훈을 듣게 해주신답니다! 다른 랍비는 여자를 가르침 때문에 자신의 명성을 더럽히지 않으려고 하지만 예수님은 다르십니다.

사실, 언니 마르다가 예수님의 가르침 도중에 끼어들어 저보고 부엌에서 자신을 도와달라고 예수님께 요청할 때에도, 예수님께서는 제가 좋은 편을 선택했기 때문에 그것을 빼앗지 말라고 언니에게 말씀하셨습니다. 상상할 수 있나요? 예수님은 말씀을 듣게 해주셨을 뿐만 아니라 발밑에서 배울 수 있도록 격려해 주셨어요. 전에 누구도 저를 위해 이렇게 한 적이 없었습니다.

얼마 후에 오빠 나사로가 아팠던 적이 있었습니다. 그가 너무 아프다는 것을 알고 우리는 예수님께 빨리 와서 오빠를 치료해 달라고 했습니다. 우리는 예수님이 다른 사람을 치료하는 것을 보았고 그가 어떤 병이든 고칠 수 있다는 것을 알고 있었습니다. 그러나 그분은 오지 않았고 나사로는 죽었습니다. 제 인생에서 그것보다 더 슬펐던 적은 없었던 것 같아요. 장례식 4일 후에 예수님이 오셨습니다. 전 그분의 발밑에서 흐느껴 울었습니다.

"주님, 당신이 여기에 왔었더라면 제 오빠가 죽지 않았을 텐데요!" 그분이 베다니에 더 일찍 오셨더라면 나사로를 고칠 수 있었을 거라고 전 생각했습니다.

예수님은 제게 대답하지 않으셨으나, 가까이 서 있는 마을 사람 몇 명에게 나사로가 어디에 묻혀 있는지 물어보셨습니다. 그래서 우리는 그분을 언덕 편에 있는 동굴로 안내했습니다. 그때 예수님이 말씀하셨어요. "입구의 돌을 치워라."

그러자 마르다 언니가 말했어요. "주님, 안 돼요! 죽은 지 4일이나 되었기 때문에 심한 악취가 납니다."

그러나 예수님은 언니에게 말했어요. "마르다야, 내가 너에게 말하지 않았니. 네가 믿기만 하면 하나님의 영광을 볼 것이라고 말이야."

결국 마르다 언니는 몇 사람에게 돌을 제거하라고 지시했습니다. 그런 후 우리 모두 앞에서 하나님께 기도했어요. 그런 후 예수님은 큰 목소리로 말씀하셨어요. "나사로야, 나오너라!" 우리 바로 눈앞에서 우리 오빠가 동굴에서 비틀거리며 나왔어요. 여전히 수족은 베로 동여 있었고요.

내 인생에서 가장 경이로운 순간을 여러분에게 말하지 않을 수가 없네요! 죽었던 저의 오빠가 한 번 더 우리와 함께 살 수 있게 되었어요! 예수님은 심지어 죽은 자도 다시 살아나게 하셨어요! 그분이 하나님의 메시아임을 어떻게 믿지 않을 수 있나요? 그 일 전에 예수님은 저에게 훌륭한 스승이셨지만, 이제는 단지 스승 정도가 아니었습니다. 그분은 하나님의 아들 그리스도이시며 저의 구원자이셨습니다. 이것에 대해 더 생각하면 할수록 제가 얼마나 그분을 사랑하는지 더욱더 보여주고 싶었답니다. 그래서 그분에게 매우 특별한 것을 하고 싶었습니다. 그것이 무엇일까요?

유월절 엿새 전에 예수님은 다시 베다니에 오셨습니다. 우리는 너무나 기뻤어요! 문둥이 시몬이 저녁 식사에 자기 집으로 예수님을 초대해서 언니 마르다는 음식준비를 두루 살폈습니다. 오빠 나사로는 초대된 손님 중 한 명이었고요. 갑자기 전 예수님을 위해 무언가를 하고 싶었습니다!

저는 서둘러 집으로 돌아가서 방구석에 있는 조그마한 수납함을 열었습니다. 거기에는 여러 해 동안 제가 보관해 온 조그맣고 매끄러운 하얀 병이 있었습니다. 그 병에는 돈으로 살 수 있는 가장 값 비싼 향유가 담겨 있었습니다. 그것은 바로 감송향(甘松香) 오일이었습니다. 이 병과 그 안의 향유를 사려면 보통 사람의 일 년치 봉급이 필요합니다. 저는 조심스럽게 이 병을 들고 서둘러서 시몬의 집으로 갔습니다.

저녁이 시작되었습니다. 시몬의 테이블 주위 소파에 예수님과 나사로와 다른 손님들이 기대어 누워서 식사를 하고 있었습니다. 전 조용히 방을 가로질러 예수님 뒤에 섰습니다. 그리고 예수님의 머리 위로 향유 병을 올려 병뚜껑을 연 후 그의 머리에 향기로운 향유를 붓기 시작했습니다. 그런 후 그의 발밑에 무릎 꿇고 그의 발에 계속해서 비싼 향유를 부었습니다. 근처에 수건이 없어서 전 저의 긴 머리카락을 풀어 그것으로 예수님의 발을 닦았습니다. 저는 예수님을 향한 사랑과 이 비싼 향유를 그분의 머리와 발에 붓는 기쁨에 너무 빠져서 방에 누가 있었는지 알지 못했습니다.

그런데 갑자기 화가 난 목소리들이 들려왔습니다. 예수님의 제자 중 한 명인 유다가 물었습니다. "왜 이 비싼 향유를 낭비하는가? 이 향유를 300 데나리온 이상에 팔아 가난한 자들에게 줄 수 있었는데!" 다른 사람들도 동조했습니다. "그래, 왜 그랬니? 그건 정말 어리석은 짓이야! 얼마나 낭비인가!"

전 테이블 주위를 둘러보았습니다. 한 사람도 미소를 짓지 않았고, 모든 사람이 찡그리고 있었습니다. 향기로운 냄새가 방안을 가득 메웠습니다. 그러나 누구도 향기를 즐거워하지 않았습니다. 제게는 좋은 생각이었던 것이 방에 있는 다른 사람들에겐 어리석거나, 생각이 없거나, 이기적인 것으로 보인 것 같습니다. 무안하게 하는 말들을 들었고, 반가워하지 않는 얼굴들을 보았습니다. 무슨 일이 일어난 거야? 제가 무엇을 했나요? 제가 잘못했나요?

유다와 다른 사람들이 옳을 수도 있습니다. 그들이 말한 것은 논리적이었습니다. 향유를 팔아서 가난한 사람들에게 나눠줄 수도 있습니다. 이치에 맞는 이야기입니다.

필요한 다른 사람들에게 주는 게 더 나았는데, 제가 정말로 낭비했습니까?

제가 한 행동이 엉뚱한 구석은 없지 않지만, 그렇다고 저의 행동이 악한 것이었습니까?

예수님을 위한 아낌없는 사랑의 표현으로 제가 끔찍한 실수를 했나요?

전 가난한 사람들을 위한 그분의 관심을 자주 들었습니다. 예수님의 가르침을 자주 들었지만, 그분의 삶과 사역의 요점을 제가 놓쳤나요?

전 여전히 예수님의 발 옆에 무릎 꿇고 앉아 손에는 빈병을 들고 예수님의 말씀을 들었습니다. 그때 예수님은 그들에게 말씀하셨습니다. "그녀를 내버려두어라! 왜 그녀를 괴롭히느냐? 그녀는 나를 위해 아름다운 일을 했느니라. 가난한 자들은 항상 너희와 함께 있으니 아무 때라도 원하는 대로 도울 수 있다. 그러나 나는 너희와 항상 함께 있지 않을 것이다. 마리아는 힘을 다해 내 몸에 향유를 부어 내 장사를 미리 준비하였다. 내가 진실로 너희에게 이르노니 온 천하에 어디서든지 복음이 전파되는 곳에는 마리아의 행한 일도 말하여 기념하게 될 것이다."

내 귀가 잘못된 건가요? 예수님은 제가 좋은 일을 했다고 말씀하셨습니다! 제가 그분을 사랑하고 제 사랑을 그분에게 보여주고 싶었다는 것을 아셨습니다. 그리고 그것이 아름답다고 말씀하셨습니다.

예수님은 더 말씀하셨습니다. 제가 행한 일이 아주 아름다워서 그분도 잊지 않을 것이고 세상도 잊지 않도록 하겠다고 말씀하셨습니다. 그분의 이야기를 하는 곳에서는 제 이야기도 할 것입니다.

이 말씀을 하실 때 전 예수님을 쳐다보았습니다. 그 말씀은 제 영혼의 약이었습니다. 제가 그분의 눈을 들여다보니 그분은 기뻐하셨음을 알 수 있었습니다. 테이블에 있는 다른 사람들에게는 제가 한 행동이 엉뚱하고 낭비한 것으로 보입니다. 그러나 예수님은 아닙니다. 그분은 제 선물에 다른 가치를 놓으셨습니다. 그분은 저의 마음을 이해해 주셨습니다. 저의 사랑을 아셨습니다.

그때 전 상식으로 이해할 수 없는 경배 행위가 있음을 알았습니다. 사랑은 이성이 알지 못하는 이유가 있습니다. 예수님은 그것을 보셨고, 아셨습니다. 그리고 이해하셨습니다.

(다시 앨리스 매튜가 자기 자신으로 돌아온다.)

우리가 예수 그리스도께 드려지는 헌신 가운데 전통적이고 다른 사람들에게 받아들여지는 헌신이 있습니다. 그것은 상식의 경계 안에 머뭅니다. 그러나 예수님에 대한 마리아의 반응은 전통적인 경계를 넘어선 것입니다. 그녀는 그분을 새로운 눈으로 본 것입니다. 그분은 위대한 랍비나 위대한 치료자 이상이셨습니다. 그분은 부활이요, 생명이셨습니다. 예수님을 향한 그러한 깨달음은 그녀로 하여금 모든 것을 포기하는 경배, 즉 전통적인 경계를 훨씬 넘어선 헌신을 이끌어 냈습니다.

예수님을 위해 쏟아 붓는 그녀의 철저한 희생적인 삶을 보았을 때, 사람들은 온전히 그것을 이해하지 못합니다. 그것을 광신이나 혹은 낭비로 봅니다. 그러나 예수님은 우리의 삶을 자신의 발밑에 쏟아 부을 때, 우리의 마음과 그것의 가치를 아십니다. 사랑하는 여러분, 우리가 진심으로 그분을 부활과 생명으로 믿을 때, 우리 자신 모두를, 그리고 우리가 가진 모든 것을 그분에게 드리게 되지 않을까요?

Effective First-Person Biblical Preaching

부록2

실습표 작성하기

Effective
First-Person
Biblical Preaching

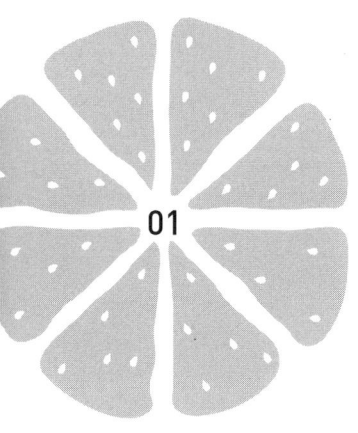

내러티브 문학
이해하기

주석 작업 단계 요약표

(2, 3, 4장에 해당한다)

1. 해석 패러다임 적응하기

- 성경 내러티브는 단순한 역사가 아니다. 그것은 신학이다. 그것의 우선적인 목적은 하나님을 드러내는 것이고, 하나님께 반응하여 우리가 어떻게 살아야 하는지 보여주는 것이다.
- 주석의 목적은 단지 설교하고자 하는 이야기에 관한 정보를 발견하는 것이 아니다. 주석의 일차적 목적은 원래 저자가 원래 청중에게 핵심직인 아이디어를 전달하려고 이야기의 모든 구체적인 사항들을 어떻게 이용했는지 발견하는 것이다. 당신의 시선을 그것에 집중하라. 당신의 목적은 본문의 의도를 파악하는 것이지 단지 본문의 내용을 아는 것이 아니다!
- 성경 이야기들은 이때까지 쓰인 가장 세련된 문학으로 분류된다. 이야기들은 신화와 같이 빈약하게 구성되어 있지 않다. 모든 구체적인 부분들은 의도적이고 중요하다.

2. 설교하고자 하는 이야기의 더 큰 문맥 이해하기

a. 본문이 속해 있는 책 전체를 여러 번 읽어라.

b. 책이 언제 쓰였는가?
- 그 당시 하나님의 사람들에게 무슨 일이 일어나고 있는가?

  _____

- 이 책은 성경 역사 전체와 어떻게 조화되고 있는가?

  _____

- 더 넓은 역사적 상황에서 무슨 일이 일어나고 있었는가?

  _____

c. 이 책의 의도된 청중(Target audience)은 누구인가? (성경 이야기는 이야기에 등장하는 사람들을 위해 쓰이지 않았다.)

  _____

d. 원래 저자는 왜 이 책을 기록했는가?
- 원래 저자는 그 당시의 청중에게 어떤 도전을 주고자 했는가?

  _____

- 이야기의 주제는 무엇인가?

  _____

3. 이야기의 구조 결정하기

a. **이야기의 각 장면을 조사하라**(장면 분석표를 사용하라).

b. **이야기의 시작과 끝을 결정하라.**

- 특별한 이야기에서 긴장의 일차적 요인이 무엇인가? 기록하라.

  _____

- 장면은 이야기의 긴장에 어떻게 조력하는가?

  저자가 어떻게 이야기의 긴장을 클라이맥스로 점증시키고, 그런 후에 어떻게 마지막 해결책을 달성하는지 관찰하라. (이때 모노 가상 사이클이 유용하다)

  _____

  _____

- 줄거리의 "예측하지 못한 반전"이 어디에 있는가? (이 반전은 긴장을 완전히 없애주는가?)

  _____

  _____

- 이야기가 어디에서 끝난다고 생각하는가? 이야기가 해피엔딩인가, 아니면 비극적으로 끝나는가? 왜 그런가?

  _____

  _____

- 이 특별한 이야기의 시작과 끝을 나타내는 분명한 문학적 표시가 있는가?

  _____

- 도움되는 힌트
  - 풍자와 시적인 정의(이야기에서의 권선징악-역주)가 줄거리 이해를 확실하게 한다. 둘 중의 하나가 이야기 중에 나타난다면, 그것은 줄거리의 "예측하지 못한 반전"에서 가장 명백히 나타난다.
  - 반복도 줄거리 이해를 확실하게 한다. 내레이터는 때때로 "핵심 아이디어"를 강조하려고 반복한다. 되풀이되는 말씀이나 사건이 있는가?

    _____

  - 내레이터는 단 하나의 핵심 아이디어를 전달하려고 관련된 두 개의 이야기를 때때로 하나로 엮기도 한다. 그것이 여기에서 일어나고 있는가?

    _____

  - 내레이터는 특별히 강조하고 싶은 부분에서 이야기의 속도를 늦춘다. 어디에서 이야기의 속도가 늦어지는가?

    _____

  - 내레이터는 종종 사건을 비 연대순으로 배열하기도 한다. 사건이 역사적으로 일어났을 때와는 다른 순서로 제시되는 부분이 있는가?

    _____

4. 등장인물 분석하기(등장인물 분석표를 참고하라)

a. 등장인물 분석표에 모든 등장인물의 이름을 기록하라.

b. 성경 본문은 등장인물에 대해 무엇을 드러내는가?

c. 대조, 비교, 신체적 외모, 진부한 언급, 반복이 있는가?

d. 각 등장인물(주인공, 적대자, 남을 돋보이게 하는 사람)이 차지하는 문학적 역할을 밝혀라.

e. 깊이 있는 등장인물 분석
- 동기부여(그들은 왜 이 방법으로 했는가?)
- 동일시(내가 그들과 어떻게 비슷한가?)

5. 이야기의 배경 발견하기

a. 지리학
- 지리학적으로 이야기가 어디에 위치하는가?

  _____

- 그 지역의 위치가 이야기에 영향을 주는가?

  _____

- 그 지역의 지형이 이야기에 영향을 주는가?

b. 문화. 이야기가 알려주는 그 시대의 사회적 관습들이 있는가?

6. 내러티브의 "핵심 아이디어" 진술하기

본문이 무엇을 말하는가? 여러분이 배운 것을 구체화하라. 여러분이 발견한 것에서 저자의 중심 생각을 종합하라. 원래 저자가 그 이야기의 최초 수령인에게 전하려고 했던 것을 분명히 진술하라. 단순히 내용을 파악하는 수준을 넘어 이야기의 의도된 목적을 발견하라.

a. 주석적 아이디어
- 줄거리의 예측하지 못한 반전을 찾아라.
- 여기에서 해결되고 있는 주제가 무엇인가?
- 저자는 여러분이 주인공의 선택을 따르기를 원하는가? 아니면 피하기를 원하는가?
- 주제와 보충 요소의 형태로 이야기에서 일어난 사건에 대한 당신의 이해를 요약하라. 당신이 발견한 주제를 질문의 형태로 썼는지 그리고 보충 요소가 그 질문에 대한 대답으로 완벽한지 확인하라. 가능한 한 정확하고 있는 그대로 기록하라.

– 주제

　　_____

　　– 보충 요소

　　_____

b. 설교학적 아이디어

　　설교학적 아이디어는 주석적 아이디어와 거의 같지만 영구적인 용어로 다시 쓰는 것이다. 이 아이디어는 죽은 사람들의 이름은 포함하지 않는다. 설교학적 아이디어는 본질적으로 주석적 아이디어와 같지만, 21세기 청중이 이해할 수 있고 적용할 수도 있다.

　　– 주제

　　_____

　　– 보충 요소

　　_____

c. 설교 아이디어

　　설교 아이디어는 청중의 마음속에 깊이 새겨 주기 원하는 간결하고도 힘차고 기억할 만한 구절이다. 주석적 아이디어나 설교학적 아이디어만큼 포괄적이지는 않다. 그러나 청중의 마음과 삶에 성경적 아이디어를 깊이 심어줄 수 있다.

7. 핵심 아이디어 재점검하기

- 핵심 아이디어가 이야기의 모든 부분과 의미가 통하는가?
  _____

- 핵심 아이디어는 문맥과 쉽게 어울리는가?
  _____

- 핵심 아이디어는 조직신학과 잘 어울리는가?
  _____

- 핵심 아이디어는 폭발적인 힘을 갖는가?
  _____

8. 적용: 본문이 오늘날 우리들에게 무엇을 의미하는가?

a. 본문이 드러내는 중심 원리는 무엇인가?
_____

b. 만약 이 이야기를 21세기 상황에 비유한다면 어떤 것을 찾을 수 있겠는가?
_____

c. 이 이야기의 교훈을 배우고 적용한다면, 당신의 삶(그리고 이 메시지를 들을 사

람들)은 어떻게 변할 것인가?

d. 이 이야기의 교훈을 무시한다면 당신의 삶(그리고 이 메시지를 들을 사람들)은 어떻게 될 것인가?

02 장면 분석표(Scene Analysis Chart)

구절	
주석적 관찰	
요약 무슨 일이 일어났는가? 한 문장으로 이 장면의 활동을 요약하라.	
드라마에서의 목적 • 이 장면이 전체 이야기에서 어떤 역할을 하는가? • 긴장이 고조되고 있는가? 혹은 감소하고 있는가? • 저자가 긴장을 어떻게 다루고 있는가?	

03 등장인물 확인표(Character Identification Sheet)

등장인물들 이 이야기에 등장하는 인물들은 누구인가?	
묘사 그들은 어떤 부류의 사람들인가? 당신이 그들에 대해 아는 것은 무엇인가?	
행동 등장인물을 무엇을 했는가?	
동기부여 등장인물이 그와 같이 행동한 동기는 무엇인가?	
감정 사건이 발생했을 때 등장인물은 어떻게 느끼는가?	

04 장면 개발표(Scene Development Chart)

장면	
행동 요약 무슨 일이 일어났는가? 이 장면에서 생각하기 원하는 것을 한 문장으로 진술하라.	
드라마에서의 목적 줄거리를 발전시키려면 이 장면은 이야기의 긴장을 어떻게 바꿀 것인가?	
등장인물 활동 이 장면에서 등장인물이 무엇을 말하고 무엇을 행하였는가?	

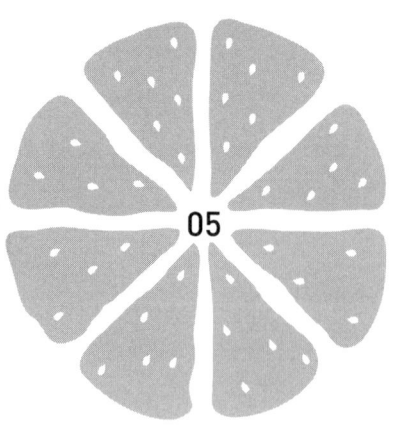

05 일인칭 설교 발전시키기

설교 작업 단계 요약표
(5-6장에 근거한다)

1. **본문을 선택하라**: 여러분은 어떤 본문을 설교하려고 하는가?
   _____

   a. 본문이 자연스러운 성경 단위인가? 여러분이 선택한 본문이 이야기의 한 부분이 아니라 이야기 전체인지 확인하라.
   b. 본문이 감정적으로 풍부하면서 행동으로 가득 찬 이야기인가?

2. **본문을 이해하라.**

   a. 줄거리에서 무엇이 놀라운 반전을 이루는가?
   _____

   b. 주석적 아이디어: 이야기에서 무엇이 일어났는가?
   　　☞ 주제: _____
   　　☞ 보충 요소: _____

c. 설교학적 아이디어: 이야기는 오늘날 무엇을 의미하는가?
　　☞ 주제: _____
　　☞ 보충 요소: _____

d. 설교 아이디어에 기억될 만한 "범퍼 스티커" 구절(자동차 범퍼에 붙인 선전과 광고 스티커-역주)

_____

3. 이야기의 주인공을 발전시켜라.

a. 어떤 사람이 성경 본문의 핵심 아이디어를 가장 잘 드러낼 것인가? (성경적으로 혹은 가상적으로)

_____

　　☞ 주인공은 예측하지 못한 반전과 떨어져 있는가, 아주 가깝게 있는가?
　　☞ 여러분은 주인공과 같은 성(性)인가?

b. 주인공에게 결정적으로 구별될 수 있는 특징을 주어라.

_____

c. 주인공의 엄마가 아는 것처럼 주인공에 대해 알아야 한다. 분리된 종이 위에 특징적인 주인공의 삶을 기록하라. 다음의 사항을 확실히 포함시켜라.
　　☞ **배경**(가정생활, 도시/시골, 사회경제적 지위, 교육, 어린 시절을 형성하는 데 영향을 주었던 사건들)
　　☞ **신체적 특징들**(인종, 나이, 강점, 차, 건강, 연설, 옷)
　　☞ **정신적 특징들**(선천적인 지력, 창의력, 학습 능력)

- ☞ **감정적 특징들**(삶의 태도, 기본적인 선호/혐오, 깊은 감정 능력, 위기/환경변화 대처 능력)
- ☞ **영적/도덕적 특징들**(신앙과 도덕적 발전의 정도, 내적 동기, 영적인 수준, 하나님과의 관계)
- ☞ 중요한 특징들을 확인하라.

d. 개인적 동일시(Personal Identification): 여러분과 여러분의 청중들은 주인공과 얼마나 비슷한가?

_____
_____
_____

4. 적대자를 만들어라.

분리된 종이 위에, 적대자를 기록하라. 이 기록은 주인공과 같이 자세하게 쓰여야 한다. 적대자에 대해서 다음에 대해서 분명히 기록하라.

a. 주인공보다 더 능력이 있는가?
b. 적대자가 그렇게 행동하는 분명한 동기가 있는가?
c. 주인공이 약한 곳에서 강한가?

5. 이야기를 설정하라. 이 이야기가 어디서 일어나는가?

a. 시기-이야기의 때

_____

b. 기간-이야기의 길이

_____

c. 장소 – 이야기의 지리적 위치

_____

6. 줄거리를 짜라.

a. 이야기의 절정/반전에서 출발하라.

빈 종이 위에 큰 모노 가상 사이클을 그리라. 서클 맨 밑바닥에 성경 내 러티브의 반전을 가져온 예측하지 못한 사건을 기록하라. 이것은 설교의 놀라운 반전이 될 것이다.

서클의 왼쪽을 보면서 당신의 설교에서 어떤 장면이 여름에서 이 반전으로 이끄는 데 필요한지 생각하라.

b. 오늘날 청중을 위해 고대 이야기를 어떻게 수정해야 하는가?
- ☞ 새로운 등장인물?
- ☞ 새로운 혹은 통합된 장면?
- ☞ 재배열된 장면?

c. 갈등과 긴장을 증가시켜라.
- ☞ 큰 아이디어를 반대로 해라.

반대(anti) 주제: _____

반대 보충 요소: _____

☞ 의심 많은 사람처럼 핵심 아이디어를 보라. 가장 날카로운 비평가가 성경 내러티브의 핵심 아이디어를 어떻게 비판할 것인가?

_____

_____

d. 흔한 실수를 피하라.
- ☞ 흥분시키는 사건으로 시작하라
- ☞ 독백 대신 행동을 선택하라

e. 구조를 재점검하라.
- ☞ 이야기를 단지 재상영했는가?
- ☞ 설교에서의 절정이 성경 이야기에서의 절정과 같은가?
- ☞ 주인공에게 중요한 발전적 변화(arc)가 있는가?

7. 관점을 결정하라

a. 청중들이 상상력을 통하여 원래 사건들의 고대 생활과 시간으로 돌아가도록 할 것인가?
b. 등장인물이 과거시대에서 나와 오늘날의 청중에게 말할 것인가?
c. 등장인물이 역사적 과거의 현재 참가자로서 청중을 포함할 것인가?

8. 덜 중요한 인물들을 고안하라 – 덜 중요한 인물들의 숫자는 적을수록 좋다. 또한 오직 극적인 효과만을 위해서 활용하라.

9. 원고를 작성하라.

a. 예측하지 못한 반전으로 시작하라.
b. 시작으로 가서 흥미를 돋우는 사건으로 시작하라.

10. 소도구를 결정하라.

a. 보조 도구가 본문의 핵심 아이디어를 구체화할 것인가?
b. 이것이 메시지를 전하는 데 효과적인가, 산만하게 할 것인가?

c. 이것은 문화적으로 적절한가?

11. 원고를 다듬어라.
- ☞ 크게 원고를 읽어라.
- ☞ 몸을 써라.

12. 설교를 나누어라.
- ☞ 경험이 풍부한 설교자는 설교의 내용과 강단에서의 위치를 적절히 조화시킨다.

13. 설교를 예행연습하라.
- ☞ 원고로 2-5번 정도 예행연습하고, 원고 없이 2-5번 정도 예행연습하라.

14. 의상을 결정하라.
- ☞ 여러분은 탁월하게 복장을 사용할 수 있고, 그것이 설교를 강화시킨다면 사용하라.

15. 설교를 전달하라.
- ☞ 말씀을 전하라.
- ☞ 등장인물이 되라.

* 성경색인 *

창세기
3장	_63
6장	_63
6:9	_79
12:1	_204
14장	_192
24:63-64	_97
25:34	_80
27:11	_78
29:17	_78
37:23-25	_80
38:14	_78

민수기
13:31, 33	_43

여호수아
9:4-5	_79

사사기
6-7장	_110
13-16장	_208-224

룻기
4:6-8	_45

사무엘상
2:12	_79
2:22	_86
23-24장	_123

사무엘하
1-9장	_225-234
9장	_123
14:25	_78

열왕기하
5장	_110
5:10	_110

역대상
29:7	_44

느헤미야
2:2	_78

욥기
1:5	_80
1:8	_79

이사야
14장	_62

예레미야
23:16	_95

다니엘
1:1-2	_72
1:3-5	_72
1:6-7	_73
1:8-10	_73
1:11-14	_73

1:15-16	_ 74		사도행전	
1:17	_ 185		18장	_ 173
1:17-20	_ 74			
1:21	_ 74		로마서	
4장	_ 140		12:2	_ 37

호세아
4:6 _ 19

골로새서
1:28 _ 18

말라기
3:6-8 _ 191
3:9-10 _ 192
3:10b-12 _ 193

디모데전서
4:13 _ 161

마태복음
23:23 _ 192

디모데후서
3:15-17 _ 18

마가복음
14:1-11 _ 235-240

히브리서
6:1-2 _ 18

누가복음
4장 _ 199
4:31-44 _ 196
4:34-41 _ 199
4:37 _ 199
4:40 _ 199
4:42 _ 199
4:43 _ 200
9:28-36 _ 163

야고보서
3:1 _ 95

베드로후서
1:20-21 _ 22

요한복음
18장 _ 113

※ 주제색인 ※

ㄱ

가치	_ 15, 54, 85, 118, 124, 169
각색된 이야기	_ 201
갈등	
긴장	_ 130, 178, 182
확인하기	_ 55
감정 이입	_ 86
감정	_ 78, 143-147, 163, 178, 205
감정적 유대감	_ 118-119
개리슨 케일러(Garrison Keillor)	_ 149
거짓 선지자	_ 95, 164
게하시	_ 111-112
결정적인 특징	_ 114
고대 이스라엘: 삶과 제도	_ 27
공간 능력	_ 19, 21
관점	_ 29, 63, 113, 138-140
교육이론	_ 19
교훈	_ 37, 47, 98-99, 112, 144
구약의 저작 시기 결정	_ 44, 48-49
구약의 의도된 청중	_ 46, 48-49
구체주의	_ 178, 205
기간	_ 126
기드온	_ 110
긴장과 갈등	_ 130

ㄴ

나아만	_ 110-112
나사로	_ 235-238
남을 돋보이게 하는 사람	_ 81, 83-84
내러티브 문학	
구약과 신약	_ 103-104
구조 결정하기	_ 53-75
목적	_ 49-51
설교	_ 26
이해	_ 243-256
장면	_ 53-56
적용	_ 96-99
특징들	_ 177-179, 205-206
내러티브 설교	
마무리(완성)	_ 125-153
본문 선택	_ 103-105
실제적 예	_ 208-240
일인칭 설교의 내러티브 대안들	_ 174-206
내레이터	_ 54, 188
내레이터에 의한 설명	_ 45
내적 성격	_ 79-80
논리, 수학 능력	_ 19
놀라운 반전	_ 65-66, 111, 128, 162, 178
누가	_ 42
느부갓네살	_ 140
능력	_ 66, 104

ㄷ

다니엘 테일러(Daniel Taylor)　_187
다니엘　_91, 131, 134, 182-186
다쓰 배이더(Darth Vader)　_122
다양한 접근법　_20-21
다윗　_44-45, 47, 64, 77, 122-123, 156
다윗과 골리앗　_27
다윗과 사울　_122-123, 184
당신의 말씀은 진리입니다　_40
대인관계 능력　_20-21
대화　_70, 141-142, 194
더글라스(J. D. Douglas)　_127
데이빗 라이드(David E. Reid)　_97, 100
독백　_135
돈 수누키안(Don Sunukjian)　_225
동기부여　_84-85, 133
동일시　_85, 118, 120-121, 169, 184, 195
되새김　_166-168
드라마　_68-69, 104, 130, 147-148, 164-165
들릴라　_218-221
등장인물 확인표　_81
등장인물들
　　덜 중요한 등장인물들　_141
　　등장인물들 사이의 대조　_77
　　등장인물들의 개발　_114
　　등장인물들의 비교　_77
　　주요 등장인물들　_60, 82
등장인물의 발전적 변화　_82-83, 137
등장인물의 분석　_81

ㄹ

로란드 드 박스(Roland De Vaux)　_127
로버트 맥키(Robert McKee)　_57, 75, 100, 124
루이스(C. S. Lewis)　_39, 51, 55
룻　_44, 47, 164

ㅁ

M. A. S. H.　_132
마르다　_235-237
마샬 맥루한(Marshall McLuhan)　_24, 31
마태　_235
매릴 테니(Merrill C. Tenney)　_127
모노 가상 사이클　_56, 62, 65, 92, 128, 133, 181, 183, 189
　　성경에 있는 모노 가상 사이클　_56
　　성경에 적용하기　_56, 62
모세 오경　_43-44, 47
모세　_43, 47, 49-51, 67, 122, 163
문맥의 이해　_41-42, 76
문학적 결합력　_95
문학적 효과　_178, 205
문화　_17, 26, 88, 93, 98, 108, 127
므비보셋　_225-234
미디안　_110

ㅂ

바울　_16-18, 37, 46, 109, 135, 149, 161, 178
반복　_70, 80, 174-176

반전	_ 60-61, 65-66	비유 설교	_ 195-196, 200
방탕한 아들	_ 201	삼인칭 설교	_ 187-190
배경	_ 21, 57, 87-88, 115, 126	삶 만들기	_ 181
배움의 방법	_ 19	서신서	_ 16
베니스의 상인	_ 123	설교자의 임무	_ 25
베다니의 마리아	_ 235-240	실제적인 예	_ 208-240
보충 요소	_ 90-93, 105, 128, 137, 162	어려운 본문	_ 168
복음서	_ 42, 103-104	일인칭 설교	_ 150-152
복장	_ 147-149	설교(Sermon)	
본문		상담 설교	_ 189-190, 194-195
삼인칭 설교	_ 187-190	설교의 목적	_ 24, 96, 162
성경의 본문	_ 132	설교의 변형	_ 204
본문 선택하기	_ 157, 162	설교의 준비단계	_ 196
부활절	_ 113, 170	설교 전달	_ 150, 160
불안(한) 상태	_ 59	설교 나누기	_ 145
비극	_ 65, 68-69, 83	설교 아이디어	_ 94, 105, 133, 167, 171-172
비유 설교	_ 195-196, 200	설교를 위한 본문 선택하기	_ 166
		설교의 전달	_ 25, 28, 150
ㅅ		설교학적 구성	_ 179
사무엘	_ 47	설교학적 아이디어	_ 93-94, 105, 171-172
사울	_ 47, 77, 122-123, 184	설득	_ 143
사단	_ 62-66, 79, 131, 199-200	성경 이외의 자료	_ 162-163
삶 만들기	_ 181	성경(Bible)	
삼손	_ 68, 80, 120-121, 149, 152, 172, 184, 208-224	문학으로서 성경	_ 22, 39
상담 설교	_ 189-190, 194-195	장르	_ 23-24
상상	_ 81, 128, 132, 165	성경(Scripture)	
샤일록(Shylock)	_ 123	모노 가상 사이클 적용하기	_ 62
서사문학	_ 95	성경의 영감	_ 22
설교(Preaching)		설교 본문 선택하기	_ 157, 162

성경에서 보여주는 이스라엘	_ 64, 126	주석적 아이디어	_ 89, 91
성경의 역사		핵심 아이디어	_ 25, 30, 36, 70
신학적 아이디어의 전달	_ 36-37, 196	알레고리	_ 96-97
성령강림절	_ 66	앨리스 매튜(Alice Mathews)	_ 235
성찰 능력	_ 20-21	야곱	_ 77, 144, 171
셰익스피어	_ 59, 123, 135	야이로	_ 114
소도구	_ 144	언어 능력	_ 19
스타워즈(Star Wars)	_ 122	에덴동산	_ 62, 67
시각화	_ 161	에서	_ 77-78, 80
시간	_ 43, 70, 126, 143	에스더	_ 55
시기	_ 43, 59, 126	엘리	_ 79, 86-87, 110
시대착오	_ 44	엘리사	_ 110-112
시적 정의	_ 69, 246	예행연습	_ 147
신약		연대기	_ 38, 70
설교	_ 16	영(E. J. Young)	_ 40
설교를 위한 본문 선택하기	_ 103	예수 그리스도	_ 64, 66-67, 91, 93, 160
의도된 청중	_ 46	오늘날에 대한 지식	_ 139, 171
신체 감각 능력	_ 19, 21	오스왈드 챔버스(Oswald Chambers)	_ 174
신체 언어	144-145	요나	_ 35, 95
신체적 특징	_ 78, 115	요셉	_ 171
실습표 작성하기	_ 241	요한	_ 67, 163
십일조	_ 191-194	욥	_ 80, 85
		원고	
ㅇ		다듬기	_ 144
아담과 하와	_ 63	쓰기	_ 138, 141, 144
아브넬	_ 228, 230	원고 작성	_ 150
아브라함	_ 63, 77, 106-108, 139, 178-192	위엄	_ 152-153, 163
아이디어		위치	_ 88, 117, 126-127
설교 아이디어	_ 94	유다(야곱의 아들)	_ 78-79
설교학적 아이디어	_ 93	유대감	_ 118-119, 143, 169

유머	_ 143, 169
유진 로우리(Eugene Lowry)	_ 179, 206
유혹	_ 80, 120, 131, 168, 200
음악 능력	_ 19, 21
의도된 청중	_ 46-49
이스보셋	_ 228, 230-231
이야기의 구조	_ 53, 68, 137, 187
일상적 삶	_ 80
일인칭 설교	
감정적 이유	_ 26-30
교육적 이유	_ 17-21
내러티브 대안들	_ 174-206
드라마 배경	_ 164-166
목적	_ 14-30
문화적 이유	_ 15
발전시키기	_ 258-263
비평	_ 18
설교 횟수	_ 169-170
성경 이외의 자료	_ 162-164
성경본문 읽기	_ 161-162
소개하기	_ 158-160
시작	_ 160-161
신학적 이유	_ 22-26
약점	_ 170, 172
일인칭 설교와 창의력	_ 128, 166
전달하기	_ 150-152
정당성(진정성)	_ 165-166
정의	_ 14
준비 시간	_ 157-158
질문	_ 156-173
흔한 실수	_ 133, 187

ㅈ

자연주의 능력	_ 20
자존심	_ 110, 152-153, 166, 215
장르	_ 16, 23-27, 90, 104
장면 개발표	_ 130, 136, 189
장면 분석표	_ 68, 71, 136
장면	_ 21, 53, 56
장애물	_ 121
저자의 의도	_ 26, 51, 70, 108, 157, 163-164, 168, 178
적대자 만들기	_ 83, 121-124
적용	_ 23, 35, 48, 96
절름발이의 이야기	_ 225-234
절정	_ 103, 128, 137
젊은 교회 그룹	_ 159
정보	
과도한 정보	_ 89
정보의 접근	_ 19
존 헨리 조웨트(John Henry Jowett)	_ 89, 100
좌절	_ 65, 115, 143, 152, 166-171
주석의 정확성	_ 30
주석적 방법론	_ 35
주석적 보충 요소	_ 90
주석적 아이디어	_ 91-94, 105
주석적 주제	_ 90
주인공	
구체화하기	_ 82
발전시키기	_ 105

줄거리	_54	흥미를 일으키는 사건	_133-134
줄거리 반전	_56, 60, 66, 128	희극	_68, 83, 143, 184
지리학	_87		

ㅊ

찰스 다윈(Charles Darwin)	_48
창세기	_39, 48-50, 55
창조적인 능력	_40
출애굽기	_47

ㅋ

켄트 에드워즈(J. Kent Edward)	_208
크리스마스	_113, 157, 159, 170

ㅌ

텔레비전(TV)	_15-16, 29, 57, 61, 106, 143
톰슨(J. A. Thompson)	_127

ㅍ

팔레스타인	_229
풍자	_69, 246
필립 킹(Philip J. King)	_127

ㅎ

하워드 가드너(Howard Gardner)	_19-20, 31
해석의 패러다임	_35
핵심 아이디어	
분명히 밝히기	_30, 76
재점검	_94-95

강단의 비타민 일인칭 강해 설교
Effective First-Person Biblical Preaching

2008년 3월 20일 초판 발행

지은이 | 켄트 에드워즈
옮긴이 | 김 창 훈

펴낸곳 | 사) 기독교문서선교회
등록 | 제16~25호(1980. 1. 18)
주소 | 서울시 서초구 방배동 983-2
전화 | 02) 586-8761~3(본사) 031) 923-8762~3(영업부)
팩스 | 02) 523-0131(본사) 031) 923-8761(영업부)
홈페이지 | www.clcbook.com
이메일 | clc@clcbook.com
온라인 | 기업은행 073-000308-04-020, 국민은행 043-01-0379-646
예금주: 사)기독교문서선교회

ISBN 978-89-341-0995-2(93230)

* 낙장 · 파본은 교환해 드립니다.